T0151684

L'EXPÉRIENCE

THEMA Θέμα THEMA Θέμα THEMA Θέμα THEMA Θέμα

L'EXPÉRIENCE

sous la direction de

Laurent PERREAU

PARIS
LIBRAIRIE PHILOSOPHIQUE J. VRIN
6 place de la Sorbonne, Paris V e
2010

En application du Code de la Propriété Intellectuelle et notamment de ses articles L. 122-4, L. 122-5 et L. 335-2, toute représentation ou reproduction intégrale ou partielle faite sans le consentement de l'auteur ou de ses ayants droit ou ayants cause est illicite. Une telle représentation ou reproduction constituerait un délit de contrefaçon, puni de deux ans d'emprisonnement et de 150 000 euros d'amende.

Ne sont autorisées que les copies ou reproductions strictement réservées à l'usage privé du copiste et non destinées à une utilisation collective, ainsi que les analyses et courtes citations, sous réserve que soient indiqués clairement le nom de l'auteur et la source.

© *Librairie Philosophique J. VRIN,* 2010
Imprimé en France

ISSN 1772-631X
ISBN 978-2-7116-2227-6

www.vrin.fr

AVANT-PROPOS

Chaque volume de la collection « Thema » propose une approche pluraliste d'une notion susceptible d'être mise au programme des enseignements de philosophie générale. Il consiste dans un ensemble limité de contributions vouées chacune à l'analyse et à l'interprétation d'un moment significatif de l'histoire philosophique de cette notion. Afin d'éviter la dispersion des connaissances et d'ouvrir un accès aux doctrines mêmes, aux questions originales qu'elles soulèvent et aux profondes transformations qu'elles font subir à la notion, chaque volume consacre à ces seuls moments forts de larges exposés rédigés par des historiens de la philosophie spécialisés dans l'étude d'une période ou d'un auteur.

Ce volume est consacré à l'expérience, un concept dont Gadamer a pu dire qu'il était à ses yeux « l'un des moins élucidés que nous possédions »[1]. Les études de ce volume se proposent de contribuer à son intelligence en revenant sur quelques uns des moments les plus marquants de son histoire, sans prétendre à l'exhaustivité.

L'ouvrage s'inaugure par deux études portant sur l'empirisme classique. Ronan de Calan restitue tout d'abord la genèse de la synthèse « empiriste » opérée par Newton au XVIIIe siècle à partir des différents apports des « empiriques » du XVIIe siècle. Il la remet aussi en cause dans son caractère peut-être trop illusoirement synthétique : en revenant sur les discours de la méthode de Harvey, Boyle et Mersenne, il rappelle qu'il y a différentes façons de placer l'expérience au cœur de la science et des pratiques expérimentales.

---

1. H.-G. Gadamer, *Vérité et méthode. Les grandes lignes d'une herméneutique philosophique*, Paris, Seuil, 1976/1996, p. 369.

L'étude de Claude Gautier réaffirme pour sa part la radicalité et l'originalité de l'empirisme de Hume. Pour ce dernier, le problème de l'expérience est avant tout celui de la genèse de l'esprit. Si l'expérience a l'impression pour condition ontologique, elle procède de la production artificielle de relations par l'esprit, production elle-même soumise aux régulations de l'imagination d'une part, de la coutume et de la répétition d'autre part. En explorant ainsi les dimensions ontologiques, épistémologiques et pratiques de l'expérience, on rend compte de l'autorité de l'expérience qui s'atteste dans l'établissement de croyances stables.

Ce sont les limites de cet empirisme classique que le projet kantien d'une constitution transcendantale de l'expérience entend exhiber. Dans l'article qu'il consacre au criticisme kantien, François-Brice Hincker rappelle que toute expérience n'est possible qu'à la faveur de l'intervention *a priori* des concepts de l'entendement pur. En retour, il reste que la fondation restrictive – héritage de l'empirisme – de la pensée de l'expérience amène également à redéfinir les conditions légitimes de toute expérience de pensée, condamnant par là même une métaphysique qui prétendrait se dispenser du préambule critique. La séquence dite de l'idéalisme allemand trouve une seconde illustration avec l'étude d'Olivier Tinland, qui expose avec précision le raffinement spéculatif du concept d'expérience dans la *Phénoménologie de l'Esprit* de Hegel. La conception holistique et dialectique de l'expérience qui s'y développe permet de justifier l'immanence de la science, de l'expérience et de la conscience, ainsi que le caractère autoréférentiel de la science de l'expérience que nous présente cet ouvrage. Elle importe également par ses implications critiques, à l'égard notamment de l'empirisme classique et de Kant.

En marge de la tradition empiriste (mais aussi avec elle d'une certaine manière) et de l'idéalisme allemand, la philosophie américaine du XIXe siècle s'est efforcée de penser l'expérience pour elle-même et non plus selon les seules exigences d'une perspective gnoséologique. L'article de Stéphane Madelrieux montre comment le pragmatisme de James et Dewey fait retour sur l'histoire du concept d'expérience pour mieux mettre en valeur sa propre singularité. Dewey, renvoyant dos-à-dos la signification *empirique* qui fait de l'expérience passée un savoir pratique et la conception *empiriste* selon laquelle l'expérience donnée est genèse de la connaissance, surmonte l'opposition entre expérience et raison à la faveur d'une conception, inspirée de la pratique *expérimentale* des sciences, où l'expérience apparaît comme mise à l'épreuve du théorique. Au moyen d'une radicalisation de l'empirisme classique et d'un élargissement de la conception « expérimentale » de l'expérience, le pragmatisme de James promeut pour sa part une définition « *expérientielle* » de l'expérience, qui révèle l'ordre d'une expérience pure ou originaire à partir des données immédiates de la conscience.

La question de l'expérience demeure largement disputée à l'époque contemporaine, notamment dans la tradition de la philosophie dite analytique. Delphine Chapuis-Schmitz montre ainsi comment l'empirisme logique s'est défini par rapport à l'empirisme classique en faisant droit au travail effectif des sciences empiriques : la philosophie de l'expérience se trouve renouvelée par des débats d'ordre gnoséologique et épistémologique qui concernent le statut des sciences formelles (mathématiques, logique), le rôle des conventions, de l'observation et de la vérification, la portée de la métaphysique enfin. L'article cosigné par Christophe Alsaleh et Bruno Ambroise met en évidence le caractère radicalement muet de toute expérience à l'encontre de l'idée qu'elle serait conceptuellement structurée, et en tire les conséquences contextualistes qui s'imposent. Il rappelle que les conceptions contextualistes de l'expérience perceptive (Austin, Travis) se sont historiquement définies contre le réalisme causal et spatial de Strawson, qui réhabilitait une forme d'analyse transcendantale (tout en cherchant à assurer au rapport sujet-objet tel qu'il se forme dans la perception un caractère direct). Le contextualisme nous invite ainsi à trouver dans l'expérience les raisons non-conceptuelles de la pensée, en éliminant les représentations, structures et concepts qui la surchargent et nous empêchent en définitive d'en saisir la réalité, c'est-à-dire d'appréhender le réel lui-même.

La question de l'expérience est également au cœur de l'autre grand mouvement de la philosophie contemporaine, la phénoménologie. L'article de Laurent Perreau aborde le problème d'une conceptualisation phénoménologique de l'expérience chez Husserl. À la faveur d'une conception intentionnaliste de la conscience et de la pratique descriptive des vécus, Husserl pose à nouveaux frais le problème de l'expérience. Husserl a d'abord critiqué la définition empiriste et naturaliste de l'expérience pour élaborer ensuite un concept original d'expérience – l'expérience transcendantale, que complète ultimement la théorie du monde de la vie. L'expérience se joue ainsi entre la conscience et le monde. Ultimement, la contribution de Franck Robert prolonge cette investigation phénoménologique de l'expérience en montrant avec grande netteté comment l'œuvre de Merleau-Ponty est intérieurement travaillée par le projet d'amener à l'expression l'expérience, qui en elle-même ne nous dit rien. Dans cette intention, Merleau-Ponty redéfinit l'expérience comme relation du sujet incarné au monde. Il en vient ensuite à considérer que c'est le sens même de l'être qui se joue dans l'expérience ainsi comprise. La philosophie de l'expérience nous initie ainsi à la redécouverte du monde, selon une double perspective, tout à la fois ontologique et cosmologique.

DES EMPIRIQUES AUX EMPIRISMES

EXPÉRIENCE ET MÉTHODE À L'ÂGE CLASSIQUE

L'Europe du long XVIIe siècle est couramment présentée dans les manuels d'histoire des sciences et de la philosophie comme le théâtre de révolutions scientifiques en cascades et dans tous les domaines (astronomie, avec le duo Kepler-Galilée; physique, avec la triade Galilée-Descartes-Newton; médecine, avec Harvey; chimie, avec Boyle et Mariotte, pour ne citer qu'eux et qu'elles), dont le dénominateur commun aurait été l'ouverture de chaque discipline au champ de l'expérience ou de l'expérimentation. Si l'on juge avec Hegel que la philosophie vient après, c'est à l'*empirisme* du XVIIIe siècle – et le mot dans son acception philosophique populaire nous vient de Kant[1] – que l'histoire aurait confié la tâche de produire la doctrine philosophique correspondant à ces bouleversements. Prise dans toute sa généralité vague, la thèse est vraie. Reste à voir si l'on peut la pousser à un niveau de systématicité suffisant pour la rendre intéressante.

PRÉLUDE : D'ALEMBERT ET LA « PHILOSOPHIE EXPÉRIMENTALE »

La meilleure chronique de cette grande transformation des sciences demeure très certainement l'article «Expérimental» de l'*Encyclopédie*, rédigé par d'Alembert[2]. Il s'ouvre effectivement sur

---

1. Kant, *Critique de la raison pure*, «Histoire de la raison pure», trad. fr. Tremesaygues et Pacaud, Paris, PUF, 1997, p. 570.
2. «Expérimental», dans *Encyclopédie ou dictionnaire raisonnée des sciences, des arts et des métiers*, vol. VI (1756), p. 298-301. Sur d'Alembert, voir V. Le Ru, *D'Alembert philosophe*, Paris, Vrin, 1994. Sur l'épistémologie des Lumières, il faut lire

des considérations historiques très précieuses pour nous, car elles constituent un indicateur assez précis d'une tradition empiriste en voie de constitution. La «philosophie expérimentale» dont il va être ici question, et qui désigne «celle qui se sert de la voie des expériences pour découvrir les lois de la Nature», en d'autres termes la physique nouvelle, celle de Newton, qui s'impose partout en Europe au milieu du XVIIIᵉ siècle, aurait son origine chez les anciens «auxquels nous nous croyons [pourtant] fort supérieurs dans les Sciences, parce que nous trouvons plus court et plus agréable de nous préférer à eux que de les lire»[1]. Si les sources de physique antique à proprement parler *expérimentale* nous font pourtant défaut, en revanche, la médecine grecque (et d'Alembert ne fait pas ici spécialement allusion à l'école empirique, dont les principales thèses sont résumées dans l'article « Empirique » de Jaucourt, mais à la médecine hippocratique) n'aurait rien à envier à la nôtre.

> Or je crois pouvoir juger par l'état de la Médecine chez les anciens, de l'état où la Physique était parmi eux, et cela pour deux raisons : la première, parce que les ouvrages d'Hippocrate sont les monuments les plus considérables qui nous restent de la Physique des anciens ; la seconde, parce que la Médecine étant la partie la plus intéressante de la Physique, on peut toujours juger avec certitude de la manière dont on cultive celle-ci, par la manière dont on traite celle-là. Telle est la Physique, telle est la Médecine ; et réciproquement, telle est la Médecine, telle est la Physique[2].

Cette analogie de la médecine ancienne à sa physique, comme discipline d'ordre supérieur, est toutefois rapidement prise en défaut. La médecine hippocratique se limite, c'est sa fonction, à la pratique, c'est-à-dire au diagnostic et à la thérapeutique. Elle n'effectue pas le saut qualitatif qui consiste dans le passage à la spéculation et qui distingue les sciences d'avec les arts, si l'on en croit le *Discours*

les trois ouvrages d'A. Charrak qui forment désormais un triptyque, *Empirisme et métaphysique*, Paris, Vrin, 2003, *Contingence et nécessité des lois de la nature*, Paris, Vrin, 2006 et *Empirisme et théorie de la connaissance*, Paris, Vrin, 2009.

1. «Expérimental», art. cit., p. 298.

2. *Ibid.*

préliminaire de l'Encyclopédie [1]. La physique expérimentale suppose quant à elle que des vues effectivement empiriques satisfassent « une curiosité purement philosophique » [2]. Mais manque alors aux anciens une entente particulière du concept d'expérience, dont seuls les modernes ont su se faire les interprètes. Pour cette même raison, une physique véritablement expérimentale ne pouvait leur être accessible.

> Quand je parle, au reste, de l'application que les anciens ont donnée à la physique expérimentale, je ne sais s'il faut prendre ce mot dans toute son étendue. La physique *expérimentale* roule sur deux points qu'il ne faut pas confondre, *l'expérience* proprement dite, et *l'observation*. Celle-ci, moins recherchée et moins subtile, se borne aux faits qu'elle a sous les yeux, à bien voir et détailler les phénomènes de toute espèce que le spectacle de la Nature présente. Celle-là, au contraire, cherche à la pénétrer plus profondément, à lui dérober ce qu'elle cache ; à créer, en quelque manière, par la différente combinaison des corps, de nouveaux phénomènes pour les étudier ; enfin, elle ne se borne pas à écouter la Nature, mais elle l'interroge et la presse. On pourrait appeler la première, *la physique des faits*, ou plutôt *la physique vulgaire et palpable* ; et réserver pour l'autre le nom de *physique occulte*, pourvu qu'on attache à ce mot une idée plus philosophique et plus vraie que n'ont fait certains physiciens modernes, et qu'on le borne à désigner la connaissance des faits cachés dont on s'assure en les voyant, et non le roman des faits supposés qu'on devine bien ou mal, sans les chercher ni les voir. Les anciens ne paraissent pas s'être fort appliqués à cette dernière physique, ils se contentaient de lire dans la Nature […] [3].

D'Alembert articule ainsi deux concepts d'expérience : l'un, vulgaire et plus classique, c'est l'observation, l'autre, plus technique et moderne, c'est l'« expérience » proprement dite – terme auquel on substituera au XIXᵉ siècle celui d'« expérimentation », un néologisme inspiré de l'anglais « *Experiment* ». Quand l'observation se limite au simple usage des sens, à l'œuvre dans ce que la médecine empirique

1. D'Alembert, *Discours préliminaire de l'Encyclopédie* (vol. I, 1751), introduction et notes M. Malherbe, Paris, Vrin, 2000, p. 104 : « La spéculation et la pratique constituent la principale différence qui distingue les *Sciences* d'avec les *Arts* ; et c'est à peu près en suivant cette notion qu'on a donné l'un ou l'autre nom à chacune de nos connaissances. »

2. « Expérimental », art. cit.

3. *Ibid.*, p. 298. On a modernisé la ponctuation.

nomme « autopsie » ou « action de voir de ses propres yeux », l'expérience dont d'Alembert parle consiste en une production, une création
de nouveaux phénomènes. Cette création suit, en outre, les voies
ascendantes et descendantes qui sont celles de la méthode analytique.
L'analyse désigne effectivement (comme en témoigne la notice
logique de Claude Yvon, qui fait suite à celle de d'Alembert sur
l'analyse mathématique[1]) le double mouvement de réduction du
composé au simple et de parcours du simple vers le composé, qui
trouve ici à s'accomplir, se réaliser dans l'expérience.

Cette réalisation technique de la méthode d'analyse, en laquelle
consiste l'expérience, prend plusieurs formes ou conditions : par
exemple, mais on ne peut ici que le supposer, l'invention d'instruments qui perfectionnent les sens (avec au premier chef, les instruments d'optique : lunette, télescope ou encore microscope), ou la
décomposition et la composition chimiques qui modifient la Nature
elle-même. Le propre de l'expérience au sens d'expérimentation, est
précisément alors de remonter à des « faits cachés », invisibles, non
pas comme le propose la méthode d'analyse, de façon purement
conceptuelle, mais par une opération technique, en rendant ces faits,
d'abord insensibles, *à leur être de fait*, en les *phénoménalisant*. Aussi
toute expérience réside-t-elle dans la mise en place de dispositifs qui
aboutissent à de nouvelles observations, à de nouvelles « autopsies ».

> Un phénomène que l'expérience nous découvre, ouvre nos yeux sur une
> infinité d'autres qui ne demandaient, pour ainsi dire, qu'à être aperçus.
> L'observation, par la curiosité qu'elle inspire et par les vides qu'elle
> laisse, mène à l'expérience ; l'expérience ramène à l'observation par la
> même curiosité qui cherche à remplir et à serrer de plus en plus près ces
> vides ; ainsi on peut regarder en quelque manière l'expérience et
> l'observation comme la suite et le complément l'une de l'autre[2].

L'invocation de « faits cachés » en lieu et place des traditionnelles
« causes occultes » (*De abditis rerum causis*, titre d'un ouvrage de
Jean Fernel) qui occupent les romanciers de la physique moderne, « le
roman des faits supposés », nous conduit à une troisième caractéristique de l'expérience, outre sa distinction d'avec l'observation et son

---

1. « Analyse (en logique) », *Encyclopédie*, t. I (1751), p. 401.
2. *Ibid.*

lien à la méthode d'analyse : l'exclusion des hypothèses explicatives, l'abandon de la recherche des grands principes de conservation. À « la manie des explications », d'Alembert oppose ainsi « cet esprit de conjecture, qui, tout-à-la-fois timide et éclairé conduit quelquefois à des découvertes, pourvu qu'il se donne pour ce qu'il est, jusqu'à ce qu'il soit arrivé à la découverte réelle : cet esprit d'analogie, dont la sage hardiesse perce au delà de ce que la nature semble vouloir montrer, et prévoit les faits, avant que de les avoir vus » [1]. Il ne saurait y avoir d'imputation causale qui pût prétendre se soustraire elle-même au verdict de l'expérience. Aussi doit-elle être supplantée par un jugement seulement probable qui ne devient vrai qu'une fois le fait établi. *Hypotheses non fingo.*

De cette nouvelle conception de l'expérience et de la physique expérimentale, fortement ancrée dans la méthode analytique, et opposée au démon des hypothèses, d'Alembert produit, ce qui est essentiel pour nous, une généalogie, qui nous permettra d'en isoler une quatrième et dernière caractéristique, ainsi qu'un modèle – on l'a déjà deviné. S'il passe rapidement sur l'Antiquité, le Moyen Âge et la Renaissance (en posant toutefois quelques jalons de la tradition empirique : Aristote d'abord, puis le « moine [Roger] Bacon », enfin les Chimistes), c'est qu'il n'y reconnaît nulle part la trajectoire qui mène de la méthode à la dérivation des lois de la nature *via* l'expérience. Les uns raisonnent trop, les autres pas assez, « les uns pensent ou rêvent, les autres agissent ou manœuvrent, et l'enfance des Sciences est longue, ou, pour mieux dire, éternelle » [2].

Les premiers à porter l'esprit de la physique expérimentale sont le « chancelier [Francis] Bacon, anglais comme le moine (car ce nom et ce peuple sont heureux en philosophie) » et Descartes. Plus raisonneurs que techniciens, ils recommandent toutefois cette physique plus qu'ils ne la pratiquent véritablement. À partir de ce tronc se forme une branche généalogique toute moderne, qui suit les principales étapes de la révolution scientifique :

> Cependant l'esprit de la physique *expérimentale* que Bacon et Descartes avaient introduit, s'étendit insensiblement. L'académie del

1. « Analyse (en logique) », *Encyclopédie*, t. I (1751), p. 301.
2. *Ibid.*, p. 299.

Cimento à Florence, Boyle et Mariotte, et après eux plusieurs autres, firent avec succès un grand nombre d'expériences. Les académies se formèrent et saisirent avec empressement cette manière de philosopher. Les universités plus lentes, parce qu'elles étaient déjà toutes formées lors de la naissance de la physique *expérimentale*, suivirent longtemps encore leur méthode ancienne. Peu à peu la physique de Descartes succéda dans les écoles à celle d'Aristote, ou plutôt de ses commentateurs. Si on ne touchait pas encore à la vérité, on était du moins sur la voie. On fit quelques expériences; on tenta de les expliquer: on aurait mieux fait de se contenter de les bien faire, et d'en saisir l'analogie mutuelle. Mais enfin il ne faut pas espérer que l'esprit se délivre si promptement de ses préjugés. Newton parut, et montra le premier ce que ses prédécesseurs n'avaient fait qu'entrevoir, l'art d'introduire la Géométrie dans la Physique, et de former, en réunissant l'expérience au calcul, une science exacte, profonde, lumineuse, et nouvelle. Aussi grand du moins par ses expériences d'optique que par son système du monde, il ouvrit de tous côtés une carrière immense et sûre; l'Angleterre saisit ces vues; la société royale les regarda comme siennes dès le moment de leur naissance. Les académies de France s'y prêtèrent plus lentement et avec plus de peine, par la même raison que les universités avaient eue pour rejeter durant plusieurs années la physique de Descartes. La lumière a enfin prévalu: la génération ennemie de ces grands hommes, s'est éteinte dans les académies et dans les universités, auxquelles les académies semblent aujourd'hui donner le ton. Une génération nouvelle s'est élevée; car quand les fondements d'une révolution sont une fois jetés, c'est presque toujours dans la génération suivante que la révolution s'achève [...] [1].

L'histoire de la physique expérimentale ainsi contée par d'Alembert, pour téléologique qu'elle soit, a le grand mérite de ne pas se limiter aux grands hommes, mais d'intégrer les institutions: l'Académie de Florence, la Royal Society, l'Académie Royale des Sciences et, à l'horizon de son discours, l'Académie de Berlin, dans le rôle déterminant qu'elles ont toutes pu jouer sur les universités, mais surtout sur la structuration même du champ scientifique. Les « expériences » nouvelles se trouvent ainsi liées à des collectivités savantes qui, tout autant acteurs que témoins, en supportent aussi la publicité, principale garantie de leur validité. Toute une historiographie est

1. « Analyse (en logique) », *Encyclopédie*, t. I (1751), p. 299. On a modernisé la ponctuation.

venue à l'appui de cette simple constatation : l'expérience, pour participer d'un discours vrai, ne saurait se cantonner dans la sphère privée. Elle doit être, sinon réitérable, « réplicable », du moins publique, et cette exigence même de publicité constitue dès le xviie siècle, avec la création des académies, la norme d'un champ scientifique en voie de formation.

Reste un grand nom mis en avant dans cette histoire téléologique de la « philosophie expérimentale » : celui de Newton. Il marque l'An I d'une physique jusqu'à lui en voie de constitution. En associant le « calcul » aux expériences, Newton est le premier à offrir la formule moderne d'une philosophie naturelle législatrice, d'une physique productrice de lois, sans être inféodée à la métaphysique et aux grands principes de conservation, à la raison des raisonneurs, aux hypothèses. Ce nouveau calcul des effets, qui suppose une théorie de l'application des mathématiques aux phénomènes, constitue la dernière caractéristique qui soit proposée du concept d'expérience. En convoquant Newton pour se réclamer de son héritage, d'Alembert fixe ainsi à son concept d'expérience une borne, un *terminus ad quem* pour ainsi dire, avant lequel on voit mal quelle physique « expérimentale » aurait pu se dessiner.

La « philosophie expérimentale » de d'Alembert propose ainsi un concept d'*expérience* très marqué par la physique newtonienne et qui comporte au moins quatre grandes caractéristiques : 1) l'expérience se distingue de l'observation dans la mesure où elle consiste en une *production* de phénomène, 2) elle s'ordonne à une méthode analytique, de décomposition-composition, qui permet précisément de passer du visible à l'occulte en se maintenant dans l'ordre phénoménal, 3) elle exclut les hypothèses causales, les « explications », 4) elle constitue le point d'application d'un calcul ou d'une mesure.

On voudrait montrer ici, en procédant à rebours en quelque sorte, que ce qui fait le caractère *expérimental* de la science classique ne réside pas dans la combinaison de ces caractéristiques de l'expérience, qui n'appartient effectivement qu'à Newton et ne date que de lui, mais *dans l'élection d'au moins un des critères proposés*. En considérant successivement trois discours de la méthode, celui de Harvey en médecine, celui de Boyle en chimie, et celui de Mersenne en physico-mathématique, on tâchera d'établir comment chacune de ces sciences s'est ouverte, de façon différenciée, à la nécessité de l'expérience, *avant la synthèse empiriste d'obédience newtonienne.* Cette comparaison nous fournira peut-être l'occasion de noter que dès la seconde moitié du XVIIe siècle coexistent différentes manières d'être empiristes, différentes manières de placer l'expérience au cœur du discours et de la pratique scientifiques. Ces différences, si elles semblent renvoyer d'emblée à des particularismes locaux ou historiques – un esprit « anglais » ou « français » en l'occurrence – sont d'abord contraintes : elles tiennent à l'hétérogénéité des cadres scientifiques dans lesquels l'expérience s'impose, et aux méthodes propres héritées de chaque discipline, quelles que soient les circonstances qui ont pu pousser tel ou tel savant, telle ou telle académie, à la pratique de telle ou telle science.

HARVEY ET L'EXPÉRIENCE « AUTOPTIQUE » : UN RETOUR À L'ÉCOLE EMPIRIQUE [1]

Le meilleur discours de la méthode que William Harvey nous ait délivré n'est pas à chercher dans le *De motu cordis,* qui a fait toute la réputation de son auteur en établissant le principe de la circulation sanguine et les mouvements de diastole et systole du cœur, formant ce qu'on appelle aujourd'hui le cycle cardiaque, mais dans un ouvrage inachevé, qu'il a cédé comme à contrecœur à ses lecteurs, le *De generatione animalium* [2]. Le second ouvrage comme le premier portent dans leur titre complet la référence à l'anatomie (*Exercitatio anatomica de motu cordis, Exercitationes anatomicae de generatione animalium*), ce qui au XVIIe siècle constitue une prise de position assez

1. On emprunte ici une partie de notre sous-titre à l'étude de G. Baroncini, tout en adoptant par ailleurs une autre analyse, complémentaire peut-être, des textes par lui commentés : « Harvey e l'esperienza autoptica », dans *Forme di esperienza e rivoluzione scientifica,* Firenze, Leo S. Olschki, 1992.

2. W. Harvey, *Exercitatio anatomica de motu cordis et sanguinis in animalibus Guilielmi Harvei,* Francofurti, sumptibus G. Fitzeri, 1628 ; *Exercitationes anatomicae de generatione animalium,* Londini, impensis O. Pulleyn, 1651. G. Whiteridge a proposé deux remarquables éditions scientifiques de ces ouvrages en anglais : *An Anatomical disputation concerning the movement of the heart and blood in living creatures,* Oxford-London, Blackwell, 1976 ; *Disputations touching the generation of animals,* Oxford-London-Edimburgh, Blackwell, 1981.

décisive dans le domaine médical. Depuis Vésale et son fameux *De humani corporis fabrica* (1543), l'anatomie s'est construite en effet comme une discipline d'observation, contre la physiologie dans son acception renaissante, celle de Fernel, le maître de Vésale : à savoir, contre une autre branche de la médecine qui entendait appliquer les méthodes de la physique à la nature humaine. La physiologie, partie de la physique selon Fernel, constitue également la branche la plus spéculative de la médecine, qui entend remonter aux «causes cachées» des choses, en invoquant à la fois Aristote, Galien, et les premiers physiciens atomistes. Vésale voit pour sa part dans son institution l'effet délétère, fâcheux, d'une division du travail entre médecins, apothicaires et barbiers, qui conduisit les premiers à se gargariser d'hypothèses purement théoriques sans plus jamais ouvrir de corps pour aller y voir :

> [...] les médecins, se parant du grand nom de physicien, se bornèrent à s'attribuer la prescription des médicaments et du régime pour les affections internes, abandonnant à ceux qu'ils appellent chirurgiens, et qui leurs tiennent lieu de domestiques, la branche la plus importante et la plus ancienne de la médecine, celle qui (et je doute qu'il y en ait d'autre), au premier chef, s'appuie sur l'observation de la nature [1].

Un siècle plus tard, on retrouve le ton très offensif de Vésale dans la prose de Harvey. Dans la préface du *De generatione animalium*, ce dernier prend clairement le parti des anatomistes et s'oppose à toute hypothèse physique, toute imputation causale qui ne serait pas fondée sur l'observation ou l'expérience. Plus encore, cette expérience (*experientia*) ne saurait en aucun cas être acquise ou transmise par la tradition : aux livres des bibliothèques, il faut préférer celui de la nature, toujours grand ouvert et bien plus lisible. À l'*historia*, c'est-à-dire au récit des autres, il faut préférer l'*autopsia*, l'expérience propre (*experientia propria*), l'observation oculaire, sans médiation. Aussi l'autopsie peut-elle conduire à ridiculiser les hypothèses des anciens, et parmi eux jusqu'au plus zélé serviteur de la nature, Aristote lui-même.

---

1. Vésale, *De humani corporis fabrica*, Basileae, per J. Oporinum, 1543 ; Praefatio, § 5 (trad. fr. L. Bakelants dans *Préface d'André Vésale à ses livres sur l'anatomie, suivie d'une lettre de Jean Oporinus, son imprimeur*, Bruxelles, Ascia, 1961, p. 19-21).

Tous les médecins, en suivant Galien, enseignent qu'à partir de la semence du mâle et de la femelle mélangées dans le coït, et selon la prédominance de telle ou telle, le fœtus ressemble à tel ou tel parent; et qu'en conséquence est procréé soit un mâle, soit une femelle. Et parfois ils énoncent que la semence du mâle est la cause efficiente et celle de la femelle sert de cause matérielle, parfois encore ils professent contraire.

Mais Aristote (le plus assidu des observateurs de la Nature) affirme que mâle et femelle sont tous deux les principes de la génération; que la femelle donne la matière, le mâle la forme, et qu'aussitôt après le coït, est formé dans l'utérus, à partir du sang menstruel, le principe vital et la première particule du futur fœtus (qui est le cœur pour toutes les créatures sanguines).

On constatera bientôt que ce sont là de fausses et téméraires assertions, et elles disparaîtront subitement comme des fantômes ténébreux une fois éclairés par la lumière de l'anatomie. Elles ne nécessiteront pas même la moindre réfutation formelle lorsque, Lecteur!, avec tes *propres yeux*, tu découvriras le contraire par simple examen oculaire [*per autopsiam*] et jugeras ce contraire conforme à la raison. Tu comprendras alors en même temps ce que peut avoir de dangereux et pour tout dire de honteux une chose enseignée de la sorte dans les commentaires des autres, sans qu'on en ait fait l'épreuve par soi-même, surtout quand le livre de la nature est si grand ouvert et si lisible [1].

Harvey est plus théoricien que Vésale. Il ne se contente pas de railler les « physiciens », mais leur oppose une théorie de la connaissance et une méthode, bref une théorie de la science qui ne peut pas ne pas évoquer l'école « empirique » de médecine. L'usage systématique du concept d'*autopsia*, pierre angulaire de la doctrine empirique, est là pour le rappeler. Mais cette réhabilitation tardive de l'empirisme médical n'a pas toujours été identifiée, car elle a la particularité d'être conduite sous la bannière... d'Aristote lui-même. Harvey revisite Aristote en empiriste, et ce faisant il opère dans sa doctrine des déplacements qui seront décisifs pour tout l'empirisme à venir après lui.

---

1. Harvey, *Exercitationes anatomicae de generatione animalium*, *op. cit.*, « Praefatio », B.

L'école empirique de médecine – on le sait au moins depuis les écrits de Celse et de Galien qui en ont résumé les principales thèses[1] – en éliminant du discours médical toute référence aux causes antécédentes, lointaines, cachées, pour ne considérer que les causes immédiates rassemblées dans des « théorèmes » et dérivées de l'« expérience » (*empeiria*) par un processus d'induction (la dérivation analogique à partir de ce qui est observé : *è tou omoiou metabasis*), ont dénié à leur discipline tant le statut d'art que celui de science. Ainsi, dans la tripartition des types de connaissance héritée de la métaphysique d'Aristote – l'expérience, l'art et la science – la médecine empirique occuperait en quelque sorte le plus bas niveau, celui qui est propre à la connaissance des singularités dépourvues de causes, et, ainsi systématisée, elle conduirait à un scepticisme de type pyrrhonien. Si la comparaison avec le pyrrhonisme s'est souvent imposée, elle a surtout servi à disqualifier jusqu'à aujourd'hui une discipline qui pourtant ne renonçait pas à la généralité, et constituait au bout du compte une version plutôt constructive de l'épistémologie pyrrhonienne[2].

Harvey, en se tournant vers Aristote, va plus loin que les médecins empiriques et sert mieux leur cause qu'eux-mêmes. Il reprend la tripartition expérience-art-science, mais pour en inverser la valeur ou, plus encore, pour *reverser l'art comme la science dans le champ de l'expérience*. L'expérience est non seulement condition de la connaissance par la cause, de la connaissance de l'universel qui caractérise l'art ou la science, mais elle est surtout la connaissance la plus claire et la plus parfaite *qui soit donnée à l'artisan comme au savant*. Tout art et toute science dérivent de l'expérience.

Cette dérivation à partir de l'expérience n'engendre pas un accroissement de la certitude, bien au contraire. L'artisan comme l'homme de science n'ont plus dans leur raisonnement affaire aux choses mêmes, telles qu'elles sont perçues, observées, mais à des

---

1. C. Celse, *De la médecine* [*De medicina libri octo*], édition et trad. fr. G. Serbat, Paris, Les Belles lettres, 1995; Galien, *Traités philosophiques et logiques*, trad. fr. P. Pellegrin, C. Damilier et J.P. Levet, Paris, GF-Flammarion, 1998.

2. Voir surtout sur l'école empirique K. Deichgräber, *Die griechische Empirikerschule. Sammlung der Fragmente und Darstellung der Lehre*, Berlin, Weidman, 1930; R.J. Hankison, « Causes and Empiricism : A Problem in the Interpretation of Later Greek Medical Method », *Phronesis*, vol. XXXII/3, 1987, p. 329-348; P. Pellegrin, « Introduction » à Galien, *Traités philosophiques et logiques, op. cit.*, p. 32-55.

imitations, des images qu'ils forment dans leur esprit au moyen de la mémoire et de l'imagination. Or l'image (*eidos*) est toujours dégradée par rapport au modèle (*idea*), dans la mesure où elle procède d'une pure analogie à partir d'un ensemble de cas singuliers. Le raisonnement par analogie de l'école empirique (*è tou omoiou metabasis*) est ainsi généralisé à toutes les formes de connaissance. Il n'est pas de connexion causale qui ne dérive elle-même d'une telle inférence statistique. La critique humienne de la causalité est en cela très clairement anticipée par l'empirisme médical.

> Cependant, dans l'art comme dans la science, ce que nous voyons dans les choses sensibles diffère du perçu lui-même qui est retenu dans l'imagination et dans la mémoire. Le premier est l'exemplaire, l'idée [*idea*], la forme informante ; le second est l'imitation, l'image [*eidos*], l'espèce abstraite. Le premier encore est la chose naturelle, l'être réel [*ens reale*] ; le second la représentation ou la similitude, l'être rationnel [*ens rationis*]. Le premier se rapporte à une chose singulière, et est lui-même un singulier et un individuel ; le second est un universel et une chose commune. Dans tout artisan et dans tout savant, le premier est sensible, plus clair et plus parfait ; le second, intelligible, et obscur. Car les choses que nous percevons par les sens sont plus claires et plus manifestes à nous que celles que nous percevons par l'esprit, puisque les secondes proviennent des premières et sont éclairées par elles. Pour conclure, les sensibles sont par soi et premiers ; les intelligibles sont postérieurs et dérivent d'eux, et nous ne pourrions atteindre aux seconds sans le secours des premiers.
>
> De là il résulte que sans le juste verdict des sens, joint aux fréquentes observations et à une expérience certaine, nous ne jugeons que sur des fantômes et des apparitions forgées dans notre esprit [1].

L'ouverture de l'art et de la science au champ de l'expérience (qui contredit donc sa relégation chez Aristote au rang de premier type de connaissance) est encore justifiée chez Harvey par une psychologie génétique, qui est aussi une théorie génétique de l'acquisition des facultés, théorie que l'anatomiste emprunte très certainement aux empiristes italiens de la Renaissance. Le passage litigieux des *Seconds analytiques* (II, 19) où Aristote s'efforce d'articuler les uns aux autres

---

1. Harvey, *De generatione animalium, op. cit.*, « De modo, & ordine acquirendae cognitationis » [De la manière et de l'ordre selon lesquels on acquiert la connaissance], B3.

les trois genres de connaissance, exercice qui a tant occupé et occupera tant les empiristes, sert naturellement ces fins. Après l'avoir cité, et cité surtout sa formule très ambiguë : « à partir de l'expérience, autrement dit de l'universel tout entier en repos dans l'âme, de l'un à côté des choses multiples, qui est contenu un et le même en elles toutes, est produit un principe de l'art et de la science »[1], Harvey conclut à la thèse de la *tabula rasa* : aucune notion innée ne saurait nous servir de point d'appui pour la connaissance. On sait naturellement l'extraordinaire succès de cette thèse, reprise notamment dans l'*Essai* de Locke.

D'après les mots d'Aristote, apparaît clairement l'ordre selon lequel la connaissance de n'importe quel art ou science est acquise. À savoir, à partir des sens il subsiste une impression ; de la subsistance des impressions résulte la mémoire ; de la mémoire de plusieurs cas, l'expérience ; de l'expérience, la raison universelle, les définitions et maximes, ou les axiomes communs et les plus certains principes de la connaissance comme, par exemple : « il est impossible que la même chose sous les mêmes conditions puisse à la fois être et ne pas être », ou encore, « toute affirmation ou négation est soit vraie, soit fausse », etc.

De là, comme je l'ai dit, aucune connaissance parfaite qui puisse être dite nôtre ne nous est innée, ni ne peut procéder d'autre chose que d'une expérience faite par nous et par nos sens […][2].

L'anatomie, science d'observation, se voit ainsi justifiée comme « reine des sciences », et ce qui pourrait procéder d'un type particulier d'*hybris* médicale ou personnelle aboutit à une doctrine empiriste d'une rare cohérence. Elle procède, on l'a dit, de l'absorption de l'art et de la science dans un régime unique qui est celui de l'expérience, entendue comme *la mémoire de la multiplicité des sensations*. Chez Harvey, l'*expert* antique devient la figure même du savant, et les hypothèses causales qui qualifiaient ce dernier sont reléguées dans les manuels d'histoire.

1. Aristote, *Seconds analytiques*, II, 19, 100a5-9, trad. fr. P. Pellegrin, Paris, GF-Flammarion, 2005, p. 337. Le latin d'Harvey donne « De iisdem, ad mentem Aristotelis » [Des mêmes choses, selon l'opinion d'Aristote], B4 : *At verò ex experientiâ, sive ex omni & universali quiescente in animâ (nimirum, uno praeter multa, quod in omnibus illis inest unum & idem) fit principium artis, & scientiae.*

2. *Ibid.*, « De iisdem, ad mentem Aristotelis », B4.

BOYLE ET LES « HYPOTHÈSES MÉCANIQUES » :
UN EMPIRISME CARTÉSIEN

Depuis l'étude inaugurale de Steven Shapin et Simon Schaffer, *Léviathan et la pompe à air* (1985), Robert Boyle est couramment présenté comme l'initiateur d'une nouvelle pratique expérimentale que la Royal Society aurait convertie en norme d'un champ scientifique en formation[1]. Plus récemment, et parmi d'autres objections à cette nouvelle *doxa*, Luc Peterschmitt a pu montrer que le concept même d'expérience chez Boyle, et la classification des expériences qu'on peut reconstituer à partir de lui (entre « faciles » et « difficiles »; « contingentes » et « absolument fausses »), manifestent encore un solide ancrage dans la tradition médiévale, où le principe d'autorité notamment n'a pas été totalement écarté[2]. Contrairement à Harvey, qui milite pour des *autopsies* ou examens oculaires en lieu et place des témoignages, Boyle accorde encore, dans sa mention des « expériences contingentes », sa confiance à l'*historia*, au récit des grands maîtres, des experts. C'est que, chez le chimiste moderne, le laboratoire n'a pas encore tout à fait remplacé la bibliothèque quand l'atomiste, lui, a quitté les livres pour la table d'opération.

Cette relative tolérance à l'égard de la conduite ou du récit des expériences contraste singulièrement avec l'extrême sévérité de Boyle à l'égard des hypothèses des anciens. C'est que, au moins depuis l'*ars spagyrica* de Paracelse, les fondements expérimentaux de la chimie sont déjà en place : « extraire » (*spaein*) et « rassembler » (*ageirein*), en d'autres termes *la réalisation pratique de la méthode d'analyse*. Mais cette chimie, pour expérimentale qu'elle soit dès son origine, n'est pas soutenue par une seule hypothèse physique valable, et en cela elle s'est elle-même limitée dans sa pratique. Ainsi, c'est

---

1. S. Shapin et S. Schaffer, *Léviathan et la pompe à air : Hobbes et Boyle entre science et politique*, trad. fr. Th. Piélat avec la collaboration de S. Barjansky, Paris, La Découverte, 1993. Pour une chronique des expérimentations conduites dans le cadre de la Royal Society, voir notamment M. Boas-Hall, *Promoting Experimental Learning : Experiment and the Royal Society 1660-1727*, Londres, Cambridge UP, 1991.

2. L. Peterschmitt, « Boyle et les expériences contingentes », dans M. Dennehy et Ch. Ramond (éds.), *La philosophie naturelle de Robert Boyle*, Paris, Vrin, 2009, p. 195-211. Pour une critique argumentée de la thèse de Shapin et Schaffer, voir notamment dans ce volume, Ph. Hamou, « Robert Boyle et la valeur de la science », p. 175-193.

bien pour des raisons théoriques que les spagyristes, après Paracelse, défendent un seul mode de décomposition chimique, par le feu, sans s'interroger même sur d'autres techniques d'analyse ou de composition :

> Il me semble étrange que ni les spagyristes eux-mêmes, ni leurs adversaires n'aient prêté attention au fait que les chimistes ont plutôt supposé que montré [*rather supposed then evinced*] que l'*analyse* des corps par le feu, ou même enfin une quelconque *analyse*, constitue le seul instrument permettant de rechercher les ingrédients dont les corps mixtes sont composés, puisque dans certains cas cela peut être découvert par *composition* aussi bien que par *résolution*. En témoigne ceci : que le vitriol consiste en parties métalliques (qu'elles soient martiales, vénériennes ou les deux), associées par coagulation avec des parties acides, on peut, dis-je, le découvrir aussi bien en fabriquant un vrai vitriol avec de l'esprit (improprement appelé huile) de sulfure, ou encore de sel, qu'en distillant et résolvant le vitriol par le feu [1].

Les procédés expérimentaux auxquels se sont volontairement limités les spagyristes découlent directement de leurs hypothèses, notamment de la doctrine des *tria prima*, des trois éléments (mercure, souffre, sel) obtenus par la dernière résolution des mixtes par le feu, une doctrine que Boyle a pu critiquer dès le *Sceptical Chymist* de 1661 [2]. On comprend donc que pour lui, l'élargissement du protocole expérimental s'accompagne nécessairement de la production de *bonnes hypothèses*, dont il faudrait toutefois au préalable définir la valeur et l'efficacité.

Si Boyle a fixé sa propre doctrine dès les années 1660 (on en voit déjà une merveilleuse synthèse dans la « Theoricall Part » des *Considerations and Experiments touching the Origine of Qualities, and Forms*[3]), le meilleur discours de la méthode est un texte plus tardif, paginé de façon séparé mais intégré dans l'ouvrage *The Excellency of Theology, compar'd with Natural Philosophy*, de 1674 :

1. R. Boyle, « Of the imperfection of the Chymist's Doctrine of Qualities » (1875), dans *The Works of Robert Boyle*, M. Hunter & Ed. B. Davis (eds.), London, Pickering & Chatto, 2000, vol. 8, p. 391-392.

2. R. Boyle, *The Sceptical Chymist*, dans *ibid.*, vol. 2.

3. R. Boyle, *Considerations and experiments touching the Origine of Qualities, and Forms*, « The Theoricall Part », dans *ibid.*, vol. 5, p. 305-335.

il s'agit du petit traité *About the Excellency and grounds of the Mechanical Hypothesis*. Boyle, après Walter Charleton ou Kenneth Digby, tous deux grands lecteurs de Descartes aussi bien que de Gassendi, se représente plus clairement que jamais en empiriste cartésien, en multipliant notamment les références aux *Principia philosophiae*, tout en se démarquant de la doctrine à proprement parler chimique de leur auteur [1].

Boyle commence par distinguer les «hypothèses mécaniques» auquel il adhère de deux doctrines matérialistes: l'atomisme d'Épicure, et l'atomisme moderne, renouvelé, celui de Gassendi. Ni l'un ni l'autre, qu'ils reconnaissent ou non une impulsion initiale de Dieu dans la production des phénomènes, n'admettent que le mouvement une fois imprimé dans les corps sous forme de force motrice (*vis motrix*) puisse être réglé à l'échelle du monde par un principe suprême. Ce faisant, ni l'un ni l'autre ne garantissent ce que Boyle vise, à savoir la déduction d'un nombre limité de *lois du mouvement* qui, associé au nombre limité de formes géométriques possibles des corpuscules, permettrait ainsi de produire l'ensemble des phénomènes à partir du nombre le plus petit possible de principes. Une règle d'économie préside donc à l'élection de l'hypothèse mécaniste cartésienne. Et Boyle de se référer ici naturellement à la seconde partie des *Principia*, qui comporte l'énoncé tant des lois de la nature que des règles du mouvement:

> Mais je ne plaide que pour cette philosophie qui, pour ce qui ne concerne que les choses purement corporelles, distingue entre les premières *origines des choses* et le subséquent *cours de la nature* et enseigne, concernant les premières, que non seulement Dieu a donné le mouvement à la matière, mais qu'au début il a en outre guidé les différents mouvements de ses parties pour les forcer à composer le monde qu'il entendait qu'elles formassent (doté des principes séminaux et des structures ou modèles des créatures vivantes), et a établi ces règles du mouvement, et cet ordre parmi les choses corporelles que nous appellerons les *lois de la nature*. Et ayant ainsi parlé des premières *origines*, qu'il soit permis d'ajouter, concernant le subséquent *cours de la nature*, que

---

1. Voir sur ce sujet l'article de B. Joly, « Le cartésianisme de Boyle du point de vue de la chimie », dans *La philosophie naturelle de Robert Boyle, op. cit.*, p. 139-156.

l'univers ayant au départ été formé par Dieu, et les lois du mouvement établies et garanties par son concours incessant et sa providence universelle, les phénomènes du monde ainsi constitués sont produits naturellement par les affections mécaniques des parties de la matière, et leurs opérations réciproques, assujetties aux lois mécaniques [1].

Le mécanisme cartésien, qui articule selon Boyle les deux principales dimensions des choses matérielles, à savoir l'étendue (la figure) et le mouvement, correspond à un processus de géométrisation de la physique à laquelle la chimie, entendue comme une physique des mixtes, des effets de textures des corps composés, a partie liée. L'hypothèse mécaniste cartésienne, en tant qu'elle s'appuie sur ces deux seuls principes, dont elle prétend dériver tous les phénomènes, a plusieurs mérites, qui dessinent en outre le profil et les réquisits d'une « bonne hypothèse » [2]. En premier lieu, elle l'emporte en clarté et en intelligibilité sur celles des chimistes, qui sont insensiblement ramenées à elle. En second lieu, elle l'emporte par la simplicité et la paucité de ses principes : « J'observe, nous dit Boyle, qu'il ne peut y avoir *moins* de principes que les deux grands principes de la philosophie mécanique, la *matière* et le *mouvement* » [3]. Troisièmement, les principes mécaniques sont non seulement primordiaux, il sont également indécomposables, inanalysables : ils ne peuvent être résolus en d'autres entités, comme les prétendus premiers éléments des chimistes. Enfin, ces principes clairs et intelligibles, simples et peu nombreux, primordiaux et indécomposables, ont une portée explicative et une applicabilité quasi infinie. En combinant figure et mouvement on peut ainsi associer toutes les formes géométriques possibles à tous les types de lignes possibles traçant le mouvement. Si l'on répartit ces figures et ces lignes en quelques grands types, ceux-ci suffisent à expliquer la plus grande diversité des phénomènes naturels :

Si bien que, lorsque je considère les diversifications innombrables, que les compositions et décompositions d'un petit nombre de choses

1. R. Boyle, *Of the Excellency and Grounds of the Corpuscular or Mechanical Philosophy* (1674), dans *The Works of Robert Boyle, op. cit.*, vol. 8, p. 103-104.

2. Ironie du sort, un traité important de Boyle, *The Requisites of a good Hypothesis*, auquel il se réfère maintes fois, notamment dans cet essai, n'a jamais été retrouvé…

3. R. Boyle, *ibid.*, p. 105.

distinctes, n'excédant peut-être pas une vingtaine, peuvent produire, je
crois pouvoir considérer ceux qui pensent que les principes mécaniques
peuvent bien être en mesure de rendre compte des *phénomènes* de telle
ou telle partie élémentaire de la philosophie naturelle, comme la *statique*, l'*hydrostatique*, la *théorie des mouvements planétaires*, etc., mais
ne sauraient jamais être appliqués à tous les *phénomènes* des choses
matérielles ; je crois, dis-je, pouvoir être en mesure de considérer ces
hommes, par ailleurs savants, comme je considérerais celui qui affirme
qu'en assemblant les lettres de l'alphabet, on peut bien former tous les
mots qui se trouvent dans un livre, comme dans Euclide, ou Virgile ; ou
dans un langage, comme le latin, ou l'anglais ; mais que ces lettres ne
sauraient suffire pour pourvoir à tous les livres d'une grande librairie, et
moins encore à toutes les langues du monde [1].

De l'applicabilité de l'hypothèse mécanique aux parties les plus
fondamentales de la physique, on peut sans scrupule conclure à son
applicabilité universelle à toutes les branches de la philosophie
naturelle, et en particulier à la chimie qui n'est qu'une discipline
subalterne.

Boyle conclut sa défense et illustration des hypothèses mécaniques en revenant sur quelques réquisits fondamentaux d'une bonne
hypothèse. Sur ce point encore il marche sur les pas de Descartes, mais
va peut-être un peu plus loin. Ses références glissent alors de la
seconde à la quatrième et dernière partie des *Principia*, en particulier
les paragraphes conclusifs (202-207). On ne peut s'empêcher alors de
noter quelques correspondances textuelles, tant elles témoignent de la
claire conscience que Boyle a pu avoir du bouleversement que les
hypothèses cartésiennes introduisaient dans le paysage épistémologique de son temps. Tout d'abord, le rôle d'une hypothèse n'est pas
tant d'assigner une cause aux choses que de *rendre raison des effets,
désormais appelés phénomènes*. Le modèle cartésien de l'efficience
correspond déjà selon Boyle à un affaiblissement de la portée ontologique de la cause, et anticipe en cela sur la crise de la causalité chez
Hume. L'hypothèse comme raison des effets est ainsi présentée chez
Descartes et son disciple anglais :

---

1. R. Boyle, *Of the Excellency and Grounds...*, *op. cit.*, p. 107.

Et je croirai avoir assez fait, si les causes que j'ai expliquées sont telles que tous les effets qu'elles peuvent produire se trouvent semblables à ceux que nous voyons dans le monde, sans m'enquérir si c'est par elles ou par d'autres qu'ils sont produits. Même je crois qu'il est aussi utile pour la vie, de connaître des causes ainsi imaginées, que si on avait la connaissance des vraies [...]. Descartes[1]	Je considère que la principale chose que des naturalistes curieux devraient rechercher, concernant l'explication des phénomènes les plus difficiles, n'est pas tant ce qu'est ou ce que fait l'*agent*, mais quels changements sont produits dans le *patient* pour apporter ou exhiber les *phénomènes* qui sont ainsi proposés, ou par quels moyen et selon quelle manière ces changements sont effectués. Boyle[2]

Un peu plus loin, Boyle paraphrase Descartes ou, plus exactement, il tire la substantifique moelle de l'argument des *Principia*. Quel que soit le déficit ontologique dont l'hypothèse mécanique pourrait être responsable au regard d'une doctrine aristotélicienne des causes finales, sa valeur *explicative* reste la plus forte : car des causes finales l'on ne sait rien, quand les causes mécaniques s'éclairent dans le calcul. Il faut donc apprendre à dissocier l'ordre gnoséologique et l'ordre ontologique. L'obstacle substantialiste est franchi dès lors qu'une hypothèse ne sert plus à rendre compte de l'être de telle ou telle chose, mais s'accorde plus ou moins bien avec les phénomènes, que ceux-ci relèvent de l'observation immédiate ou d'un dispositif expérimental quelconque. Boyle qualifie ces hypothèses de *théories*, en insistant donc sur leur caractère constructif :

> Par exemple, on aura beau accorder aux aristotéliciens que les planètes sont faites d'une matière quintessentielle, et mues par les anges, ou par des intelligences immatérielles, il n'en restera pas moins que, pour expliquer les stations, les progressions, les rétrogradations et tous les autres *phénomènes* des planètes, nous auront recours soit aux excentriques, aux épicycles, etc., soit à d'autres mouvements produits dans des lignes elliptiques ou d'autres singulières ; en un mot, à des *théories* dans lesquelles le mouvement, la figure, la situation et d'autres affections mathématiques et mécaniques sont principalement employées[3].

1. Descartes, *Principes*, IV, 204, AT IX/b, p. 322.
2. R. Boyle, *Of the Excellency and Grounds...*, *op. cit.*, p. 109.
3. *Ibid.*, p. 113.

La « bonne hypothèse », en tant qu'elle a pour fonction de rendre raison des effets, est celle qui s'articule le mieux avec *des observations, avec des expériences*. Boyle, interprète de Descartes, approfondit alors sa théorie de la certitude morale en l'annexant complètement dans un régime empiriste, et en s'efforçant de distinguer plus rigoureusement que son maître le domaine *a priori* des démonstrations mathématiques et le domaine nécessairement *a posteriori* de la connaissance physique. Il faut ainsi comparer la conclusion de Boyle avec ce que Descartes nous dit de la certitude morale (« suffisante pour régler nos mœurs, ou aussi grande que celle des choses dont nous n'avons point coutume de douter touchant la conduite de la vie, bien que nous sachions qu'il se peut faire, absolument parlant, qu'elles soient fausses »[1]) pour prendre plus nettement la mesure de cette retraduction empiriste.

> À cette occasion, qu'il me soit permis d'observer qu'il n'est pas toujours nécessaire, bien qu'il soit toujours souhaitable, que celui qui propose une *hypothèse* en astronomie, en chimie, en anatomie ou dans d'autres parties de la physique, soit capable de prouver *a priori* que son hypothèse est vraie, ou d'établir démonstrativement que les hypothèses proposées sur le même sujet doivent être fausses. Car, comme Platon disait, si je ne me trompe pas, que le monde est une lettre écrite par Dieu à l'humanité et, aurait-il pu ajouter en accord avec d'autres de ses propos, une lettre rédigée en langage mathématique ; ainsi, dans l'explication physique des parties et du système du monde, il me semble que quelque chose de semblable se produit lorsque les hommes proposent par conjectures différentes clefs pour nous permettre de comprendre une lettre codée. Car, bien qu'un homme puisse par sa sagacité avoir trouvé la bonne clef, il sera très difficile pour lui de prouver autrement que par un *essai* [*trial*] que tel ou tel mot n'est pas celui que d'autres croient avoir découvert avec leurs propres clefs, ou de démontrer *a priori* que les leurs doivent être rejetées et la sienne, préférée. Maintenant, l'essai nécessaire une fois réalisé, si la clef qu'il propose se trouve correspondre si exactement aux caractères de la lettre qu'elle nous permet de les comprendre, et d'en produire un sens cohérent, sa concordance avec ce qu'elle doit déchiffrer est, sans autres réfutations

---

1. Descartes, *Principes*, IV, 205, AT IX/b, p. 323.

ou preuves positives externes, suffisante pour la faire accepter comme la clef de ce code [1].

Quand Descartes propose de qualifier l'hypothèse physique en fonction de ses effets de sens, de sa fécondité explicative, c'est-à-dire du plus grand nombre de phénomènes qui se laissent déduire du plus petit nombre de principes, Boyle rattache cette fécondité à des *tests* empiriques, à des expérimentations qu'il sépare clairement du domaine de l'*a priori*. C'est insister sur un point négligé dans la physique «imaginaire» de Descartes : le domaine de la certitude morale, le domaine des hypothèses physiques se parcourt et se vérifie *au cas par cas*. C'est reconnaître implicitement aussi qu'un essai peut bien invalider une hypothèse : ce qu'on appellera après Barrow et Newton l'*experimentum crucis*, en d'autres termes, l'expérience cruciale, rencontre ici ses droits. Telle est la remarquable force éliminatrice de l'essai qu'un seul cas négatif suffit à détruire la certitude morale accordée à une théorie. On comprend la passion des expérimentations qui s'empare du chimiste, son acribie, l'incroyable précision de ses comptes rendus. La nouvelle compréhension du régime des hypothèses physiques conduit ainsi Boyle à ranger toute la philosophie naturelle dans le domaine du probable, *c'est-à-dire de ce qui voit sa vérité suspendue à des séries d'expériences ou des expérimentations*. L'empirisme cartésien de Boyle fait donc de lui un précurseur au moins autant en théorie qu'en pratique.

EXPÉRIENCE ET RAISON : MERSENNE
ET LA « PHYSICO-MATHÉMATIQUE »

Comme l'a fort bien montré Peter Dear dans un ouvrage important, *Discipline and experience*, l'expression, nouvelle au XVIIe siècle, de «*physico-mathématique*» – qu'on retrouve chez Mersenne dans ses *Cogitata physico-mathematica* (1644), parmi tant d'autres traités de la même époque aux titres quasiment identiques – est avant tout le symptôme d'une véritable révolution épistémologique à l'échelle de l'aristotélisme renaissant, qui consiste rien de moins

---

1. R. Boyle, *Of the Excellency and Grounds...*, *op. cit.*, p. 115.

qu'en une redistribution des rapports entre mathématiques et philosophie naturelle ou physique[1]. Celle-ci trouve certainement son origine dans la réforme des programmes scolaires des collèges jésuites engagée par la *Ratio Studiorum* (1586) de Christoph Clavius, un ouvrage didactique inspiré des positions épistémologiques adoptées par son auteur dans ses *Prolegomena* aux *Éléments d'Euclide* (1574)[2].

Contre certains de ses condisciples, Benito Pereira le premier, qui dénient aux mathématiques le nom de science, puisqu'elles ne peuvent selon eux donner lieu à de véritables connaissances causales comme la physique ou la métaphysique, Clavius hisse au contraire la première discipline au rang de modèle de science *démonstrative* en s'appuyant plus particulièrement sur le traitement de la certitude mathématique proposé par Aristote dans les *Seconds analytiques* et par Proclus dans son *Commentaire* aux *Éléments* d'Euclide[3]. Aussi, au titre de « la dignité et de l'excellence des sciences mathématiques », Clavius peut-il écrire, distinguant entre la matière et le degré de certitude des sciences :

> Puisque les disciplines mathématiques traitent de choses que l'on considère indépendamment de toute matière sensible, bien qu'elles soient en réalité plongées dans la matière, on voit manifestement qu'elles tiennent une place intermédiaire entre la métaphysique et la science de la nature, si nous considérons leur objet, comme Proclus a raison de le soutenir. L'objet de la métaphysique est en effet séparé de toute matière, du point de vue de la chose et du point de vue de la raison ; l'objet de la physique, du point de vue de la chose et du point de vue de la raison, est lié à la matière sensible. Aussi, quand on considère l'objet des disciplines mathématiques en dehors de tout matière, bien qu'en réalité il se rencontre en elles, il apparaît clairement qu'il est intermédiaire entre les deux autres. Mais si l'on doit juger de la dignité et de l'excel-

---

1. P. Dear, *Discipline and Experience. The Mathematical Way in the Scientific Revolution*, Chicago - Londres, Chicago Press, 1995.

2. Sur cette réforme et l'épistémologie des mathématiques qui lui est sous-jacente, voir en particulier R. Gatto, *Tra scienza e immaginazione. Le matematiche presso il collegio gesuitico napoletano (1522-1670)*, Florence, L. Olschki, 1994 ; A. Romano, *La contre-réforme mathématique. Constitution et diffusion d'une culture mathématique jésuitique à la Renaissance*, Rome, École Française de Rome, 1999 ; S. Rommevaux, *Clavius, une clé pour Euclide au XVIᵉ siècle*, Paris, Vrin, 2005.

3. Sur Proclus, voir surtout D. Rabouin, *Mathesis universalis. L'idée de « mathématique universelle » d'Aristote à Leibniz*, Paris, PUF, 2009, chap. III.

lence d'une science d'après la certitude des démonstrations dont elle fait usage, les disciplines mathématiques auront sans aucun doute la première place entre toutes. Elles démontrent en effet tout ce dont elles entreprennent de discuter par les raisons les plus fermes et l'établissent de telle sorte qu'elles font naître dans l'esprit de l'élève une véritable science et ôtent absolument tout doute ; ce que nous ne pouvons guère reconnaître en d'autres sciences, puisque la multitude des opinions et la diversité des avis dans le jugement porté sur la vérité des conclusions y laissent souvent l'esprit dans l'hésitation et l'incertitude [1].

La préséance des mathématiques sur la philosophie naturelle trouve ensuite à s'exercer dans le nouveau traitement proposé par Clavius de la subalternation des sciences, là encore tiré des *Seconds analytiques*. La doctrine aristotélicienne de la subalternation a le grand mérite pour Clavius de laisser de côté le problème de la causalité comme critère de la science pour s'interroger sur le prolongation de la certitude démonstrative des disciplines dites supérieures, comme l'arithmétique et la géométrie, vers leurs disciplines subalternes ou subordonnées, la musique et l'astronomie. C'est ici le modèle de la certitude mathématique qui trouve à s'exporter vers d'autres disciplines dites ordinairement physiques, qui sans cela seraient condamnées, selon le père jésuite, à la diversité des opinions. Le XVIIᵉ siècle ajoutera alors à ces figures du *quadrivium* (arithmétique, géométrie/ musique, astronomie) d'autres disciplines mathématisables comme l'optique et la mécanique, en prolongeant le programme aristotélicien de classification des sciences.

Le « bon père » Mersenne, jésuite comme Clavius, est l'héritier de cette nouvelle classification où les mathématiques sont placées au sommet de l'édifice, et où ne sont envisagées sérieusement comme sciences que les disciplines où la certitude mathématique trouve à s'exercer. On aurait peine à isoler véritablement un *Discours de la méthode* chez Mersenne, mais Robert Lenoble, auteur d'une thèse inégalée sur le Minime, a montré qu'on peut le reconstituer en quelque sorte, à partir des cinq traités de l'année 1634, les *Questions*

---

1. C. Clavius, *Prolegomena* (1574-1611), dans *C. Clavii Bambergis E. Societate Iesu Opera mathematica... Tomus Primus*, Mayence, 1611, trad. fr. M. Beyssade, reprise par A. Romano, *La contre-réforme mathématique, op. cit.*, p. 136.

inouyes, les *Questions harmoniques*, les *Questions théologiques*, *Les Mécaniques de Galilée* et les *Préludes de l'Harmonie Universelle*[1].

Ainsi, à la question « Peut-on savoir quelque chose de certain dans la Physique, ou dans les Mathématiques ? », Mersenne répond tout d'abord, concernant la physique, qu'elle ne saurait en aucun cas fournir les bases de quelle que science que ce soit. Tous ses fondements sont disputés et toutes ses imputations causales, douteuses.

> Il est plus certain que nous ne savons pas la plus grande partie des choses de la nature, qu'il n'est certain que nous connaissons une seule véritable raison de tout ce qu'elle contient, et de ce qu'elle produit : car puisque nous ne savons pas la vraie raison des effets que nous voyons très claire-ment, et que nous assujettissons à nos usages, comment pouvons-nous connaître la raison de ceux qui sont plus éloignés de nous ? Il n'y a rien plus clair et plus évident que la lumière luit, et que les pierres descendent vers le centre de la terre, et néanmoins on ne sait pas encore si elles descendent par leur pesanteur, ou si elles sont chassées par l'air, et par tous les corps qui sont dessus, ou si elles sont attirées par la terre. [...] Ce qui suffit pour persuader à ceux qui usent de réflexion, qu'il n'y a rien de certain dans la Physique, ou qu'il y a si peu de choses certaines, qu'il est difficile d'en proposer[2].

Le modèle de la certitude démonstrative, utilisé pour retirer à la Physique le titre de science, est celui précisément qui garantit les mathématiques dans leur droit. Certes, on peut juger en suivant Aristote que les mathématiques, sciences de la quantité, présupposent le concret, la matière physique, dont la quantité est abstraite, et en cela « qu'elles ne peuvent tout au plus user que de la moindre démons-tration que l'on appelle *a posteriori* »[3]. Mais si l'on fait abstraction de la possibilité même de leur objet, à savoir la quantité, leurs raison-nements n'en restent pas moins certains, et soustraits à la controverse. Mersenne reprend donc très manifestement la distinction proposée par Clavius entre la matière des sciences et leur degré de certitude, pour

1. R. Lenoble, *Mersenne ou la naissance du mécanisme* (1943), Paris, Vrin, 2003, chap. X. Pour les cinq traités de Mersenne, ils ont été republiés dans *Questions inouyes, etc.*, A. Pessel (éd.), Paris, Fayard, 1989.

2. Marin Mersenne, *Questions inouyes ou recreation des sçavans* (1634), A. Pessel (éd.), Paris, Fayard, 1985, « Question XVIII », p. 53-54. Par commodité, on a modernisé l'orthographe et la ponctuation.

3. *Ibid.*

aboutir à un nouveau triptyque, une nouvelle triade des sciences où la physique n'apparaît plus :

> De là vient que l'on peut dire que la pure Mathématique est une science de l'imagination, ou de la pure intelligence, comme la Métaphysique, qui ne se soucie pas d'autre objet que du possible absolu, ou conditionné ; par exemple, l'une de ses conclusions ou de ses maximes, est que s'il y a quelque être réel, qu'il est bon, et qu'il ne peut être et n'être pas tout ensemble. De sorte qu'on peut dire que les hommes ne peuvent jouir que de ces deux sciences pendant qu'ils vivent ici ; si ce n'est qu'on ajoute la Dialectique, ou la Logique [...] [1].

Un tel modèle de la science « démonstrative » et rigoureusement *a priori*, si l'on juge que les mathématiques peuvent faire valoir leur raison abstraction faite même de la quantité, semble exclure tout le domaine de l'empirie. Pourtant, Mersenne s'y est intégralement consacré, qui est à la fois l'auteur de traités de mécanique, d'harmonie et plus généralement de physico-mathématique. C'est qu'il s'agit alors, en prenant acte de la doctrine aristotélicienne de la subalternation telle que relue par Clavius, d'étendre la certitude mathématique à de nouveaux objets. Ainsi, à la question « Les principes, et les fondements de l'Optique sont-ils plus certains que ceux de la Musique ? », Mersenne préfère répondre par une mise au point sur la subalternation dont l'origine est clairement assignable :

> Et peut-être que cette subalternation n'a pas encore été bien entendue, et qu'il serait plus expédient de dire que la Géométrie, et l'Arithmétique, sont des règles générales, qui servent pour dresser les démonstrations, et pour tirer toutes les conclusions des autres sciences, lorsque l'on en donne les vrais principes [2].

En reprenant le programme de Clavius pour le prolonger, Mersenne devient sans doute l'un des plus grands représentants de ce paradoxe de la modernité : *la physique devient chez lui « expérimentale » dans la mesure même où elle devient « mathématique »*. Corrélativement, les « expériences » physiques ne valent plus qu'en tant

---

1. Mersenne, *Questions inouyes, etc., op. cit.*, p. 53-54.
2. Mersenne, *Questions théologiques*, Question XXXVIII, « Les principes, et les fondements de l'Optique sont-ils plus certains que ceux de la Musique ? », dans *Questions inouyes, etc., op. cit.*, p. 358.

qu'elles sont l'occasion d'un calcul effectué par la seule « raison ». On n'en a pas de meilleur exemple que dans la relation d'une expérience en apparence parfaitement oiseuse, qu'on aurait plus volontiers lu dans les récits de miracles médiévaux ou renaissants : un cas de « sympathie » entre les parties sectionnées d'un brochet.

> Un grand brochet ayant été coupé en cinq ou six tranches, l'on en fricassa premièrement la tête dans l'huile, quatre ou cinq heures après que l'on l'eût coupé, et sitôt que la tête s'échauffa, et qu'elle commença à se mouvoir et à sauter dans la poêle, les autres morceaux qui étaient sur une table assez éloignée, se remuèrent en même temps : ce qui n'a, ce semble, pu arriver si les esprits de la tête n'ont fait quelque impression sur ceux des autres morceaux, comme fait la corde d'un luth, laquelle étant touchée fait trembler celles d'un autre luth qui sont à l'unisson, à l'octave, ou à la douzième. Mais il faudrait répéter cette expérience tant sur de grands que sur de petits brochets, en éloignant les tranches, jusques à ce que l'on trouvât la plus grande distance, d'où elles se meuvent, et observer si la même chose arrive aux carpes, aux tanches, et aux autres poissons qui ont coutume de se mouvoir longtemps après qu'ils sont coupés. Et puis il faudrait éprouver si un autre morceau de brochet fait remuer la tête, ou les autres parties tant du même brochet que d'un autre. Car il ne faut pas croire qu'une expérience soit véritable, si l'on ne remarque plusieurs fois un semblable effet, puisque le même phénomène peut arriver de plusieurs accidents : par exemple, les tranches du brochet se fussent peut-être remuées (leurs esprits faisant leur dernier effort) encore que la tête n'eût point été échauffée. Ce que j'ai voulu remarquer afin que ceux qui font des expériences y apportent la diligence qui est nécessaire pour établir quelque chose de certain [1].

Contrairement aux apparences, l'expérience ici n'a rien du « miracle » et ne vaut pour Mersenne qu'en tant qu'elle peut donner lieu à un calcul des effets, non en tant qu'elle révèle une nature occulte au sein des phénomènes. Tout dans la relation est affaire de raison et de proportion : le nombre des parties, le temps après leur section, leur distance l'une de l'autre, la puissance musculaire ou nerveuse de l'animal, le nombre d'animaux considérés, le nombre d'observations répétées, etc. L'hypothèse même des « esprits animaux », c'est-à-dire

---

1. Mersenne, *Questions théologiques*, Question XXXIII : « Est-il vrai que l'onguent sympathétique, et les autres semblables guérissent les absents ? », dans *Questions inouyes, etc., op. cit.*, p. 90.

la supposition de parties insensibles de la matière vitale susceptibles d'agir à distance, n'a d'intérêt aux yeux du Minime qu'en tant qu'elle est quantifiable. En d'autres termes, à l'explication physique, causale, celle-là même qui mettait en péril la scientificité des mathématiques, est substitué le nombre – et la référence au problème des cordes vibrant en sympathie, qui nous renvoie bien sûr à l'harmonie comme science subalterne, ne saurait nous égarer.

Pour soutenir une telle version de l'expérience conduite ou prévenue par la raison, Mersenne propose, dans le sillage du néo-platonisme renaissant, rien de moins qu'une unification de l'instance psychique, de l'âme, définie d'emblée comme faculté de juger. Avant le Descartes du *Discours* et des *Essais* de 1637, le sens externe et le sens interne, ou encore l'imagination ne sont plus définis chez Mersenne, à l'imitation des scolastiques, comme des facultés ou des instances séparées qui se prêtent à un ensemble d'activités non seulement représentatives, mais aussi cognitives. Ce ne sont que des fonctions subordonnées à la raison qui juge. Ainsi, des rapports entre les sons, de même que des rapports entre les objets visuels, Mersenne nous dit qu'ils sont moins sentis que jugés par la raison.

> Mais c'est toujours la raison qui juge, car si c'était le sens extérieur, il faudrait qu'il jugeât ou devant que d'avoir senti, ou en sentant, ou après avoir senti. [...] Ce n'est donc pas le sens extérieur qui juge, ni l'intérieur, que l'on appelle *sens commun*, pour ce que les mêmes inconvénients lui arriveraient qu'au sens extérieur, il s'ensuit donc que c'est la raison seule qui juge. Or si l'on applique à l'ouïe ce qui a été dit des nombres et de la vue, qui discerne facilement quand une ligne est double, et sous double d'une autre ligne, il faut conclure que comme la vue, ou la raison jugeant des choses visibles, a besoin d'une règle pour juger si une ligne est parfaitement droite, et d'un compas pour juger exactement du cercle, et de ses parties, que l'ouïe a besoin de certaines règles pour établir les parfaites différences des sons, leurs intervalles, et tout ce qui leur appartient, car l'ouïe n'est pas plus subtile, ni plus habile que la vue, qui surpasse tous les autres sens par la promptitude et l'excellence de son action [1].

---

1. Mersenne, *Les préludes de l'harmonie universelle*, Question 6 : « À savoir si le sens de l'ouïe doit être le juge de la douceur des sons, et des concerts, ou si cet office appartient à l'entendement », dans dans *Questions inouyes, etc., op. cit.*, p. 620.

Ainsi conduite ou prévenue par la raison, l'expérience physico-mathématique de Mersenne diffère sensiblement de l'observation anatomique d'un Harvey ou encore de l'expérimentation chimique en régime cartésien de Boyle. Elle écarte autant les strictes données des sens, les *data sensibles* sujets à caution, que les hypothèses causales, fussent-elles mécaniques, et ne sélectionne dans les phénomènes que ce qui est justiciable d'une certitude *mathématique*, d'un calcul. Il n'en est pas moins admirable que l'expérience soit ainsi retrouvée par la voie mathématique qui semblait devoir s'en éloigner.

OUVERTURE : ALORS NEWTON VINT ?

Newton accomplit-il véritablement la synthèse que l'on serait en droit d'attendre de ces différentes « philosophies expérimentales » ? Il est certain que le titre même des *Principia mathematica philosophiae naturalis* aurait été impensable avant l'émergence de la physico-mathématique, tout aussi certain que Newton mathématicien a su suivre parallèlement la voie des chimistes, voire des alchimistes [1]. Mais peut-être est-il plus sage de prendre acte, avec André Charrak, du fait que les empiristes eux-mêmes ont pu suivre après Newton, et malgré lui, des voies divergentes [2] – à l'exemple même du processus différencié d'ouverture au champ de l'expérience dans les différentes sciences dont il pouvaient se réclamer : la voie condillacienne de la genèse, qu'on lit très certainement déjà chez Harvey, quoique sous

---

1. Sur ce sujet, voir notamment B.J. Dobbs, *The Foundations of Newton's alchemy or « The hunting of the Greene Lyon »*, New York - Londres, Cambridge UP, 1975.

2. A. Charrak, *Contingence et nécessité des lois de la nature, op. cit.*, chap. III, p. 116 : « [...] nous croyons utile de distinguer deux voies *à l'intérieur* même de l'empirisme des Lumières, selon que les auteurs relevant de cette tradition s'efforcent d'exposer la genèse des connaissances ou la constitution et le statut des objets des différentes sciences positives. Ces démarches ne sont sans doute pas tout à fait étrangères l'une à l'autre : en témoigne, comme nous l'avons suggéré dès l'introduction de cet ouvrage, une conception générale de l'entreprise philosophique – voire, selon la nouvelle détermination que Condillac veut donner à ce terme, de la métaphysique – où l'on suppose qu'elle ne peut se déployer qu'après-coup, une fois élaborées les idées générales ou le *corpus* des différentes sciences. L'analyse, dans les deux cas, sera la vraie méthode du philosophe. Mais il nous semble malgré tout requis de reconnaître, dans les différents textes, le choix de l'une ou l'autre perspective ».

une forme encore un peu brute, et la voie de la constitution, celle que d'Alembert retrouve en se tournant vers les héritiers newtoniens de la physico-mathématique. Deux voies entre lesquelles la chimie d'un Boyle hésite encore, lors même qu'elle est sans doute, par vocation, la plus expérimentale des trois sciences considérées. Ces deux voies, mais peut-être y en a-t-il d'autres, correspondraient ainsi, d'un côté à une théorie de la connaissance appropriée à un modèle médical (que la chimie semble en mesure de rejoindre bientôt), de l'autre à un modèle physico-mathématique fondé sur une nouvelle figure de la raison. De synthèse il n'y aurait donc pas eu, mais – faut-il conclure en restant hégélien ? – en science comme ailleurs, *là où cesse la contradiction, là cesse l'intérêt.*

Ronan DE CALAN
IHPST (Paris I)

EXPÉRIENCE ET RELATION CHEZ HUME [1]

À Frédéric Brahami

La radicalité de l'empirisme humien tient, résolument, dans son orientation génétique. Décrire les conditions d'un usage possible et contrôlé de la raison, revendiquer la distinction ferme entre croyances fondées et infondées n'est possible que si l'on parvient à éclairer le mouvement par lequel l'esprit s'éprouve dans l'expérience, se construit comme un espace dont l'effectivité est portée par des règles générales de liaison entre les perceptions qui le traversent. Hume n'est pas un empiriste de la sensation : les impressions sont toujours antérieures à l'opposition entre l'extérieur et l'esprit. Pour lui, elles sont le *fait* qu'il y ait de l'expérience [2]. Les impressions ne renvoient donc qu'à elles-mêmes [3].

L'expérience est expérience pour l'esprit car « toutes les idées dérivent d'un quelque chose qui fut *antérieurement présent* à l'esprit » (I, II-6, p. 138, nous soulignons) [4]. L'esprit n'advient donc que dans le redoublement effacé des impressions, il ne peut exister que comme référence à une présence inexplicablement apparue puis disparue et réapparue. C'est précisément dans la manière de conserver les traces et les degrés d'intensité de ces impressions qu'il se manifeste.

Le problème philosophique n'est donc pas, d'abord, celui de la constitution des connaissances ; il est celui de la genèse de l'esprit. Il

1. Je remercie Frédéric Brahami et Éléonore Le Jallé pour leur lecture encourageante de ce texte.
2. D. Hume, *Traité de la nature humaine*, éd. et trad. fr. A. Leroy, Paris, Aubier Montaigne, 1962, I, I-1, p. 66n. (désormais cité TNH).
3. TNH, I, I-1, p. 73.
4. TNH, I, I-1, p. 65.

ne s'agit pas de dire que l'intuition rationnelle est dépourvue de valeur épistémologique en raison du primat de la perception sensible ; il s'agit de montrer que c'est le fondement même de l'esprit qui se trouve fragilisé au nom de la contingence première de l'apparition de celui-ci au sein de l'expérience : « Ce sont les *seules* perceptions *successives* qui *constituent* l'esprit » (I, IV-6, p. 344, nous soulignons). L'esprit sera donc à comprendre, dans l'expérience, comme une puissance de liaison, une capacité de mise en relations [1]. Le *Traité de la nature humaine* s'efforcera, aussi, d'exhiber les « principes » de production qui donnent à l'esprit, dans son opérativité, plus de régularité et d'efficacité.

Rendre compte de cette puissance ou de cette capacité c'est, également, faire l'hypothèse que l'esprit subit l'action de « principes d'association des idées » (I, I-4, p. 75). C'est reconnaître que de tels principes ne peuvent être déduits que par l'étude des effets qu'ils produisent sur lui. L'imagination n'est donc pas une faculté ; elle est la « scène » où de telles liaisons adviennent (I, IV-6, p. 344).

Nous retiendrons trois niveaux d'analyse pour rendre compte des formes de l'expérience chez Hume. Un niveau ontologique d'abord, qui soutient la distinction analytique impressions/idées et, à titre de condition, statue sur la limite entre l'extérieur et l'intérieur. Un niveau épistémologique, ensuite, qui porte sur le statut de la phénoménalité : l'abstraction, l'espace et le temps, par exemple, ne sont pas des formes déterminant les conditions de l'expérience de manière *a priori* en assignant à une diversité, à un contenu le statut d'objet. Ce sont des modalités de l'expérience car c'est dans l'expérience que l'imagination pose la légalité des principes de constitution des phénomènes. La forme ne précède pas le contenu et l'inverse n'est pas plus exact. Entre l'impression et l'idée, il y a des manières d'être affecté, de ressentir, et la distinction progressive de l'entendement de l'imagination permet de donner à ces manières plus de force et de régularité. Ainsi, l'inférence précède la nécessité qui n'est qu'une manière de sentir, une « tendance » de l'imagination [2]. Un niveau théorique et pratique, enfin, qui suppose que la différenciation entre imagination et entendement

---

1. D. Hume, *Enquête sur l'entendement humain*, M. Malherbe (éd.), Paris, Vrin, 2008 ; II, p. 63 (désormais cité EEH). Voir aussi, TNH, Appendice, p. 760.

2. TNH, I, I-5, p. 80.

soit initiée, et qui désigne le travail de rectification qui rend possible l'infléchissement et l'élargissement du domaine de définition des régularités : le passage des règles générales extensives aux règles générales « correctives » [1], c'est-à-dire l'orientation guidée de la spontanéité.

« QUELQUES IMPRESSIONS DOIVENT APPARAÎTRE
DANS L'ÂME SANS AUTRE INTRODUCTION » [2]

Dans les premières sections du Livre I du *Traité*, Hume ne pose pas de définition de l'impression et de l'idée. Il les distingue analytiquement, les situe l'une par rapport à l'autre : différences d'intensité et de vivacité, correspondances, antériorité de l'impression sur l'idée et, finalement, causalité (I, I-1, p. 68). Ces distinctions enveloppent une décision qui porte sur la limite entre les deux domaines de connaissance qui sont celui de la philosophie morale et celui de la philosophie naturelle [3]. L'impression est ce qui advient, ce qui « apparaît » dans l'imagination et c'est à partir d'elle que l'analyse pourra procéder. L'idée est ce qui re-paraît de manière effacée [4]. Elle est, à l'intérieur de l'imagination, ce qui permet de retenir l'impression, de la situer au delà de son actualité. Ainsi l'idée, comme trace, est une sensation atténuée, distanciée vis-à-vis de ce qui affecte primitivement l'imagination.

On ne peut rien dire immédiatement des impressions ; elles sont le socle expérientiel originel qui permettra de dire quelque chose sur les idées et les autres impressions dont elles sont l'origine. L'expérience originelle – un sentir – est donc ce qui apparaît « dans l'âme sans introduction » à partir de quoi pourra être conduite l'analyse.

Cette limite étant posée, l'analyse va pouvoir se déployer en deux directions. Hume dit par exemple à propos de l'idée de substance (I, I-6) qu'elle doit « être tirée d'une impression de réflexion, si elle existe réellement ». Il ajoute que « les impressions de réflexion se *résolvent*

---

1. G. Deleuze, *Empirisme et subjectivité* (1953), Paris, PUF, 1988, p. 49 *sq.* ; D. Deleule, *Hume et la naissance du libéralisme économique*, Paris, Aubier Montaigne, 1979, p. 111.

2. D. Hume, *Les passions*, trad. fr. J.-P. Cléro, Paris, GF-Flammarion, 1991, *Traité*, Livre II, I-1, p. 110. Voir aussi TNH, II, I-1, p. 374.

3. TNH, I, I-2, p. 72 ; I, I-4, p. 77-78.

4. TNH, I, I-3, p. 73.

en passions et en émotions; [et qu'] aucune de celles-ci ne peut certes représenter une substance »[1]. L'idée de substance est donc une idée complexe liant des idées simples et particulières (I, I-6, p. 81). En l'espèce, cependant, ces dernières ne reposent sur aucune impression simple. L'absence de donné expérientiel, révélée par la dérivation, permet alors de rejeter l'idée de substance comme pure chimère ou terme dépourvu de signification. L'impossible description d'une expérience originale correspondante et enveloppant une impression ou un complexe d'impressions correspondantes avère ainsi la vacuité de l'idée de substance.

Cet exemple montre au moins ceci : d'une part, il y a l'impression qui est, ontologiquement, point de départ, c'est-à-dire, méthodologiquement, condition de possibilité de toute analyse entendue comme dérivation; d'autre part, il y a l'idée dont la validité – et non la vérité – sera toujours rapportée, par analyse, à l'identification d'une expérience originale qui est celle de l'impression ou de la combinaison d'impressions correspondantes[2].

Par le premier mouvement, on fixe le donné irréductible, les « impressions d'atomes » à partir desquels est posée – c'est un fait – la limite entre ce qui relève de l'analyse et ce qui lui échappe[3]. Hume dira, sur ce plan, exactement la même chose pour les passions : « Il est certain que l'esprit, dans ses perceptions, doit commencer quelque part; et que quelques impressions doivent apparaître dans l'âme *sans autre introduction*, puisque les impressions précèdent les idées. Comme elles dépendent de causes naturelles et physiques, leur examen m'entraînerait trop loin de mon sujet, dans les sciences de l'anatomie et de la philosophie naturelle » (II, I-1, p. 110, nous soulignons)[4].

---

1. TNH, I, I-6, p. 81. Leroy, par le terme de réduction rend l'anglais « to be derived ». La forme générale de l'analyse, qui met à nu une première expérience, celle d'un donné impressionnel qui affecte radicalement l'imagination, est celle d'une dérivation. Le vocabulaire de la réduction est employé à dessein par M. Malherbe dans *La philosophie empiriste de David Hume*, Paris, Vrin, 1992.

2. Sur la différence entre le simple et le complexe, pour les idées et les impressions : I, I-1, p. 68 *sq.*

3. Même raisonnement à propos des passions comme « existences primitives » avec des formulations similaires : TNH II, I-1, p. 373-374.

4. C'est l'observation rigoureuse de cette limite qui permet à Hume de ne pas verser dans le dogmatisme qu'il reproche à Locke. Voir et comparer avec J. Locke, trad. fr.

Par le second mouvement, on met en évidence les débordements illégitimes de l'imagination et on produit la distinction entre liaisons valides et infondées[1]. La dérivation analytique permet alors de réduire les faux problèmes : à propos de la substance, de l'idée d'existence et d'existence externe, de l'immortalité de l'âme, de l'identité personnelle, etc.

L'objet de cette expérience première et radicale, de cette épreuve originelle et sans indéterminations possibles est l'impression atomique. Ce qui pose l'impression primitive et, par voie de conséquence, manifeste l'activité d'une imagination, c'est l'unité d'une apparition. Une unité primitive en laquelle se logent des degrés toujours déterminés de quantité et de qualité : « La confusion qui enveloppe parfois les impressions, procède seulement de leur faiblesse et de leur instabilité, mais non d'une capacité de l'esprit de recevoir une impression qui n'a dans *son existence réelle* aucun degré particulier ni aucune proportion particulière » (I, I-7, p. 84, nous soulignons). Autrement dit, l'atome, ce point de jonction entre l'extérieur et l'intérieur de l'imagination, à partir duquel toutes les expériences ultérieures ont leur origine, est un concret irréductible et inanalysable[2]. L'unité de l'atome y est simplicité et assure à l'impression son individualité car « tout dans la nature est individuel » (I, I-7, p. 85). Si « former l'idée d'un objet et former une idée tout simplement, c'est la même chose » (*ibid.*), alors l'idée d'un objet « qui possède quantité et qualité » à un degré précis, ne peut pas être formée sans qu'elle « ne soit ni limitée ni déterminée sur ces deux points » (*ibid.*).

La recherche d'une correspondance nécessaire entre un donné impressionnel qui est, *in fine*, toujours atomique[3], et une idée, l'identification de l'expérience primitive qui lui donne sa validité, conduit à ceci : les impressions qui doivent apparaître dans l'âme « sans autre introduction » sont simples[4]. Ce dont on fait originellement l'expé-

J.-M. Vienne, *Essai sur l'entendement humain*, Paris, Vrin, 2001, II-8, § 21, p. 226-227 et § 22, p. 227.

1. TNH, I, II-3, p. 101.
2. TNH, I, II-2, p. 98.
3. Autre formulation de ce principe en TNH, I, II-1, p. 94.
4. « Toute chose susceptible de division à l'infini contient un nombre infini de parties ; sinon la division serait arrêtée net aux parties indivisibles où nous arriverions bientôt », TNH, I, II-2, p. 96.

rience – entendons ce dont on éprouve immédiatement la force et la vivacité sans indétermination possible – demeure un terme ou un atome. La relation entre termes est une liaison extrinsèque et, parce que telle, toujours vouée à une forme insurmontable de contingence : « L'entendement n'observe *jamais* de connexion réelle entre les objets » (I, IV-6, p. 352, nous soulignons). De la relation, nous ne pouvons donc pas faire l'expérience. C'est sur ce point précis que portera, ultérieurement, la radicalisation de l'empirisme proposée par W. James par exemple [1].

Cependant, il n'y a pas d'un côté, clairement et distinctement, ce qui affecte l'imagination en tant qu'elle est traversée par des impressions et, de l'autre côté, les idées en tant qu'images des impressions. Les différences de degrés jouent de manière multiple et l'imagination, traversée par des intensités diverses, brouille ces différences, s'autorise de combinaisons, d'inventions dont il faut pouvoir rendre compte.

Par exemple, la mémoire (I, I-3, p. 73-74) renvoie à des manières d'être affecté et de rappeler à l'imagination des sensations ou des « existences primitives ». Ce rappel n'est pas d'abord et principalement caractérisable par sa dimension temporelle ; il est, avant tout, conservation d'un « ordre » et d'une « position » [2]. La répétition, à l'intensité près, est donc, en même temps, reproduction d'une contiguïté dans la succession et dans la juxtaposition ; ce que, précisément, l'imagination va pouvoir délier et combiner à sa fantaisie. La démarcation entre les deux régions d'une imagination plus déliée et d'une mémoire astreinte renvoie à deux modalités d'une même expérience : retenir et/ou faire apparaître ce qui est donné dans une actualité discrète. Sans être des impressions et tout en se démarquant des fictions et des fantaisies, les idées de la mémoire sont plus fermes, intenses, et elles donnent plus de solidité aux liaisons qui les posent les unes par rapport aux autres.

D'un côté, donc, il y a la distinction analytique de l'impression et de l'idée ; de l'autre, la distinction fonctionnelle de la mémoire et de l'imagination. Ces deux distinctions situent deux manières d'être de la

---

1. W. James, *Essais d'empirisme radical*, trad. fr. G. Garreta et M. Girel, Paris, Agone, 2005, II, « Un monde d'expérience pure », p. 58-59.

2. TNH, I, I-3, p. 74.

sensation. En tant qu'existence primitive, l'impression est première, actuelle et toujours sentie; en tant que représentation, l'idée est seconde, dérivée et rappel de l'impression[1]. La mémoire conserve et les intensités qui la traversent se situent entre l'impression et l'idée; l'imagination construit parce que sa motilité essentielle lui donne pouvoir d'inventer toutes les liaisons possibles (I, I-3, p. 74). La passivité de l'une garantit, par le jeu des intensités, un ordre spatio-temporel principalement orienté sur le passé; l'activité non immédiatement réglée de l'autre, par l'effacement et l'indifférenciation relative des intensités, autorise toutes les contiguïtés[2] dans un présent qui n'est encore qu'actualité. La première, en faisant jouer la ressemblance, adjoint à la passivité une autre détermination qui est la répétition. C'est la faible intensité de ce qui est lié qui rend possible la réflexion[3] en tant qu'elle peut s'orienter vers un futur – la causalité – mais, aussi, qui l'autorise dans ses débordements.

Les idées de la mémoire sont donc entre les idées effacées et les impressions. Pour cette raison, aussi, elles contribuent au développement des « impressions de réflexion » qui « méritent principalement notre attention » (I, I-2, p. 73). Les idées de peine ou de plaisir, par exemple, rappelées à l'imagination, peuvent, à leur tour, donner naissance à de nouvelles impressions « postérieures aux impressions de sensation » dont elles dérivent, et « antérieures aux idées qui leur correspondent » (*ibid.*) : « les passions, les désirs et les émotions » (I, I-2, p. 72). Hume entreprendra l'étude expérimentale de ces impressions dans le Livre II[4] parce que leurs déterminations y sont purement internes[5].

Ainsi, de l'impression de sensation à l'idée, en passant par les idées de la mémoire et les impressions de réflexion, l'imagination est

---

1. Voir EEH, II, p. 59-61 par exemple. Il n'y a pas d'autre contenu « représentatif » de l'idée que la *re*-présentation de l'impression en tant qu'elle est rappelée par l'imagination; rappel à l'intensité près qui suppose une certaine activité de l'imagination.

2. TNH, I, I-3, p. 74.

3. TNH, I, I-4, p. 75.

4. Étude expérimentale héritée de la méthode baconienne des instances négatives reposant sur la distinction entre « les anticipations de la nature » et les « interprétations de la nature », F. Bacon, *Novum Organum*, trad. fr. M. Malherbe, J.-M. Pousseur, Paris, PUF, 1986, I, aph. 27, p. 107.

5. TNH, II, I-2, p. 375 *sq.*

traversée par une série de perceptions aux statuts divers, en partie différenciées par l'intensité et les liaisons que l'imagination, selon qu'elle est mémoire, entendement ou fantaisie pure, pose entre elles.

On peut désormais affirmer un résultat et définir un enjeu, tous deux caractéristiques de l'originalité de l'empirisme humien. Contre une tradition classique (Bacon, Locke), Hume renonce à poser la connaissance comme accès à la vérité des choses en soi : son ontologie – l'atome est unité d'impression simple et inanalysable – lui permet d'évacuer le problème de la représentation de la chose en soi et cette dernière se trouve dépourvue de signification du point de vue d'une philosophie morale conséquente. Si de l'un à l'autre, on ne fait que passer d'une ontologie de la chose à une ontologie de l'impression d'atome, reste que le statut de celle-ci se modifie. La première constitue la fin de toute connaissance et enveloppe une épistémologie de la vérité comme rapport d'adéquation entre la chose et son idée. La seconde doit être comprise comme ce qui rend la connaissance possible et requiert une épistémologie donnant le primat à l'accord sur des « idées relatives » concernant les impressions[1]. Par la seconde, donc, Hume établit la possibilité d'une méthode d'analyse : celle-là même qui s'enracine dans la distinction impressions/idées.

Mais alors, si cette ontologie atomiste est condition, si elle permet de fixer la limite entre un dedans de l'imagination et un dehors, il reste que l'expérience qui la manifeste ne nous dit rien de ce qui est, ainsi, « senti ». Cette expérience première et radicale (?)[2], que seul le mouvement régressif de la méthode d'analyse permet d'avérer, est toujours débordée par l'imagination qui lie et met en relation. L'accent ainsi porté sur les termes reliés et l'affirmation de la contingence des liaisons laissent planer un doute sur les formes possibles d'une expérience réglée susceptible de donner prise à un certain ordre dans les perceptions.

L'enjeu est clair, il est en un certain sens radical : de quoi dépend la possibilité d'une expérience réglée donnant forme au contenu impressionnel ? S'agit-il de déterminations *a priori* – comme un « je » trans-

---

1. TNH, I, IV-6, p. 139.

2. M. Malherbe use fréquemment de l'adjectif « radical » pour qualifier la science revendiquée par Hume : « radicalité », *La philosophie empiriste de David Hume, op. cit.*, p. 65 ; « science radicale », p. 66 ; etc.

cendantal? – fixant le statut de l'objet en tant que « phénomène » ?
S'agit-il de déterminations *a posteriori* – données dans une forme
naïve de naturalisme ? Ni l'un ni l'autre, les conditions de possibilité
d'un accès réglé aux phénomènes sont à construire ; elles sont le fait
d'une « genèse »[1], d'une élaboration et de rectifications.

L'INVENTION DE « MANIÈRES » D'ÊTRE AFFECTÉ

Il faut revenir à la définition des idées abstraites (I, I-7, p. 82 *sq.*).
Hume l'aborde avant celles de l'espace et du temps et, sans aucun
doute, cet ordre permettra aussi de mieux comprendre en quoi ces
derniers ne sont pas des formes *a priori* mais bien des formes « empiriques »[2] et qu'ils émergent et travaillent à la constitution des « objets »
dont on fait l'expérience[3]. Celle-ci, par une sorte d'autopoïèse,
construit les instruments de sa légalité. La question n'est plus tant
d'identifier la série des conditions que de décrire des « manières »,
c'est-à-dire des usages.

Le champ sémantique de l'élaboration est omniprésent dans cette
section 7 et, loin de manifester un psychologisme qui s'ignorerait, il
indique ce dont l'élaboration accroît la commodité dans les usages
des associations émanant de l'esprit. La tendance naturelle est à la
recherche d'une plus grande facilité dans les transitions et dans les
conversions d'intensité[4]. La constitution des « idées abstraites » se
comprend donc par les effets recherchés sur les manières d'associer
et de déployer des raisonnements. La généralité est utile pour le
raisonnement pratique et expérimental[5].

---

1. M. Malherbe, *La philosophie empiriste de David Hume*, *op. cit.*, p. 103.

2. *Ibid.*, p. 108.

3. Pour une étude des sources et des emprunts, N.K. Smith, *The Philosophy of David Hume. A Critical Study of its Origins and Central Doctrines*, London-New York, MacMillan, 1941-1960, p. 279 *sq.* sur l'influence de Hutcheson, p. 284 *sq.* sur Bayle. Voir aussi F. Brahami, *Introduction au* Traité de la nature humaine *de David Hume*, Paris, PUF, 2003, p. 62-76, et M. Malherbe, *La philosophie empiriste de David Hume*, *op. cit.*, p. 107 *sq.*

4. TNH, I, IV-6, p. 345 ; 348 ; 352. Voir M. Malherbe, *La philosophie empiriste de David Hume*, *op. cit.*, chap. 3, « Le genèse de l'entendement », p. 103 *sq.*

5. TNH, I, I-7, p. 86.

« [N]ous *formons* la plupart de nos idées générales » (I, I-7, p. 83[1], nous soulignons) et, par là, nous leur donnons « une signification plus *étendue* » ; ainsi, « nous *faisons abstraction* de tout degré particulier de quantité et de qualité » (I, I-7, p. 82-83[2], nous soulignons). L'utilité de l'abstraction, par exemple dans l'idée de table, consiste précisément à pouvoir abandonner le caractère déterminé de l'idée particulière rappelée par association. La répétition de ces associations – « idées particulières » et « terme » – s'accompagne, le plus souvent, de l'oubli des circonstances de leur élaboration[3]. Ce n'est donc que *médiatement* que la généralité est dérivable des propriétés communes aux idées ressemblantes[4], « c'est seulement par l'habitude qu'elles peuvent *devenir* générales dans ce qu'elles *représentent* et qu'elles ont en dessous d'elles un nombre infini d'autres idées » (I, I-7, p. 91, nous soulignons).

La généralité est donc une représentation, une forme de schématisation portée par la négligence de notre nature. Généraliser, c'est abandonner ce qui fait la détermination circonstancielle, *hic et nunc*, des qualités et degrés d'un objet ; c'est n'en retenir, pour notre usage, que des contours sous forme de fiction : quelque chose comme un « terme ».

La tendance ainsi acquise prend toute sa force et fait passer pour général ce qui n'est jamais qu'un particulier associativement porté par une dénomination. La négligence heureuse[5], consolidée dans l'oubli, produit la disposition à l'abstraction et celle-ci, pour contingente qu'elle soit dans ses commencements, n'en revêt pas moins une régularité et une utilité réelles dès lors qu'on parvient à en régler ou rectifier les usages.

Le raisonnement – théorique ou pratique – sur les termes accède ainsi à une relative indépendance *de fait* même si, *de droit*, il ne peut jamais l'être. Mais cette disjonction n'est pas pour autant source

---

1. Pour rendre l'anglais « *in forming* most of our general ideas », *A Treatise of Human Nature*, D.F. Norton & M.J. Norton (eds.), Oxford, Oxford UP, 2001, 1.1.7, p. 17.

2. « gives them a more extensive signification », *A Treatise of Human Nature*, *op. cit.*, 1.1.7, p. 17.

3. TNH, I, I-7, p. 88.

4. TNH, I, I-7, p. 86.

5. TNH, I, I-7, p. 87.

d'erreurs. La négligence de l'imagination[1] à rappeler toutes les idées particulières chaque fois qu'elle use d'un « terme général » ne produit, le plus souvent, des effets négatifs et des erreurs que « pour les idées abstruses et complexes. Dans les autres cas, la coutume est plus complète et il est rare que nous tombions dans de pareilles erreurs » (I, I-7, p. 88) – la vie commune.

La généralité n'est donc pas rationnellement intuitionnée, pas plus qu'elle n'est objectivée par un sens. Elle est une construction de l'esprit qui forme des habitudes d'association. Entre l'universalité du concept et la particularité indépassable des impressions d'atomes, la généralité advient comme une « manière oblique »[2] d'être affecté par certaines idées ou impressions. Et la fonction représentative de la généralité n'a rien d'incompatible avec les prémisses de l'empirisme sceptique de Hume : dans ses usages, elle est portée par l'expérience de ce qui affecte ; comme liaison performative, habitude réglée, elle modifie à son tour l'imagination qui est affectée. Dans le travail de la représentation se situe la part inventive de l'esprit qui déborde, étend. Partant médiatement de l'expérience, la généralité permet d'y revenir, mais autrement. À ce titre et dans ses usages légitimes, l'abstraction relève du « raisonnement expérimental », c'est-à-dire de l'« espèce d'instinct ou de force mécanique qui agit en nous à notre insu » (EEH, IX, p. 277).

Il en est de l'espace et du temps comme de la généralité : de quelle manière peut-on en faire l'expérience ? C'est, une fois encore, le travail de liaison, de mise en relations qui avère la production de règles dans l'imagination : si l'espace et le temps sont affaire de relations (formes de la contiguïté et de la succession), celles-ci ne sont pas données ; elles sont objet d'élaboration et la seconde partie du Livre I propose d'en retracer les principes.

Cependant, pour pouvoir définir les « éléments » de l'espace et du temps, une question préjudicielle portant sur le statut de l'idée de divisibilité infinie doit être résolue. Cette question est préjudicielle en

---

1. Une négligence qui peut être comprise comme une sorte d'imperfection (TNH, I, I-7, p. 88).

2. À propos de la probabilité des causes, Hume dit que « nos raisonnements de ce genre naissent de l'habitude non pas *directement*, mais de manière *oblique* » (I, III-12, p. 217).

ceci qu'elle éprouve frontalement la solidité de l'ontologie première : reconnaître une telle divisibilité reviendrait à réduire à néant la disjonction entre intérieur et extérieur parce que, tout simplement, il n'y aurait plus de terme à la régression. Ce qui viendrait contredire le principe même de l'expérience première comme affection de l'imagination par les impressions d'atomes. La question de la divisibilité est donc aussi celle de la limite et dans sa formulation se dénouent les paradoxes – les «absurdités» (I, II-4, p. 108) – contenus dans les thèses portant sur les points mathématique et physique [1].

Il importe donc de pouvoir définir le point comme «atome» en évitant les écueils de la détermination par la quantité et la continuité, en recourant à une définition intensive et discrète de celui-ci [2]. Il y a donc des *minima* de perception et au delà, l'idée n'est plus portée par une impression correspondante; elle est vide. L'exemple topique de la tâche d'encre (I, II-1, p. 94) va dans le même sens : montrer qu'il y a des seuils de perceptibilité [3], justifier «empiriquement» qu'il est possible d'isoler un type d'unité «parfaitement indivisible» et qui «n'est pas susceptible de se résoudre en une unité inférieure» (I, II-2, p. 98). La difficulté est donc de tenir ensemble ces deux affirmations : «nous avons une idée d'étendue»; celle-ci «n'est pas divisible à l'infini» pas plus qu'elle n'est «composée d'un nombre infini de parties» (I, II-2, p. 100).

Comment donc définir ce qui relève quantitativement du nombre par des déterminations qualitatives? L'ontologie, plus haut repérée, fixait déjà l'existence de l'atome comme condition de possibilité de l'expérience – l'impression dans l'âme sans autre introduction –, c'est-à-dire comme limite à partir de laquelle il devenait possible d'analyser la distinction impression/idée. Nous la retrouvons ici comme ce qui donne cohérence à l'exigence critique du statut de l'idée d'indivisibilité. Par exemple, dans la Section 3, à propos de la qualification de ces «impressions d'atomes» : «Cette impression composée, qui représente l'étendue, se compose de plusieurs impressions moindres qui sont *indivisibles à la vue ou au toucher* et peuvent

---

1. TNH, I, II-4.

2. C'est dans l'acte de diviser qu'est expérimentée l'impossible division à l'infini de l'espace et du temps. Pour l'espace : TNH, I, II-1, p. 94.

3. TNH, I, II-1, p. 95.

s'appeler *impressions d'atomes* ou de *corpuscules* doués de *couleur* et de *solidité* » (I, II-3, p. 106, nous soulignons).

La vision et le tact vont ainsi permettre à l'esprit de « concevoir » (I, II-3, p. 105[1]) ou de « se présenter » l'étendue sans la définir quantitativement : « L'idée d'espace *est amenée à* l'esprit par deux sens, la vue et le toucher ; rien ne peut jamais paraître étendu, s'il n'est visible ou tangible » (I, II-3, p. 106, nous soulignons). Ce sont donc bien des déterminations posées par la perception qui vont permettre à l'esprit de concevoir l'idée d'une étendue élémentaire non divisible – la limite étant ici portée par ce qui introduit sans commencement l'impression d'atome.

Cette question[2] résolue, Hume peut définir positivement nos idées d'espace et de temps : « L'idée de temps n'est pas dérivée d'une impression particulière mêlée aux autres, et qui en soit clairement discernable ; mais *elle naît tout entière de la manière dont les impressions apparaissent à l'esprit*, sans correspondre à l'une d'entre elles en particulier » (I, II-3, p. 104, nous soulignons). C'est la « manière » d'apparaître dans, d'être affecté par, qui va permettre de présenter ces idées.

Ces idées ne sont pas portées par des impressions séparées : la distinction analytique avec les impressions ne vaut pas directement car elle suppose une composition[3]. La manière est donc rendue possible par des affections ou des impressions primitives qui autorisent des distinctions et des mises en relation : séparation entre la couleur et la position des points ; séparation entre le son et la succession, *puis* constitution de l'idée d'espace, de l'idée de temps. L'élaboration des idées d'espace et de temps est donc affaire d'expérience. Tout comme pour la généralité et l'abstraction, la possibilité de construire des idées de liaison reste exhaustivement entée sur les affections et la mise en forme est seconde : sans être immanente à l'impression elle est construite à partir d'elle et ne revêt aucun caractère de transcendance ni de nécessité[4]. Elle est portée par un « instinct » qui donne l'occa-

1. TNH, I, II-3, p. 106.
2. De « *notre idée d'un point simple et indivisible* » (TNH, I, II-3, p. 106).
3. EEH-II, p. 63.
4. TNH, I, IV-5, p. 325. L'accoutumance relève d'un principe immanent de production que la réflexion, sous conditions, parvient à corriger et infléchir.

sion, en raison de l'utilité de ces formes, de les élaborer et d'en rendre l'usage plus aisé et productif[1]. La « manière » ici revendiquée est donc bien production d'une forme.

Le temps, l'espace et l'abstraction ne sont donc pas des formes pures. Leur élaboration relève d'un contenu impressionnel et ne se livre que dans une expérience qui engage un mode d'apparition des atomes. Ce contenu est accompagné par une « sorte de réflexion » dont la répétition et l'accoutumance fait perdre jusqu'au « sentiment »[2]. Par inclination, l'imagination abandonne ces circonstances et invente des distinctions, des fictions qu'elle pose comme des conditions là où ne sont que des manières et des usages.

Pour les mêmes raisons, les idées d'« existence » et d'« existence extérieure » (I, II-6, p. 137 *sq.*) ne correspondent à rien d'identifiable lorsque nous cherchons à remonter aux impressions primitives[3]. Et puisque l'impression est toujours conçue comme existante, « il est évident que c'est de cette conscience qu'est tirée [« *deriv'd* »] l'idée la plus parfaite et la plus parfaite assurance de l'*être* »[4]. Cette dérivation dévoile l'activité de l'imagination qui, sous l'effet des principes d'association, invente des relations, des fictions, et y croit.

L'ontologie atomiste a permis de situer le plan analytique de la distinction impression/idée. Elle a ouvert à la possibilité de dire quelque chose sur ce qui paraît dans l'âme « sans autre introduction ». Si l'impression affecte sans indéterminations, c'est dans la mise en mouvement, dans la mise en relation des traces effacées que se manifeste quelque chose comme une activité dans l'imagination et que s'y déploie comme une sorte de pensée qui « semble posséder cette liberté sans limite » mais qu'un examen plus attentif montre « qu'elle est réellement resserrée en des bornes très étroites » (EEH-II, p. 63).

Ce dévoilement a ceci d'inquiétant qu'il indique, en même temps, toute la contingence de ces voies d'élaboration. La phénoménalité n'échappe pas au travail de la production imaginaire. Elle n'est pas un contenu qu'un certain nombre de conditions *a priori* – des formes –

1. EEH-IX.

2. TNH, I, I-7, p. 92.

3. TNH, I, II-6, p. 139.

4. « and 'tis evident, that from this consciousness the most perfect idea and assurance of being *is deriv'd* », THN, 1.2.6, p. 48, ns.

viendraient déterminer en lui octroyant le statut d'objet. La phénoménalité est elle-même, progressivement et sans nécessité aucune,
constituée par des manières et des usages. Dans ses excès – car la
manière ne se situe jamais seulement dans le donné expérientiel –,
l'imagination invente l'objet qui donne prise au travail de liaison.

Plus encore, la constitution des objets de connaissance, par et dans
l'expérience, ne présuppose pas un sujet déjà là. Le point de vue
sceptique déploie ici toute sa profondeur critique : en même temps que
l'objet est élaboré comme phénomène, l'imagination se pose elle-
même. L'expérience n'est pas, d'abord, celle d'un sujet connaissant
qui constitue un objet à connaître. Elle est, originellement, la forme
indéterminée d'un ensemble de liaisons à l'occasion desquelles sont
co-produits de l'esprit sans subjectivité qui appréhende, des phénomènes sans objectivité qui sont appréhendés. Sans oublier, bien sûr,
que ceci ne peut advenir en dehors de l'imagination elle-même :
«Fixons notre attention hors de nous autant que nous le pouvons ;
lançons notre imagination jusqu'au ciel, ou aux limites extrêmes de
l'univers ; en fait nous ne progressons jamais d'un pas au delà de nous-
mêmes » (I, II-6, p. 139).

La rectification : l'expérience comme quête de validité des relations stables

Connaître, c'est donc décrire les relations pour ce qu'elles sont :
des inventions de l'esprit. Avérer ce caractère artificiel – au sens où
nous n'en faisons jamais directement l'expérience – ce n'est pas dire
que ces artifices sont dépourvus d'utilité. On pourra même rechercher
une certaine vérité commune – générale ? – à ces prolongements
arbitraires, non pas dans une quelconque *adæquatio rei et intellectus*,
mais dans les effets réguliers et régulièrement productifs dont ils sont
susceptibles.

Car, une fois posée la condition ontologique, une fois admis que la
légalité des règles de l'expérience se constitue dans un mouvement
articulant conditions formelles et contenus sensibles, il reste à indiquer de quelle manière le travail de liaison – sous l'action des principes d'association – est susceptible de rectification. Dans ces mouvements de correction, on peut repérer, une fois encore, l'activité la plus

inventive de l'esprit comme entendement qui expérimente dans le domaine des sciences comme dans celui de la vie pratique.

Hume peut alors envisager deux types de problème philosophique. D'une part, décrire comment l'opération des principes d'association, entre autres l'élaboration du raisonnement causal, permet de construire un monde vécu comme monde extérieur et objectif, comme réalité extra-mentale. Dans cette perspective, la question n'est pas tant la production comme telle que la manière dont elle est posée *par* l'imagination comme une existence extérieure et objective.

Si les relations – du chaos originel des impressions d'atomes aux objets, du dedans au dehors, de la nature à la société des individus – ne sont pas des données immédiates de l'expérience, il se trouve que l'imagination croit [1] en leur réalité. La déconstruction sceptique, ou premier moment critique, manifeste non pas le caractère illusoire de ces croyances mais le statut qu'on peut leur donner, du point de vue d'une théorie de la connaissance. Reconnaître que l'idée d'existence extérieure est une idée à laquelle on croit [2] parce que, par une disposition acquise, l'imagination ne peut s'empêcher d'être affectée de cette manière-ci, n'interdit pas de reconnaître, en même temps, qu'il s'agit là d'une forme commune et valide de représentation du monde vécu. Cette tendance à croire, dans sa régularité et dans son opérativité, est commune et utile – elle permet l'action – même si rien ne permet, rationnellement, de dire quoi que ce soit de ses causes premières.

Cette reconnaissance permet, d'autre part, d'aborder le second type de problème philosophique envisagé par le *Traité*. Ce qui peut passer pour infondé, du point de vue d'une théorie de la connaissance, est producteur d'effets, utiles ou nuisibles. Il est possible, en décrivant les principes de la nature humaine, non pas en tant qu'ils sont des causes premières mais des *régularités* actives, de renforcer ou de modifier ces effets [3]. Si la théorie de la connaissance conduit, par scepticisme mesuré [4], à renoncer à identifier des causes premières et à

---

1. TNH, I, III-7, p. 170, 172.

2. Voir ce qui a été dit à propos de TNH, I, II-6 et I, III-7, p. 169-170.

3. De ce point de vue, les errements de la métaphysique sont sans effet là où les superstitions religieuses et les croyances politiques communes peuvent avoir des conséquences désastreuses. Sur cet aspect non traité du problème, C. Gautier, *Hume et les savoirs de l'histoire*, Paris, Vrin, 2005, chap. II, p. 73 *sq.*

4. EEH-XII, p. 379 *sq.*

fonder sur l'instinct la force du « raisonnement expérimental », son prolongement pratique n'exclut pas, au contraire [1], qu'il participe de la production d'effets ou de leur amélioration. Comme l'indique Philon dans le Premier des *Dialogues*, la philosophie doit pouvoir rendre « nos principes toujours plus généraux et compréhensifs » et permettre de « raisonner sur la vie commune » [2]. Le sceptique n'est pas schizophrène.

Ces deux types de problèmes philosophiques ne séparent donc pas théorie et pratique ; ils justifient que l'une conduise à l'autre. Une fois avérée l'ignorance des causes premières, l'objet véritable de la connaissance n'est pas celui, métaphysique et abstrus, de ces premiers principes, il est celui, pratique et commun, des règles générales par lesquelles s'organise la vie courante. Tout comme l'artisan dans son échoppe [3] déploie une connaissance pratique finalisée en toute ignorance des causes premières, le philosophe dans la vie sociale la plus ordinaire, va pouvoir déployer une connaissance pratique dont la fin est justement la compréhension toujours plus poussée et précise des principes de la vie commune.

Si donc la contingence des voies de la genèse de l'imagination et du monde qu'elle construit est soulignée avec insistance par Hume – le « raisonnement expérimental » n'est pas l'apanage des hommes et l'instinct en est le premier dépositaire [4] –, il affirme également que ces voies ne sont pas données une fois pour toutes, qu'elles peuvent être modifiées. Certes, la raison n'est pas fondatrice ; elle parvient cependant à agir, sous conditions, sur les règles qui en fixent les usages pratiques légitimes et producteurs des effets les plus ordinaires [5]. Dès lors, l'adossement de la raison à l'instinct, loin de réduire l'imagination à n'être qu'une substance ou une nature, est précisément ce qui

---

1. Sur le rapport « théorie »/« pratique », voir *Dialogues sur la Religion naturelle*, édition et trad. fr. M. Malherbe, Paris, Vrin, 1997, Ier Dialogue, p. 81-83 ; mais aussi l'analogie entre pratique de l'artisan et pratique du philosophe, dans TNH, « Introduction », p. 61-62.

2. *Dialogues*, I, p. 81-82.

3. TNH, « Introduction », p. 61.

4. EEH-IX, p. 277-279.

5. Une illustration exemplaire de cet aspect : É. Le Jallé, *L'Autorégulation chez Hume*, Paris, PUF, 2005. Voir p. 11 *sq.* la présentation du parti pris d'analyse.

donne aux expériences qui la constituent, l'occasion de conjuguer nature *et* histoire. Ce troisième plan d'analyse met donc en évidence la dimension commune et régulière de la pratique du «raisonnement expérimental» (EEH-IX, p. 269-271).

On peut, jusqu'à un certain point, mettre en rapport l'activité de l'esprit qui permet d'accéder à des significations générales et de construire des «idées abstraites», le travail de la politique [1] en tant que construction de la généralité de l'intérêt comme norme de justice et de gouvernement et la définition de l'impartialité du point de vue du jugement moral [2]. Cette analogie permet de repérer, dans les sphères de l'entendement, de la politique et de la morale, les principes d'une activité qui est, également, un *constructivisme* de la «généralité».

Il n'y a pas de différence de nature entre la généralité de l'idée et celle de l'intérêt. Dans le second cas, elle est obtenue comme effet de la négligence naturelle vis-à-vis des circonstances de l'action qui, en situation, intensifient toujours les forces d'affection liées aux intérêts particuliers [3]. C'est dans ce mouvement d'abstraction qu'une signification plus étendue parvient à envelopper les conditions d'application des règles de justice. De même, l'impartialité du jugement moral, *via* la sympathie et la comparaison, est l'effet d'une abstraction qui va de pair avec la constitution d'une signification étendue pour moi – «se mettre à la place de» – et qui donne à l'approbation/désapprobation son caractère opératoire dans l'univers pratique des conduites individuelles.

Dans ces trois sphères, l'imagination est portée à négliger le proche et l'immédiat [4], le particulier et le circonstanciel, les déterminations en qualité et degré, pour former des termes dont la généralité, précisément, peut être mobilisée par l'entendement qui raisonne, le magistrat qui gouverne ou le sujet qui approuve. La généralité des idées, des intérêts et des points de vue d'évaluation ressortit ainsi à

---

1. TNH, III, II-7 «Origine du gouvernement», p. 654-659.

2. TNH, III, III-2 «La grandeur d'âme», p. 718-728. Un point de vue qui n'est autre que celui d'une impartialité affectivement stabilisée supposant l'action de deux «principes» : la «sympathie» et la «comparaison».

3. TNH, III, II-7, p. 654-655.

4. TNH, III, II-7, p. 655.

l'élaboration de manières d'être affecté, d'usages ou de dispositions de l'imagination.

Dans toutes ces sphères, le raisonnement expérimental, sous l'effet des principes d'association, construit des règles générales. Ce constructivisme, ainsi qu'on l'a appelé, indique l'importance du travail de l'imagination dans l'élaboration de la connaissance des «faits»[1] et subordonne la possibilité même de connaître à l'expérience – dans les domaines théorique, politique ou pratique[2]. La cohérence du projet humien, celui d'une science de la nature humaine, tient alors en ceci que les inventions de l'imagination qui peuvent revendiquer avec légitimité le statut de croyances fermes et stables sont strictement fondées sur l'expérience. Il importe, pour finir, de spécifier en quel sens, ici, il faut entendre cette liaison construite entre croyance et expérience.

Hume, dans la section sur «La probabilité des causes» différencie deux types de raisonnements: ceux qui suivent «la détermination habituelle de notre esprit» et les raisonnements probables. Pour les premiers, «nous faisons la transition sans réfléchir» parce que «l'accoutumance ne dépend d'aucune délibération, elle opère immédiatement sans donner le temps de la réflexion» (I, III-12, p. 216). Les seconds supposent au contraire que «c'est consciemment que nous prenons en considération la contrariété des événements passés» (*ibid.*).

Dans le premier cas, l'absence de délibération consciente laisse au machinal et à «l'instinctuel»[3] le soin d'orienter l'imagination dans ses manières d'être affectée; l'habitude, constituée par «l'accoutumance», par la répétition des occurrences, tient lieu de raccourci sensible. Elle est la marque d'une forme de rationalité pratique intermédiaire entre un volontarisme rationnellement déterminé et un pur mécanisme. L'habitude est donc ce qui permet de déployer l'espace des conduites les plus courantes, comme étant portées par une rationalité pratique qui ne suppose pas de conscience pleine et entière des moyens et des fins. Loin d'être exceptionnel, ce type de raisonnement est même assez commun: «Les animaux ne sont donc pas guidés par

---

1. EEH-IX, p. 269.
2. TNH, «Introduction», p. 59.
3. EEH-IX, p. 277.

le raisonnement dans ces inférences[1]; ni les enfants; ni le commun des hommes, dans leurs actions et leurs conclusions ordinaires» (EEH-IX, p. 273). Dans le second cas, la force de la disposition reste, en quelque sorte, entée sur la fréquence des occurrences (I, III-12, p. 217 *sq.*) et c'est «le sage [qui] proportionne [...] sa croyance à l'évidence» (EEH-X, p. 285). Sans être exceptionnels, ces types d'ajustement, qui supposent une forme de réflexion «consciente», s'exposent parfois aux erreurs et aux généralisations indues.

Cependant, ces raisonnements ont en commun de procéder à partir d'une relation d'association privilégiée – la relation causale – qui relie un passé à un futur. Sans se fonder sur aucune espèce d'argument, «la supposition d'*une ressemblance de l'avenir au passé*» provient «entièrement de l'habitude qui nous détermine à attendre pour l'avenir la même suite d'objets à laquelle nous nous sommes accoutumés» (I, III-12, p. 217).

La disposition, dans les deux types de raisonnement, suppose la mémoire – réitération d'expérience de concomitances passées – et l'habitude qui donne à la tendance de l'imagination à passer de la concomitance à la connexion nécessaire une consistance qui peut devenir entièrement machinale ou se trouver pondérée par des occurrences contraires. Dans tous les cas, cependant, la ressemblance des occurrences – l'imagination comme mémoire – et l'habitude de la projection dans une attente – le raisonnement comme anticipation – forment le cadre de l'expérience à partir duquel la relation est constituée par l'imagination.

Ces raisonnements ont encore en commun de laisser place à la correction, sans quoi le machinal devient mécanique pour les raisonnements communs, la probabilité certitude erronée pour le raisonnement du sage. Parce que la disposition habituelle n'est pas pur mécanisme, parce que l'anticipation pondérée n'est pas certitude, il y a place pour l'expérience, cette fois-ci non pas en tant qu'elle met en mouvement la mémoire et la tendance habituelle, mais en tant qu'elle offre l'occasion de *modifier* l'orientation de l'habitude.

---

1. Les animaux, tout comme les hommes «apprennent beaucoup de choses de l'expérience et qu'ils infèrent que les mêmes événements suivront toujours des mêmes causes», EEH-IX, p. 271.

C'est à propos des « effets » des règles générales sur l'imagination en cas de non ressemblance de l'occurrence présente avec les cas passés que Hume, dans la section 13 « Des probabilités non philosophiques » (I, III-13, p. 227 *sq.*) envisage le problème dans sa formulation la plus large. Le premier type d'effet est immédiat, et malgré les différences de circonstances, « l'imagination nous porte *naturellement* à concevoir *vivement* l'effet *habituel* »; le second type d'effet est médiat et suppose un certain retour réflexif que Hume désigne par le terme de « comparaison ». La comparaison « avec les opérations les plus générales et les plus authentiques de l'entendement » nous fait découvrir que le premier mouvement « est de nature *irrégulière* et qu'il détruit tous les principes les mieux établis du raisonnement, ce qui nous pousse à le rejeter » (I, III-13, p. 234, nous soulignons).

L'effet peut être corrigé quand l'imagination, comme puissance de liaison, n'opère pas exclusivement sur une impression présente et, par conjonction habituelle, sur le souvenir d'une occurrence passée mais, indirectement, à partir d'une « comparaison » entre l'effet immédiat et l'effet susceptible d'être re-présenté dans le cas d'un usage correct des règles générales du raisonnement. La comparaison ici permet de passer du plan des affections immédiates et intenses de l'imagination à celui des affections médiates et effacées – les idées. C'est dans ce passage que réside la possibilité même du retour réflexif et de la correction.

Dans la première série d'effets, seule prévaut la ressemblance parce que l'intensité des affections conduit naturellement l'imagination à lui donner priorité; dans la seconde, la baisse d'intensité – la comparaison – laisse plus de place aux différences. La conclusion est claire : cette « seconde influence des règles générales […] implique la condamnation de la première »[1]. Deux conduites sont alors identifiables à partir de ces effets : « L'homme du commun est couramment guidé par la première et les sages par la seconde » (*ibid.*). Pour le premier prévaut la spontanéité et l'usage des règles générales est plutôt extensif; pour le second, la comparaison fait passer d'un usage extensif à un usage correctif.

La correction, en son principe, se définit donc comme ce qui vise l'ajustement problématique, mais toujours nécessaire entre ce que les

---

1. À propos de la croyance aux miracles, voir EEH–X, p. 285 *sq.*

données de l'expérience en matière d'inférences autorisent – ce que son autorité rend possible –, et ce que l'imagination, en son fonctionnement spontané et ordinaire, a tendance à produire. La correction permet l'ajustement de deux économies : une économie spontanée où l'imagination soumise au jeu des dynamiques affectives et portée par des idées, déborde et se prend à croire à ses propres inventions[1] ; une économie réglée où la force des liaisons coutumières et la répétition des consécutions permet toujours de proportionner impressions et re-présentations des impressions. L'expérience[2] – répétition et comparaison – conduit alors à des généralisations contrôlées et donne à la construction des relations toute son efficience.

L'expérience, dont les déterminations principales reposent ici sur la coutume et la répétition, a donc pour finalité de donner une *autorité*[3] à des généralisations de relations entre impressions et idées pour en faire des objets fermes et stables de la croyance.

*

La garantie ontologique d'une méthode d'analyse, la genèse des principes de constitution des objets, la correction des règles générales permettent de saisir la profondeur du scepticisme humien dans sa conception de l'expérience. Celle-ci est départ et résultat de ce qui traverse l'imagination[4]. L'ontologie permet de régler le problème du dualisme de la représentation et disqualifie la question classique du rapport de la chose à l'idée. La genèse des principes, en même temps qu'elle est destitution de la fonction architectonique de la raison, permet de saisir, à partir d'un instinctivisme[5], la manière dont

1. THN, p. 91, 101-102, 132 ; TNH, p. 216, 234-235, 286-287.

2. TNH, I, III-6, p. 161.

3. J.-P. Cléro, *Hume. Une philosophie des contradictions*, Paris, Vrin, 2000 ; entre autres, « La notion d'autorité », p. 207 *sq.*

4. « L'esprit est une forme de théâtre où diverses perceptions font successivement leur apparition ; elles passent, repassent, glissent sans arrêt et se mêlent en une infinie variété de conditions et de situations » (TNH, I, IV-6, p. 344).

5. « Le raisonnement expérimental lui-même, que nous partageons avec les bêtes et dont dépend toute la conduite de la vie, n'est rien qu'une espèce d'instinct ou de force mécanique qui agit en nous à notre insu » (EEH-IX, p. 277).

elle s'efforce de construire un certain ordre. La rectification des règles soutient la possibilité de prolonger, sinon de transformer, productivement cet ordre.

C'est dans ce cadre que la suggestion du sous-titre au *Traité de la nature humaine* : «Essai pour introduire la méthode expérimentale dans les sujets moraux» prend tout son sens [1].

Claude GAUTIER
Université de Montpellier III – Paul Valéry

---

1. M. Malherbe, *La philosophie empiriste de David Hume*, *op. cit.*, p. 45-46 et 60 *sq.* ; F. Brahami, *Introduction au* Traité de la nature humaine *de David Hume*, *op. cit.*, p. 14 *sq.*

KANT : DE LA PENSÉE DE L'EXPÉRIENCE
À L'EXPÉRIENCE DE PENSÉE

> *« L'analyse d'une expérience en général et les principes*
> *de la possibilité de cette dernière sont précisément*
> *ce qu'il y a de plus difficile dans toute la Critique »* [1].

Si l'expérience désigne à la fois le processus actuel de déploiement d'une conscience perceptive singulière au contact de la réalité quotidienne, et l'ensemble des connaissances que le sujet acquiert progressivement à la faveur de cette épreuve même, une telle caractérisation est toutefois encore insuffisante pour permettre d'appréhender l'expérience comme un *problème* dont il faut rendre raison, précisément parce qu'elle reste rivée à l'évidence immédiate de l'objet à définir, dont semble attester la moindre de nos perceptions. Pourtant, que tel cinabre que je perçois là-devant, à portée de main, ne soit pas « tantôt rouge, tantôt noir, tantôt léger, tantôt lourd » [2], mais que, dans et par cette perception, le disparate de la sensation s'assemble en la représentation d'un ob-jet (*Gegen-stand*) distinctement identifiable et persistant au regard, voilà qui n'est pas de soi évident. En outre, que cette expérience, subjectivement unifiée et cohérente, présente également une indéniable dimension intersubjective, autrement dit qu'il n'y ait pas simplement « *des expériences* au pluriel, mais l'expérience » [3] – renvoyant à une réalité *une*, partageable par *tous* – voilà qui, là

---

1. Lettre à Beck du 20 janvier 1792, *Kant's gesammelte Schriften, Akademie-Ausgabe*, Berlin, 1910-1983 (dorénavant cité Ak), XI, p. 313.

2. *Critique de la raison pure*, trad. fr. A. Renaut, Paris, Aubier, 1997 (dorénavant cité *CRP*), p. 180.

3. Kant, *Opus posthumum*, trad. fr. F. Marty, Paris, PUF, 1986, p. 229.

encore, mérite d'être questionné. En effet, dit Kant, «rien n'exclut vraiment [...] que tout fût dans une confusion telle que, par exemple, dans la série des phénomènes, rien [ne correspondît] au concept de la cause et de l'effet»[1], de sorte que tout vécu de conscience serait en définitive «moins qu'un rêve»[2].

Interroger l'expérience en son évidence présumée, c'est donc chercher à élucider quant à sa possibilité l'intelligibilité même du rapport de la conscience au monde, autrement dit comprendre comment est possible une «*connaissance* d'expérience»[3] (*Erfahrungserkenntnis*) qui soit dotée d'une validité objective.

Dans cette perspective, la caractérisation de l'expérience comme produit de la composition du matériau brut des impressions par une activité de liaison de l'esprit ne suffit pas encore pour spécifier toute l'originalité de la «manière kantienne d'interroger»[4], par rapport à des traditions de pensée – empiristes notamment – contre lesquelles, précisément, elle se construit. Encore faut-il qu'une telle activité de liaison cognitive soit envisagée dans son *apriorité* radicale par rapport au déroulement et au choc de l'expérience effective elle-même. Car, telle est précisément pour Kant l'énigme de la «production primordiale de l'expérience»[5], que soulève la question de la possibilité des jugements synthétiques *a priori* : comment se fait-il que nous puissions «connaître et caractériser la possibilité des choses sans avoir recours, préalablement, à l'expérience elle-même [...] par conséquent entièrement *a priori*, bien que ce soit seulement par rapport à l'expérience et à l'intérieur de ses limites?»[6]. C'est précisément à la philosophie transcendantale[7] qu'il revient de

---

1. *CRP*, p. 173.
2. *CRP*, p. 186.
3. *CRP*, p. 93.
4. *Cf.* Heidegger, *Qu'est-ce qu'une chose?*, trad. fr. J. Reboul et J. Taminiaux, Paris, Gallimard, 1971 (dorénavant cité *QQC*), p. 67 *sq.*
5. *Prolégomènes à toute métaphysique future qui pourra se présenter comme science*, trad. fr. L. Guillermit, 2ᵉ éd., Paris, Vrin, 1993 (dorénavant cité *Prol.*), § 22, note, p. 74.
6. *CRP*, p. 281.
7. «Le mot transcendantal [...] ne désigne pas du tout ce qui dépasse toute expérience; assurément il désigne ce qui la précède (*a priori*), mais qui pourtant n'a pas d'autre destination que de rendre possible la connaissance par expérience» (*Prol.*, p. 157).

déployer ce questionnement et de lui offrir une réponse jusque-là inédite.

Pour Kant, en effet, l'horizon de l'«expérience possible» n'est ni celui d'une possibilité purement logique, ni celui d'une possibilité simplement occasionnelle, tributaire des circonstances contingentes de son actualisation, mais désigne la structure formelle invariante de survenue et d'enchaînement réglés de l'ensemble des phénomènes pour une conscience en général, telle que nous savons *a priori* qu'aucune expérience empirique particulière ne peut manquer de s'y conformer. Cette détermination formelle constitue par là-même une modélisation anticipatrice de la relation de la conscience à son monde (sous la forme paradigmatique du rapport sujet-objet), telle qu'on la retrouve à l'œuvre de façon exemplaire dans la science moderne de la nature, fondée sur un processus normatif de mathématisation du réel. « Nous n'affirmons connaître une chose par la raison que lorsque nous avons la conscience que nous aurions pu la savoir aussi, même si elle ne nous avait pas été donnée ainsi dans l'expérience »[1]. Le champ de l'expérience possible coïncide ainsi avec celui de l'événementialité virtuellement connaissable, telle que les concepts purs de l'entende-ment en pré-esquissent de façon universelle et nécessaire la trame ordonnée. Il s'agit, dit Kant, de « la forme objective de l'expérience en général »[2], c'est-à-dire de « la possibilité des choses telle qu'elle procède de concepts *a priori* »[3].

Tenter de comprendre ce mouvement de *possibilisation transcen-dantale* de l'expérience imposera en particulier de ne pas perdre de vue la spécificité du lieu théorique où, dans la philosophie critique, il se décide et s'élabore – et qui nous servira de fil conducteur – à savoir la «Déduction transcendantale des catégories», laquelle doit commencer par *prouver la réalité objective* des concepts de l'enten-dement pur. Que le mouvement d'élucidation des conditions de l'expérience possible y coïncide avec la recherche des condi-tions de possibilité de la connaissance, signifiant par là même une *co-assignation limitative* des concepts et des intuitions, est l'expres-

---

1. *Critique de la raison pratique*, trad. fr. J.-P. Fussler, Paris, GF-Flammarion, 2003, p. 99.
2. *CRP*, p. 278.
3. *CRP*, p. 280.

sion d'une vérité essentielle du criticisme, en tant que dépassement d'une ontologie de la chose en soi par une simple analytique du sujet fini : dans l'ordre de la connaissance, c'est à présent la limitation même des facultés de connaître – restreintes, dans leur usage empirique, au champ phénoménal qu'elles rendent elles-mêmes possible quant à sa forme[1] – qui est seule fondatrice de l'objectivité théorique. Dans le même temps, elle offre également à la pensée rationnelle les conditions indépassables de sa progression dans le champ de l'inconnaissable, au-delà des limites de l'expérience possible, autrement dit le cadre d'une métaphysique renouvelée, sur un mode « critique ».

LA « LOGIQUE TRANSCENDANTALE » OU LE PASSAGE DE LA POSSIBILITÉ LOGIQUE À LA POSSIBILITÉ RÉELLE

La fondation transcendantale de la possibilité de l'expérience repose sur un déplacement opéré par Kant dans la définition même du « possible », que l'on retrouve explicitement thématisé dans le chapitre de la *Critique de la raison pure* consacré aux « Postulats de la pensée empirique en général ». Cette réélaboration de la théorie traditionnelle des modalités – telle qu'en hérite, depuis Aristote, toute la métaphysique classique jusqu'à Leibniz et Wolff – s'exprime de façon exemplaire à travers la distinction opérée par Kant entre une logique *générale*, qui ne fournit que les règles de cohérence formelle de la pensée, et une logique *transcendantale* qui, en tant que « logique de la vérité »[2], ambitionne d'être à part entière une science des conditions de possibilité de la connaissance *a priori* d'*objets* d'expérience.

La logique générale, en fondant la possibilité des concepts sur la seule non-contradiction formelle, n'envisage jamais que la possibilité *logique* des concepts, autrement dit la position de la représentation d'une chose relativement au pouvoir de penser en général, abstraction

---

1. L'idéalisme transcendantal reste un « *réalisme empirique* » (*CRP*, p. 282 *sq.* et 375 *sq.*) reposant sur l'opposition dualiste entre phénomène et chose en soi et, partant, entre forme et matière. Si l'entendement pur *constitue* l'expérience quant à sa *forme*, la *matière* de l'expérience, elle, est toujours irréductiblement *donnée*, l'existence même des objets ne pouvant être simplement déduite de leur concept.

2. *CRP*, p. 151.

faite de tout corrélat réel. Or, dans la mesure où les formes logiques de la pensée doivent pouvoir trouver leur terrain d'application dans l'expérience même, pour lui conférer unité et cohérence, et lui permettre d'être ainsi pour nous une véritable «connaissance empirique»[1], la théorie des modalités doit être réélaborée afin d'accorder toute sa place à une définition, jusqu'alors inaperçue, d'une «possibilité *in concreto*»[2]. Par cette expression, il faut entendre la possibilité d'un concept en tant qu'elle intègre le rapport de celui-ci à un objet qui doit pouvoir être donné dans une intuition, pure ou empirique. En ce sens, est *transcendantalement* possible «ce qui s'accorde avec les conditions formelles de l'expérience (quant à l'intuition et aux concepts)»[3]. L'horizon transcendantal de l'expérience possible est donc celui d'une *possibilité réelle*, nécessairement tributaire d'une intuition sensible.

Dès lors, puisque «l'expérience possible est cela seul qui peut donner de la réalité à nos concepts [et parce que,] sans elle, tout concept est simplement une Idée, dépourvue de vérité et privée de relation à un objet»[4], il faut comprendre comment un concept – qui n'est, considéré en lui-même, qu'un moyen d'unification de représentations diverses sous une représentation intellectuelle commune – peut précisément se rapporter *a priori* à des objets *donnés* dans une intuition[5]. Pour une simple analytique de la connaissance finie, revenue des illusions d'une possible intuition intellectuelle, un tel accord ne va pas de soi, car l'adéquation du réel et du rationnel n'est pas d'emblée saisissable comme une certitude (que celle-ci soit, du reste, métaphysique ou simplement empirique), mais doit toujours d'abord être *prouvée* quant à sa possibilité même – tâche dont il reviendra précisément à la «Déduction transcendantale des catégories» de s'acquitter.

---

1. *CRP*, p. 218.
2. *Réflexion* 5181, Ak XVIII.
3. *CRP*, p. 277.
4. *CRP*, p. 469.
5. Ce qui est un prolongement direct du problème de la conformité de nos représentations à leurs objets, tel que la *Lettre à Marcus Herz* en avait posé les jalons. Pour une approche détaillée de ce problème, voir A. Renaut, *Kant aujourd'hui*, Paris, Aubier, 1997, p. 53 *sq.*

EXPÉRIENCE ET CONCEPTS

Il convient donc, dans un premier temps, de comprendre pourquoi la Déduction transcendantale, en tant que fondation de la prétention des concepts *a priori* de l'entendement pur à valoir objectivement, requiert spécifiquement une preuve de leur usage légitime relativement à l'expérience. En effet, d'autres types de concepts qui composent « le tissu très composite de la connaissance humaine »[1], se passent quant à eux fort bien d'une telle justification.

Ainsi en va-t-il par exemple des concepts empiriques, que Kant qualifie aussi de concepts communs de l'expérience. Nous sommes en effet autorisés, même sans déduction, à leur attribuer une signification réelle, précisément parce que « nous disposons toujours de l'expérience pour démontrer leur réalité objective »[2]. Comme de tels concepts interviennent quotidiennement dans nos jugements pour désigner les objets mêmes de nos représentations empiriques, nombre d'entre eux bénéficient spontanément du « consentement universel que fait naître l'expérience »[3], lequel suffit pour attester *a posteriori* de leur ancrage réel[4].

L'« Esthétique transcendantale » a par ailleurs montré, en ouverture de la *Critique de la raison pure*, que toute connaissance comporte, comme telle, une dimension sensible, en tant que les formes pures de l'intuition – sans laquelle nos concepts sont voués à rester vides – constituent « les conditions nécessaires de toute expérience (externe et interne) »[5]. Bien que ces formes *a priori* de la sensibilité (l'espace et le temps) soient a-logiques et, comme telles, pré-catégoriales, leur déduction peut pourtant prendre la forme d'une simple « exposition », là encore dispensée du recours à une preuve spécifique,

---

1. *CRP*, p. 170.
2. *CRP*, p. 169.
3. *Prol.*, § 4, p. 36.
4. Ce qui n'exclut pas qu'un certain nombre d'entre eux puissent être qualifiés d'« usurpés » (*CRP*, p. 169), dans la mesure où il est impossible de s'accorder de façon univoque sur leur signification. Ainsi en est-t-il du concept de *bonheur*, lequel n'est pas sans raison qualifié par Kant de « concept fluctuant » (*Critique de la faculté de juger*, trad. fr. A. Renaut, Paris, Aubier, 1995 (dorénavant cité *CFJ*), § 83, p. 427).
5. *CRP*, p. 137.

car avec cette condition formelle *a priori* de notre sensibilité «*s'accordent nécessairement* [...] tous les phénomènes, dans la mesure où ils ne peuvent que grâce à elle apparaître phénoménalement, c'est-à-dire être intuitionnés et donnés empiriquement»[1]. Ainsi un phénomène a-temporel, privé de la possibilité de jamais apparaître, relèverait-il d'une *expérience impossible*.

Une telle évidence, pour ainsi dire phénoménologique[2], de la simple forme des phénomènes – seule intuition à pouvoir nous être donnée *a priori* – rejaillit par ailleurs également sur les concepts purs de l'entendement susceptibles d'un usage *mathématique* dans la mesure où ils trouvent à s'appliquer directement dans l'intuition pure. Du reste, la simple expérience de pensée suffit à attester de cette «évidence immédiate»[3], puisque la raison est ici à l'œuvre selon le seul usage intuitif qui en soit autorisé, à savoir la *construction* de concepts – par exemple, lorsque je produis mentalement des grandeurs ou des figures spatio-temporelles en exhibant dans l'intuition pure leur méthode schématique d'élaboration. La présentation *in concreto* de l'objet (un nombre, un triangle) peut ici s'opérer «entièrement *a priori*, sans en avoir extrait le modèle d'une quelconque expérience»[4], car toute la teneur de réalité phénoménale de ces «quasi-objets» – pour reprendre l'expression de Vuillemin – est réduite aux règles logiques mêmes de leur construction dans l'intuition pure[5].

Que la mathématique offre l'exemple éclatant d'une raison pure engagée depuis longtemps dans la voie sûre d'une science et réussis-

---

1. *CRP*, p. 174.

2. Sur le sens phénoménologique de l'Esthétique transcendantale, voir M. Fichant, «"L'espace est représenté comme une grandeur infinie *donnée*" : la radicalité de l'Esthétique», *Philosophie*, n° 56, 1997, p. 20-48.

3. *CRP*, p. 171.

4. *CRP*, p. 604.

5. Si la construction pure, en géométrie, constitue indéniablement une *expérience de pensée*, puisque «nous ne pouvons penser une ligne sans la *tracer* en pensée, un cercle sans le *décrire*» (*CRP*, p. 211, nous soulignons), il s'agit d'une expérience pour ainsi dire intégralement *virtualisée*, les concepts mathématiques pouvant, en droit du moins, ne jamais faire l'objet d'une présentation *empirique*. À l'inverse, les concepts purs qui rendent possible l'expérience physique, ne peuvent être présentés dans l'intuition autrement que «dans un exemple *que me fournit l'expérience*» (*CRP*, p. 605). L'expérience à proprement parler (physique) n'est donc ni intégralement *construite*, ni simplement *donnée* : elle est *constituée*.

sant, qui plus est, à s'étendre avec succès sans l'aide de l'expérience, ne nous donne cependant pas encore, *a contrario*, la preuve recherchée de la validité objective des concepts purs de l'entendement. Bien au contraire, l'usage dogmatique non discipliné qui est fait de ces concepts en métaphysique – sur le modèle, précisément, de leur application mathématique – pourrait même accroître les soupçons à leur égard, dès lors qu'il s'agit, au moyen de concepts *transcendantaux* (c'est-à-dire fondateurs d'expérience), de connaître *a priori* des objets donnés.

La difficulté est d'autant plus grande que nous ne pouvons ici, comme avec les concepts mathématiques, indiquer dans l'intuition *a priori* quelque objet sur lequel ils fonderaient leur synthèse avant toute expérience, pas plus que nous n'avons l'avantage, comme dans le cas des concepts empiriques, de pouvoir nous orienter dans le champ de l'expérience courante pour attester de la réalité de leur usage. Aussi, «comment puis-je donc en venir à dire de ce qui arrive en général quelque chose de toute à fait distinct et à acquérir la connaissance que le concept de la cause, *bien que ne s'y trouvant pas contenu, lui appartient cependant*, et même avec nécessité?»[1]. La question se révèle d'autant plus problématique que, dans une perspective transcendantale, l'expérience ne se soutient plus d'un savoir métaphysique, et qu'en l'absence de toute garantie théologique (sous la forme leibnizienne de l'harmonie universelle comme sous la forme cartésienne du Dieu vérace), il devient impossible de rechercher dans cette direction la preuve de la conformité de nos représentations avec les choses mêmes. En ce sens, il n'est «pas clair *a priori*»[2], dit Kant, de savoir comment la causalité présente en notre esprit peut également être inscrite au cœur des choses.

LA DÉDUCTION TRANSCENDANTALE
OU LES LIMITES DE L'EMPIRISME

Si la perception empirique fournit bien l'illustration des concepts et l'occasion de leur déploiement, elle ne livre jamais le principe de

---

1. *CRP*, p. 605, nous soulignons.
2. *CRP*, p. 173.

leur possibilité. En effet, si la régularité visible des phénomènes peut certes nous permettre de conclure par induction à une universalité comparative des cas semblables, elle n'a pas encore en elle-même la dignité d'une légalité objective : « l'expérience nous enseigne sans doute ce qui est, mais non point que cela ne pourrait en aucun cas être autrement » [1]. En ce sens, la simple vérification empirique de la réalité d'un concept ne saurait prouver – ni, à l'inverse, infirmer – sa validité objective *a priori*.

On découvre ici le nerf de la critique kantienne de la déduction empirique du principe de causalité, telle que les célèbres pages de la section VII de l'*Enquête sur l'entendement humain* en offrent l'expression exemplaire. Hume, en effet, entend dériver le principe de causalité directement à partir de l'expérience empirique, à savoir de l'habitude de voir se répéter à l'identique une liaison entre les phénomènes. L'expérience possible n'est alors jamais qu'un principe psychologique de la nature humaine, la projection subreptice, au moyen de l'imagination adossée à la croyance, des expériences passées dont nous avons gardé mémoire et auxquelles nous nous sommes accoutumés [2] ; partant, elle n'est jamais que l'expérience *empiriquement* possible, qui ne peut s'attester que dans le *fait* d'une conjonction *probablement* constante. Or, c'est précisément pour avoir pris la condition d'effectivité occasionnelle des concepts pour leur condition de possibilité même, donc pour avoir postulé que toute expérience *possible* ne peut jamais dériver que de notre expérience *réellement* éprouvée, que Hume n'a pas su, selon Kant, s'élever d'une question de fait (*quid facti*) à une question de droit (*quid juris*), autrement dit d'une déduction *empirique* à une déduction proprement *transcendantale* du concept de cause.

Une analyse de la distinction établie par Kant entre les « jugements de perception » (*Wahrnehmungsurteile*) et les « jugements d'expérience » (*Erfahrungsurteile*) atteste de façon significative du défaut de méthode dont Kant fait ici grief à Hume. Comme nous allons le voir,

---

1. *CRP*, p. 616.
2. Sur le rapport de Kant à Hume, voir M. Malherbe, *Kant ou Hume. La raison et le sensible*, Paris, Vrin, 1980.

une telle distinction repose en effet sur une réfutation implicite du motif humien de l'*habitude*.

Précisons en premier lieu que les jugements de perception sont en fait pour Kant de deux types. Il y a ceux qui expriment une expérience dont la communicabilité reste à jamais problématique, ayant trait à la sphère irréductiblement singulière du «sentiment personnel»[1] (*Privatgefühl*) de plaisir ou de déplaisir. Ainsi, «pour l'un la couleur violette est douce et aimable; pour l'autre, elle est morte et éteinte»[2]. Il s'agit ici d'une expérience – ou plutôt d'une *épreuve pathologique* – dont l'unité objective est à jamais introuvable, étant indéfiniment ouverte aux variations de goût empiriques de chacun et tissée d'autant de jugements immédiats que de juges potentiels. De tels jugements, dit Kant, «valent uniquement pour nous, c'est-à-dire pour notre subjectivité»[3], et leur validité toute subjective cesse, qui plus est, avec la disparition même de l'impression qui les a vus naître.

À l'inverse, il est également des jugements de perception qui peuvent en droit devenir des «jugements d'expérience», lesquels expriment un degré de validité indépendant des circonstances et des conditions matérielles de leur énonciation. Ainsi distinguera-t-on un jugement de perception irréductiblement singulier et sensitif, d'un jugement qui, *tout en demeurant empirique (perceptif)*, peut s'arracher à la stricte immédiateté des sens pour s'élever *à l'universalité et à la nécessité de l'expérience en tant que telle*. L'objectivation des diverses perceptions correspond dans ce cas à leur subsomption sous un concept de l'entendement pur, au moyen duquel elles se voient référées *a priori* aux conditions de possibilité de toute expérience possible pour une conscience *en général*.

Si le jugement de perception suivant : «*chaque fois* que le soleil éclaire la pierre, elle s'échauffe», peut certes posséder déjà en lui-

---

1. *CFJ*, § 7, p. 190.

2. *Ibid.*; significativement, les exemples de jugements de perception inobjectivables mentionnés par Kant au § 19 des *Prolégomènes* («la pièce est chaude, le sucre est doux, l'absinthe est agréable») rappellent directement les jugements esthétiques des sens – simples «jugements de sensation» (*Empfindungsurteile*) – thématisés au § 7 de la *Critique de la faculté de juger*, et que Kant distingue explicitement des «jugements de connaissance» (*Erkenntnisurteile*).

3. *Prol.*, § 18, p. 66.

même une certaine validité pour « moi-même et d'autres hommes »[1] (les témoins de la scène et ceux qui les croiront), la conjonction subjective qu'il établit entre deux phénomènes n'en relève pas moins, comme le rappelle Kant, d'une liaison strictement « *habituelle* »[2] et d'une simple *comparaison* des perceptions relativement à la conscience de mon état présent. Or, « ce que l'expérience m'apprend en certaines circonstances, il faut qu'elle me l'apprenne *en tout temps* et qu'elle l'apprenne à *quiconque* également, et sa validité ne se restreint pas au sujet ou à son état momentané »[3].

En ce sens, seule la médiation d'un concept de l'entendement pur est donc susceptible de « [*changer*] *la perception en expérience* »[4], pour permettre d'affirmer, au titre d'une connexion *a priori*, que le soleil est nécessairement, par son rayonnement, la cause *universelle* – et non simplement occasionnelle – de l'échauffement de la pierre, dans un ordre du temps objectivement réglé, conformément au principe de causalité[5] qui est une règle de l'usage objectif du concept de cause. L'anticipation de l'événement comme effet n'est pas ici une projection subreptice, rendue possible par une croyance fondée sur « la longue accoutumance à trouver vraie une chose »[6]; elle n'est donc pas la simple *généralisation* de divers jugements de perception réitérés, mais bien la pré-esquisse normative de la forme universelle et nécessaire de survenue temporelle de tout événement possible, telle qu'elle peut être connue *a priori*.

En ce sens, l'expérience désigne ici une connaissance qui, tout empirique qu'elle soit quant à son application, ne l'est pas quant à sa source, car la connaissance empirique elle-même, comme « synthèse des perceptions qui ne se trouve pas elle-même contenue dans la perception »[7], est riche d'une rationalité *a priori* qui ne se réduit pas aux

---

1. *Prol.*, § 20, p. 69.
2. *Ibid.*
3. *Prol.*, § 19, p. 67, nous soulignons.
4. *Prol.*, § 20, p. 69.
5. « Tous les changements se produisent d'après la loi de la liaison de la cause et de l'effet » (*CRP*, p. 258). Ce principe constitue ainsi la version purement gnoséologique et expérimentale du principe de raison suffisante.
6. *Prol.*, § 5, p. 39.
7. *CRP*, p. 249.

seuls enseignements que nous pouvons acquérir *a posteriori* dans le champ de l'expérience vécue : si toute notre connaissance commence bien *avec* l'expérience, et demeure soumise à son épreuve continuelle, cela ne signifie pas pour autant qu'elle dérive entièrement *de* l'expérience.

La notion de « transition coutumière » de l'imagination interdisait ainsi à Hume d'envisager que nos jugements d'expérience reposent toujours sur des jugements synthétiques *a priori* qui en fondent la possibilité même, autrement dit que « l'expérience elle-même est un mode de connaissance qui requiert l'entendement, duquel il me faut présupposer la règle en moi-même, avant même que des objets me soient donnés, par conséquent *a priori* » [1].

Il n'en reste pas moins qu'en examinant si le concept de connexion de la cause et de l'effet pouvait posséder « une vérité intrinsèque indépendante de toute expérience » [2], Hume avait su poser les jalons du « problème décisif » qui deviendra pour Kant la question transcendantale comme telle. Car, ce faisant, Hume s'était bien heurté à l'énigme de la *constitution* subjective de notre expérience, entendue comme la question du nécessaire *dépassement* et de l'*élaboration* de « la matière brute des impressions sensibles en une connaissance des objets qui s'appelle expérience » [3].

Pour autant, la problématique transcendantale de la possibilité de l'expérience élaborée dans la « Déduction transcendantale des catégories » n'est pas la simple réitération, mais bien – conformément au mouvement général de la révolution copernicienne, qui installe l'entendement pur en « auteur de l'expérience » [4] – une véritable *réversion* du « problème de Hume » [5] : ce ne sont plus les concepts qui dérivent de l'expérience effective, mais l'expérience possible qui doit dériver des concepts de l'entendement pur, selon un « mode de liaison *tout à fait inverse* qui n'était jamais venu à l'esprit de *Hume* » [6].

---

1. *CRP*, p. 78.
2. *Prol.*, p. 17.
3. *CRP*, p. 93.
4. *CRP*, p. 176.
5. *Prol.*, p. 19 et 83.
6. *Prol.*, § 30, p. 84, nous soulignons.

EXPÉRIENCE PERÇUE ET EXPÉRIENCE CONÇUE

On comprend mieux, à présent, pourquoi la validité *a priori* du concept de cause, comme de l'ensemble des concepts transcendantaux, doit dans la Déduction transcendantale être justifiée par une preuve. Il revient à cette déduction de prouver la possibilité universelle de la pensée (au sens d'une connaissance *a priori*) de l'expérience, en fondant l'applicabilité objective des catégories à nos représentations sensibles, de sorte que celles-ci puissent ainsi par ailleurs être *scientifiquement connues*. Elle fait donc signe – *via* le « schématisme des concepts purs de l'entendement » – en direction du « Système de tous les principes de l'entendement pur », auquel il reviendra de fonder la possibilité d'une physique mathématique conçue sur le modèle de la science expérimentale newtonienne [1].

Dans cette perspective, les « axiomes de l'intuition », les « anticipations de la perception » et les « analogies de l'expérience » offrent les règles de schématisation objective des catégories, et donc de détermination catégoriale des objets d'expérience – dans *l'intuition* selon les catégories mathématiques de la quantité et de la qualité, et dans *la connexion de leur existence* en une expérience, suivant les catégories dynamiques de la relation. Ces principes de l'entendement pur permettent de fonder les lois générales de la nature comprise au sens *formel*, comme conformité nécessaire de l'ensemble des objets de l'expérience aux lois *a priori* de l'entendement pur. Les « postulats de la pensée empirique en général » ont, quant à eux, un statut gnoséologique à part, car les catégories de la modalité qui les constituent n'ajoutent rien à la détermination même de l'objet, mais décident seulement de la façon dont le sujet connaissant *pose* celui-ci (comme possible, réel ou nécessaire) suivant les conditions mêmes (formelles, matérielles et générales) de l'expérience énoncées dans les autres principes. En ce sens, ils permettent de distinguer si un événement peut être qualifié de « fait d'expérience » au sens où l'entend la physique. Pour cela, il ne suffit pas qu'un phénomène soit *possible* dans l'intuition ou *réel* dans la sensation. Encore faut-il qu'il s'accorde avec les conditions générales de l'expérience qui, dans les analogies

---

1. Voir sur ce point l'ouvrage de F. Marty, *Naissance de la métaphysique chez Kant*, Paris, Beauchesne, 1980, p. 25 *sq.*

de l'expérience, règlent la détermination *nécessaire* des phénomènes quant à leur existence dans le temps.

La modélisation de l'expérience à l'œuvre dans l'expérimentation scientifique repose précisément sur cette anticipation normative de la forme nécessaire de toute expérience possible. La Préface de la deuxième édition de la *Critique de la raison pure* comporte significativement des références aux expérimentations scientifiques de Stahl, de Torricelli, et surtout de Galilée, dont Kant rappelle qu'il fit rouler ses sphères sur un plan incliné avec un degré d'accélération dû à la pesanteur *déterminé selon sa propre volonté*. C'est précisément la validité objective des « analogies de l'expérience », en particulier du principe de causalité à l'œuvre dans le principe fondamental de la dynamique et le principe d'inertie, qui permet ici, à la lumière de la loi de gravitation universelle, de comprendre que le phénomène de chute libre d'un corps correspond à un mouvement uniformément accéléré – alors même que l'expérience courante semble montrer que les corps lourds tombent plus vite que les corps légers – et d'anticiper rationnellement la forme nécessaire des modifications de ce mouvement à travers le temps, dans des conditions d'expérimentation constantes[1]. On voit ici que l'expérience possible, régie par le principe de causalité, offre le *schème transcendantal* des concepts de l'entendement purs qui permet d'*imaginer a priori* la forme nécessaire d'un phénomène en tant qu'objet physique.

Un tel exemple ne doit toutefois pas laisser penser que la fondation transcendantale de l'expérience pourrait consacrer une radicale discontinuité épistémologique entre l'expérience empiriquement *perçue* et l'expérience scientifiquement *conçue*. Comme on l'a vu précédemment, la conversion possible de la perception empirique immédiate en connaissance d'expérience, par sa subsomption sous un concept de l'entendement pur, suffit d'ailleurs déjà à attester du contraire. De fait, l'appréhension de l'imagination à l'œuvre en toute perception repose toujours elle-même sur une détermination catégoriale de l'entendement, qui rend par ailleurs possible l'intelligibilité physico-mathématique du réel. Parce que le sujet transcendantal de la connaissance est

---

1. La variation de vitesse étant ici l'*effet* proportionnel à sa *cause* (la force motrice appliquée en fonction de l'angle d'inclinaison), et leur relation étant réglée par une *loi* qui exprime un rapport constant entre deux phénomènes variables.

rigoureusement *le même* dans les deux cas, il n'y a, précise Kant, toujours qu'« une seule et même expérience générale »[1], dont la forme est universellement déterminée par l'entendement. On discerne là un motif manifestement anti-bachelardien dans la constitution transcendantale de l'expérience, dans la mesure où celle-ci n'implique nullement une disqualification épistémologique de l'empirique comme tel, mais assigne simplement à celui-ci la place et le rôle qui lui reviennent légitimement dans la constitution de notre connaissance objective.

Il est vrai que Kant établit une différenciation nette entre, d'une part, une perception qui « se rapporte exclusivement au sujet, en constituant une modification de son état », et qui n'est à ce titre qu'une simple « sensation » (*sensatio*), vouée à demeurer en-deçà de toute connaissance, et, d'autre part, une « *perception objective* [qui] est une connaissance (*cognitio*) »[2]. Toutefois, même cette perception dite « objective », que fonde précisément l'Analytique transcendantale, repose toujours sur une *sensation* (*Empfindung*) empirique *a posteriori* qui est la matière même, irréductiblement donnée, de toute expérience. La sensation en tant que telle n'est donc pas un « obstacle épistémologique » à l'intelligence rationnelle du réel ; elle peut toujours faire l'objet (même dans le cas, par exemple, d'une simple couleur) d'une « *anticipation* de la perception », dans la mesure où elle possède un certain degré de réalité qui s'exprime par une certaine grandeur intensive dans l'appréhension instantanée.

Si la première « Critique » préserve ainsi l'unité gnoséologique de la perception, en tant que celle-ci, en toute expérience possible, est toujours déjà médiatisée par l'entendement (comme le montrait déjà l'exemple du cinabre), c'est alors à la *Critique de la faculté de juger* qu'il reviendra d'explorer les marges d'inobjectivabilité de l'expérience qu'ouvre néanmoins la nécessaire prise en compte, sous le qualificatif de « sentiment » (*Gefühl*), d'une *sensatio* irréductible à toute *cognitio*. Le sentiment, en tant que plaisir ou que déplaisir, délivre en effet la tonalité affective et existentielle d'une expérience proprement *esthétique*, qui impose, pour être interprétée de façon réfléchissante à défaut de pouvoir être connue de façon déterminante, un élargissement phénoménologique du champ de l'expérience possible. Ce déplace-

1. *CRP*, p. 185-186.
2. *CRP*, p. 346.

ment conceptuel se traduit notamment par la transition du sujet transcendantal = X, purement formel, en direction d'une *conscience affective* (*Gemüt*) lestée de toute l'épaisseur de son ancrage mondain, et corollairement, de la phénoménalité catégorialement déterminée du phénomène *en tant qu'objet* à la libre phénoménalité, indéterminée, du « phénomène *en tant que tel* »[1], que manifestent le surgissement déconcertant de la beauté et l'expérience-limite du sublime. En cette dernière, l'ob-jet de la représentation se voit pour ainsi dire *dés-objectivé*, les facultés de connaître se révélant soudain inappropriées pour *concevoir* ce qui est *perçu*[2].

Cette orientation nouvelle du questionnement suffit à indiquer que la perception, au regard de l'ensemble du dispositif critique, n'est donc pas exclusivement « vue à partir de l'expérience [objectivable] », par rapport à laquelle elle ne serait jamais qu'un « pas-encore »[3]. Hors l'Analytique transcendantale, la philosophie critique s'ouvre au choc parfois bouleversant[4], car foncièrement in-anticipable, de « ce que nous enseigne l'expérience en ce monde »[5].

DE LA VÉRITÉ CRITIQUE D'UNE PREUVE CIRCULAIRE

Un tel élargissement esthético-phénoménologique de la notion d'expérience possible ne signifie toutefois pas un désaveu de la fondation gnoséologique de celle-ci. Disons même qu'il la présuppose en un certain sens, puisque les facultés de connaître, même démises de leur

---

1. Pour reprendre l'expression de R. Legros (voir « La beauté libre et le phénomène en tant que tel », *Archives de philosophie*, n° 48, 1985, p. 605-611).

2. Voir *CFJ*, p. 225 *sq.*

3. *Cf.* Heidegger, *QQC*, p. 151.

4. La *Critique de la raison pratique* commande, elle aussi, la nécessité d'un tel élargissement phénoménologique de la notion d'expérience possible, en direction, cette fois-ci, de l'*expérience morale*. En effet, « la raison pure contient [...] dans un certain usage pratique, à savoir l'usage moral, *des principes de la possibilité de l'expérience*, c'est-à-dire d'actions qui, conformément aux prescriptions morales, *pourraient* être trouvées dans l'*histoire* de l'être humain » (*CRP*, p. 659). De tels événements possibles, phénomènes de notre insondable liberté, ne peuvent, pas plus que les phénomènes « esthétiques », être objectivés en des jugements déterminants.

5. *Sur l'insuccès de toutes les tentatives philosophiques en matière de théodicée*, trad. fr. A.J.-L. Delamarre, Paris, Gallimard, 1985, p. 1395.

stricte fonction d'objectivation, sont bien requises jusque dans l'expérience esthétique, ne serait-ce que pour rendre possible le caractère représentationnel de celle-ci. Si elles s'y heurtent au surgissement d'une phénoménalité inobjectivable, la Déduction transcendantale n'en possède pas moins, comme l'a montré Hermann Cohen[1], une portée épistémologique décisive *dans l'ordre qui est le sien*, à savoir celui du jugement déterminant.

Sans entrer dans le détail des formulations souvent complexes de cette Déduction, et des importants remaniements qu'elle a subis entre les deux éditions de la première « Critique », il n'est pas inutile d'en rappeler quelques uns des principaux acquis. Kant y montre ainsi que les trois moments « subjectifs » qui sont co-impliqués dans la constitution de toute expérience empirique (l'appréhension dans l'intuition, la reproduction dans l'imagination et la recognition dans le concept) reposent chacun sur un acte transcendantal de synthèse spécifique, leur unité commune étant elle-même garantie par « l'*unité transcendantale* de la conscience de soi »[2]. Sans cette unité originairement synthétique de l'aperception pure, « précédant toute expérience particulière »[3], la conscience empirique ne serait jamais que l'infinie dispersion d'un flux représentationnel étranger à lui-même. L'expérience se trouve ainsi possibilisée au regard de la constitution transcendantale du sujet qui, en tant que *Je pense*, permet à l'expérience en général d'être toujours également déterminée comme *mienne*. Est par là même établie la distinction décisive entre le moi empirique existant dans le temps, accessible à la conscience en tant que phénomène dans l'expérience du sens interne, et le sujet transcendantal, pure fonction formelle d'unification indexée à la structure catégoriale *a priori* de l'objet transcendantal = X, qui n'est pas, en tant que tel, directement objet d'expérience.

Le mouvement général de la preuve recherchée par Kant peut à présent être restitué de deux façons, selon que l'on privilégie une présentation phénoménologique, ou plus spécifiquement critique

---

1. H. Cohen, *La théorie kantienne de l'expérience*, trad. fr. É. Dufour et J. Servois, Paris, Le Cerf, 2001.
2. *CRP*, p. 199.
3. *CRP*, p. 189.

– laquelle, chez Kant, prime sur la première – du problème de la
fondation de l'expérience possible.

– Dans une perspective phénoménologique, l'argument peut être
exprimé ainsi : les objets de l'expérience sont soumis aux conditions
catégoriales de l'unité synthétique de leur donation dans le divers de
l'intuition, ainsi qu'aux conditions de l'unité originairement synthétique de l'aperception, sans quoi ils ne seraient jamais que *des phénomènes indéterminés* « qui n'appartiendraient plus à une expérience, [et
qui] par conséquent […] seraient sans objet et ne seraient qu'un jeu
aveugle de représentations » [1]. Donc l'unité de l'objet de l'expérience
(les conditions de possibilité des objets de l'expérience) repose bien
nécessairement sur les conditions mêmes de l'unité *a priori* de la
pensée et de l'intuition (les conditions de possibilité de l'expérience en
général). La déduction montre ainsi que les catégories pures participent
de l'*apparaître* même des phénomènes en toute expérience.

– Exprimée négativement, en raisonnant par l'absurde, la preuve
est la suivante : *si* les catégories de l'entendement pur (par exemple le
concept de cause) n'avaient pas de validité objective *a priori* en tant
que conditions de possibilité mêmes de la liaison de l'expérience
possible, autrement dit si les conditions *a priori* de liaison logique de
la pensée dans des jugements n'étaient pas en même temps les conditions de possibilité d'unification et de détermination de la donation
des objets de l'expérience, alors toute expérience serait *impossible*.
Or, l'expérience est de fait possible, comme *connaissance* d'objets, et
elle atteste précisément de ce que nous avons des jugements d'expérience qui ne se réduisent pas à la simple généralisation empirique de
jugements de perceptions. *Donc* les objets d'expérience se soumettent
a priori aux catégories de l'entendement, et les conditions de la possibilité de l'expérience en général sont en même temps les conditions de
la possibilité des objets de l'expérience [2]. Les concepts de l'entende-

---

1. *CRP*, p. 189

2. On notera ici que la structure argumentative en *modus tollens* est formellement la
même que dans la preuve indirecte de la liberté – à partir de la loi morale qu'elle rend
possible – proposée par Kant dans la *Critique de la raison pratique* : la possibilité de la
liberté étant en elle-même insondable pour la raison théorique, le fondement inconditionné doit être saisi réflexivement, comme *ratio essendi* d'un *fait* « qui est apodictique-
ment certain, *en admettant même qu'on ne puisse produire, dans l'expérience, aucun
exemple* où elle serait exactement suivie » (*CRPrat.*, p. 148, nous soulignons). Pour un

ment purs apparaissent ainsi comme les conditions même du *connaître*, dans une expérience objective.

Comme le remarquait déjà Maïmon, une telle preuve est manifestement circulaire, puisque *les catégories rendent possibles le fondement même de leur preuve, à savoir l'expérience possible, et doivent toujours s'y trouver présupposées*[1]. Dès lors, même si l'ordre d'exposition de la preuve, dans la Déduction objective de 1787, se veut synthétique, progressant des conditions de possibilité (les facultés de connaissance *a priori*) au conditionné (l'expérience possible), cela ne signifie nullement que la preuve soit ostensive, c'est-à-dire que la possibilité de l'expérience soit *directement déduite* (en un sens non pas simplement logico-juridique, mais bien logico-métaphysique) à partir de son fondement transcendantal. Bien au contraire, la circularité de la preuve atteste que, dans l'ordre réflexif d'une expérience de pensée finie, le fondement même de l'expérience ne peut être saisi que de façon indirecte, suivant une preuve apagogique, c'est-à-dire telle qu'elle ne permet d'établir la vérité de la proposition à prouver que *par les conséquences*, à partir de la fausseté de son contraire, dont atteste un fait de conscience lui-même irréductiblement conditionné. En l'absence d'un savoir absolu, une saisie directe des premiers principes est donc impossible. Apparaît ainsi la facticité indépassable de toute expérience de pensée, aussi rationnelle soit-elle, dans la recherche de la vérité du savoir.

En effet, la « Déduction transcendantale » prouve non seulement la validité objective des concepts de l'entendement pur, mais encore la nécessaire *restriction*, inscrite dans la formulation même de la preuve, de cette validité aux conditions de l'usage expérimental de celui-ci. La circularité argumentative de la preuve exprime ainsi l'essence d'un idéalisme dualiste établi sur la limitation originaire, réciproque et indépassable, du concept et de l'intuition. Par ce biais, la critique transcendantale se comprend elle-même réflexivement comme une *pensée de la finitude*, aux deux sens du génitif, assignée aux limites

exposé approfondi de cette question – et plus généralement du problème de l'expérience morale chez Kant – voir la présentation particulièrement éclairante qu'en donne J.-P. Fussler en introduction à sa traduction de la *Critique de la raison pratique* (notamment p. 42-50), dont nous reprenons ici les analyses.

1. Cf. *CRP*, p. 618.

mêmes de son pouvoir dans l'horizon desquelles elle est vouée à se déployer. En conséquence de quoi «les concepts purs de l'entendement sont absolument dépourvus de signification dès qu'on prétend les détacher des objets de l'expérience [...]. Ils ne servent en quelque sorte qu'à *épeler les phénomènes pour pouvoir les lire comme expérience*»[1].

LA RAISON À L'ÉPREUVE DES LIMITES DE L'EXPÉRIENCE POSSIBLE

C'est précisément pour avoir oublié l'évidence d'une telle restriction originaire que la métaphysique dogmatique s'est abîmée dans les raisonnements dialectiques par lesquels elle transforme les conditions simplement transcendantales de la connaissance en qualités ontologiques d'objets inconditionnés, qu'elle prétend connaître alors même qu'ils ne peuvent jamais être donnés en aucune expérience.

Tel est le cas dans la cosmologie et dans la théologie rationnelles, où la raison, faisant abstraction du mode indéfiniment discursif des synthèses de l'entendement (soumises aux conditions toujours *temporelles* de la donation empirique des phénomènes), cède à l'illusion transcendantale par laquelle elle cherche à embrasser soit la totalité de la série des conditions, soit la détermination intégrale des choses de ce monde, comme des possibilités pouvant être données en soi, de façon intemporelle. Il en va ainsi lorsqu'elle affirme, par exemple, que le monde existe comme un tout infini en soi, ou que Dieu est l'*ens realissimum* qui offre le principe de la possibilité de toute chose prise à sa racine. Or, la totalisation inconditionnée des conditions de l'expérience n'est jamais elle-même un objet qui pourrait être ressaisi comme un tout achevé, n'étant que le procès des actes de l'entendement parcourant à l'infini des séries de phénomènes, toujours assigné à une intuition finie.

En élucidant les contradictions insolubles dans lesquelles s'égare la raison pure dès lors qu'elle prétend à une connaissance *a priori* hors des limites de l'expérience possible, la «Dialectique transcendantale» nous offre ainsi, dit Kant, d'«expérimenter une contre-

1. *Prol.*, § 30, p. 83.

épreuve »[1] de la restriction même inscrite dans la preuve circulaire de la Déduction transcendantale. La vérité de l'idéalisme transcendantal est pour ainsi dire prouvée une seconde fois, *ad absurdum*, dans une « expérience faite sur la raison pure »[2], par laquelle la raison se retrouve confrontée à l'impossibilité même d'objets dont elle postule, à tort, la possibilité réelle. Un tel dispositif expérimental ne peut évidemment être compris ici en un sens physique, mais seulement en tant qu'expérimentation philosophique[3], dans la mesure où, une fois « sorti du cercle de l'expérience, on est assuré de ne pas être réfuté par elle »[4]. Les antinomies révèlent donc que c'est précisément parce que la raison dogmatique a cherché subrepticement à avoir raison *en dépit* de l'expérience, qu'elle n'a, en définitive, pu avoir raison que *contre elle-même*. L' « expérience-limite » de pensée devient ainsi l'expérimentation, pour ainsi dire « *in mento* », de l'oubli des limites mêmes de l'expérience – toujours conditionnée – auquel ne manque jamais, selon une disposition toute naturelle, de se laisser aller la raison spéculative.

Par là même, la Dialectique transcendantale indique qu'une fois affranchie des limites de l'expérience possible, la seule expérience *de pensée* encore possible n'est plus que *négative*, entendue comme une « expérience » sur un mode purement analogique ou symbolique. C'est pourquoi l'inconditionné sous toutes ses formes (la liberté, l'âme, le monde, Dieu) ne peut jamais être approché théoriquement par la philosophie que de façon médiate, selon les conditions mêmes de notre connaissance finie. Passées ces limites, toute expérience réelle étant impossible, la connaissance est vouée à demeurer *sans objet*.

Cet usage purement analogique trouve sa concrétisation la plus manifeste avec l'*Appendice* à la Dialectique transcendantale, dans lequel les trois formes d'Idées transcendantales – ces concepts de l'entendement élevés à l'absolu et à l'inconditionné – se voient dotées d'une valeur heuristique pour la pensée, en tant qu'elles permettent,

---

1. *CRP*, p. 80.
2. *CRP*, p. 80.
3. Nous nous inspirons ici des analyses du « fait antinomique » envisagé comme « *ratio cognoscendi* » de la raison pure, proposées par M. Foessel dans *Kant et l'équivoque du monde*, Paris, CNRS Éditions, 2008, p. 63 *sq.*
4. *CRP*, p. 98.

sur un mode simplement réfléchissant, de parachever l'unité systématique de toute notre connaissance d'expérience. Ainsi l'usage analogique de l'Idée théologique permet-il précisément de considérer
l'ensemble des choses du monde *comme si* elles étaient dérivées d'un
unique et suprême fondement archétypal (un entendement intuitif
parfait, source de la plus grande unité rationnelle possible) et, partant,
de considérer « l'ensemble de l'expérience possible comme si cette
dernière constituait une unité absolue »[1].

Les Idées transcendantales, comme principes méta-empiriques
réassignés de façon critique à un usage *immanent*, deviennent ainsi
*des conditions de possibilité régulatrices de la réflexion sur l'expé-
rience possible*, en tant que « concepts heuristiques » indiquant, non
pas comment un objet est constitué, mais simplement comment nous
devons, sous leur direction, rechercher la liaison systématique de tous
les objets de l'expérience. Un tel élargissement de la raison dans son
usage empirique n'équivaut pas, on le voit, à une *extension* de la
connaissance spéculative, mais simplement à un *approfondissement*
de la connaissance expérimentale, ouvrant la potentialité d'un progrès
sans fin dans l'exploration scientifique de la nature. Ainsi la raison
pure n'est-elle plus « coupée de tout usage susceptible de s'accorder
avec l'expérience »[2], mais retrouve *in fine* le rapport au « sol de
l'expérience »[3] que l'illusion transcendantale, dans la métaphysique
spéculative, lui avait d'abord fait perdre de vue[4].

Conduite « au point de contact […] entre l'espace plein (de
l'expérience) et l'espace vide (*les noumènes*), dont nous ne pouvons
rien savoir) »[5], la raison fait ainsi usage d'une Idée comme d'un
schème analogique pour penser de façon indirecte le simple *rapport*
qui peut exister entre le « territoire » (*Boden*) de l'expérience, que
nous pouvons légitimement connaître, et le « champ » (*Feld*)[6] illimité

---

1. *CRP*, p. 577.

2. *CRP*, p. 587.

3. *CRP*, p. 586.

4. Dans ce rapport (critique) renoué avec l'expérience, les Idées transcendantales, en indiquant la direction d'une unité *présomptive*, interdisent toute clôture totalisante de la raison dans un savoir qui prétendrait ressaisir génétiquement l'intégralité de l'expérience en un système achevé.

5. *Prol.*, § 57, p. 133.

6. *CFJ*, p. 152.

de ce qui n'est pas phénomène, s'étendant par delà les limites de l'expérience possible.

De telles limites (*Grenzen*) ne sont ni les bornes (*Schranken*) phénoménales que rencontre nécessairement la raison dans son usage scientifique, ni celles qui, dans la perspective empiriste d'une censure sceptique, signifient à la pensée son point d'arrêt définitif. Elles ne le seraient que si le scientisme ou l'empirisme pouvaient être le premier et le dernier mot de la philosophie – et avec elle de toute métaphysique comme de toute morale pure et autonome. Un tel enfermement de la raison sur le territoire trop étroit de l'expérience n'équivaudrait pas simplement à la limitation, mais bien au *rétrécissement* de la raison elle-même.

À l'inverse, l'aperception critique de la « *limitation* du champ de l'expérience par quelque chose qui lui est au demeurant inconnu » [1], trace en définitive la frontière ouvrant sur cet *autre horizon*, dans lequel la raison doit pouvoir continuer à progresser et à s'orienter dans la pensée, là même où, privée du fil conducteur de l'intuition sensible, elle se sait sur la *terra incognita* d'une expérience impossible, constituant cependant pour elle un problème nécessaire. Ainsi, accède-t-elle au point le plus haut où puisse l'amener le dépassement de l'expérience effective : non pas même la limite formelle de l'expérience possible, mais l'accès analogique au fondement d'intelligibilité de celle-ci, sous la forme, non d'une certitude métaphysique, mais d'une simple « supposition transcendantale » [2]. Telle est « la *limite objective* de l'expérience » [3], sur laquelle *se tient* la réflexion critique, et qui exprime *in fine* le rapport ultime de la raison pure à elle-même, en tant que raison radicalement finie.

François-Brice HINCKER
Université de Caen Basse-Normandie

---

1. *Prol.*, § 59, p. 141.
2. *CRP*, p. 580.
3. *Prol.*, p. 142.

SCIENCE DE L'EXPÉRIENCE
ET EXPÉRIENCE DE LA SCIENCE DANS
LA *PHÉNOMÉNOLOGIE DE L'ESPRIT* DE HEGEL

> *Hat die Theile in ihrer Hand,*
> *Fehlt leider nur das geistige Band.*
> Goethe, *Faust*, v. 1938-1939

Le concept d'expérience se caractérise à la fois par sa relative rareté dans le *corpus* hégélien et par sa grande sophistication spéculative, ce qui lui confère une position assez singulière dans l'édifice du Système de la science. Certes, Hegel nous parle souvent de l'expérience (notamment pour évoquer les sciences de la nature [1] ou d'autres philosophies que la sienne, comme l'empirisme ou le criticisme), mais il ne la *conceptualise* véritablement qu'en un seul point de son œuvre : au moment précis où s'initie le système lui-même, dans l'introduction à cette vaste « Introduction au Système de la Science » que constitue – du moins à l'époque de sa publication – la *Phénoménologie de l'esprit* (1807). Le concept d'expérience semble ainsi, par la situation même de son lieu d'explicitation, constituer une condition essentielle pour comprendre la genèse de ce qui, à la fin de l'ouvrage, prendra le nom de « savoir absolu ».

L'expérience est certes un lieu commun nominal dans les œuvres de Hegel, mais c'est un *hapax* conceptuel : présente de manière diffuse dans tout le système, elle n'est thématisée avec rigueur et précision que sur le seuil de celui-ci, dans l'antichambre du savoir spéculatif. C'est donc à partir de ce lieu unique d'explicitation des composantes conceptuelles de l'expérience qu'il faudra reconstituer l'élaboration

---

1. Sur ce point dont je ne traiterai pas ici, on lira avec profit E. Renault, *Hegel. La naturalisation de la dialectique*, Paris, Vrin, 2001, 3 [e] partie, chap. I.

hégélienne d'un tel concept, afin de dégager les conséquences de cette conceptualisation sur l'ensemble de la philosophie de Hegel, sans oublier de mentionner les effets critiques qu'elle ne manquera pas d'impliquer concernant les théorisations classiques de cette notion. Voici la seule véritable définition que Hegel donne de l'expérience, définition qui constituera naturellement le fil directeur de mon propos :

> Ce mouvement *dialectique* que la conscience pratique à même elle-même, aussi bien à même son savoir qu'à même son objet, *dans la mesure où, pour elle, le nouvel objet vrai* en *surgit*, est proprement ce que l'on nomme *expérience* [1].

Dans les pages qui suivent, je me propose, en prenant pour point de départ cette formulation du sens « propre » de l'expérience, de dégager les caractéristiques principales d'un tel concept : 1) la dimension *holistique* de toute configuration empirique ; 2) la processualité *dialectique* du savoir se constituant dans l'expérience ; 3) l'*autoréférentialité* de la science de l'expérience. Je souhaiterais en outre présenter les implications critiques d'un tel effort de conceptualisation, et à ce titre j'évoquerai la manière dont Hegel pointe les insuffisances ou les contradictions inhérentes aux grandes conceptions modernes de l'expérience. Pour finir, je voudrais mettre en évidence quelques conséquences importantes de la redéfinition spéculative de l'expérience sur le statut de cette « science de l'expérience de la conscience » en laquelle consiste la *Phénoménologie de l'esprit*, et au-delà sur le statut de la connaissance philosophique en général.

LE HOLISME EMPIRIQUE

En rédigeant la *Phénoménologie de l'esprit*, Hegel s'est proposé d'édifier une « science de l'expérience de la conscience » [2]. Cette expression se retrouve significativement de part et d'autre de l'intro-

---

1. *Phénoménologie de l'esprit*, trad. fr. B. Bourgeois, Paris, Vrin, 2005 (dorénavant cité *Phéno.*), Introduction, p. 127. Je modifie parfois les traductions utilisées, sans le préciser systématiquement.
2. Il s'agissait du titre initial, devenu finalement le sous-titre de l'ouvrage.

duction. Sur la page de titre, elle fait figure d'annonce programmatique en attente de justification, tandis qu'au terme de l'introduction, elle sera posée comme un résultat se déduisant des réflexions menées entre-temps : « ce chemin menant à la science est lui-même déjà de la *science* et, suivant son contenu, par conséquent, science de l'*expérience de la conscience* »[1]. Au premier abord, rien de plus banal qu'un tel intitulé pour une œuvre philosophique : en son indétermination première, il pourrait désigner avec une égale pertinence les *Méditations métaphysiques*, l'*Essai sur l'entendement humain*, le *Traité de la nature humaine*, la *Critique de la raison pure* ou la *Doctrine de la science*. C'est ici qu'il faut se souvenir de la mise en garde de Heidegger : « les mots qui entrent dans cette expression, si nous l'envisageons de l'extérieur, nous sont familiers, spécialement si nous connaissons la terminologie philosophique. Et pourtant, cette familiarité ne nous sert de rien – tout au contraire, elle nous égare »[2]. Pour reprendre un célèbre adage hégélien, ce qui est bien connu est, pour cette raison même qu'il est bien connu, mal connu : un effort de distanciation semble donc nécessaire pour se déprendre des connotations usuelles de cet intitulé et se mettre à l'écoute du sens original que Hegel entend donner à son projet philosophique.

La conception hégélienne de la science est inséparable d'une compréhension *holistique* de la vérité, résumée dans la célèbre formule : « le vrai est le tout »[3]. Une telle formule peut s'entendre en un sens faible ou en un sens fort. En un sens faible (qui présuppose que la vérité qualifie nos énoncés et non le réel lui-même), elle nous oriente vers un *holisme sémantique* mettant en exergue la dépendance du sens d'un concept ou d'une assertion vis-à-vis du contexte global des énoncés signifiants d'un langage (ou d'un *corpus* théorique) déterminé. La *Science de la logique* pourra ainsi être comprise comme une théorie holistique des significations conceptuelles qui articule les relations nécessaires de détermination réciproque existant entre les contenus sémantiques des concepts ontologiques classiques (être,

---

1. *Phéno.*, Introduction, p. 130.

2. Heidegger, *La « Phénoménologie de l'esprit » de Hegel*, trad. fr. E. Martineau, Paris, Gallimard, 1984, p. 50.

3. *Phéno.*, Préface, p. 70. Voir aussi p. 60 : « La figure vraie dans laquelle existe la vérité ne peut être que le système scientifique de celle-ci ».

devenir, être-là, qualité, quantité, essence, existence, phénomène…)[1].
Appliqué à l'expérience de la conscience, le holisme sémantique tend
à insister sur le fait qu'un énoncé empirique n'est jamais vrai (ou faux)
isolément, qu'il ne tire son sens – donc sa vérité, puisqu'il ne saurait y
avoir de vérité qu'à propos d'énoncés doués d'un sens déterminé – que
de son inclusion dans une totalité de concepts et d'énoncés[2]. Une telle
idée est bien présente dans la pensée hégélienne, mais elle n'en épuise
pas le sens. Pour ce faire, il faut recourir à une interprétation beaucoup
plus exigeante de l'adage hégélien susmentionné.

En un sens fort (qui présuppose cette fois-ci que la vérité qualifie
non pas seulement nos énoncés sur le réel, mais le noyau rationnel du
réel lui-même, ou ce que Hegel nommera *Wirklichkeit*), une telle
formulation tend vers un *holisme ontologique* – dont le holisme sémantique ne sera désormais qu'un aspect – mettant l'accent sur la dépendance métaphysique des choses finies vis-à-vis de la totalité processuelle du réel qui les fait être (« l'Idée absolue »). Dans une telle perspective, la *Science de la logique* sera interprétée non pas comme une
simple théorie sémantique des concepts (ce qu'elle est aussi), mais
comme une théorie ontologique de la structure du réel qui constitue
pour ainsi dire « la présentation de Dieu tel qu'il est dans son essence
éternelle, avant la création de la nature et d'un esprit fini »[3]. En
adoptant le point de vue du holisme ontologique, on concevra l'expérience comme un mouvement global de genèse du savoir qui constituera le repère ultime permettant de rendre compte de la solidarité
ontologique de ses éléments.

La dimension holistique du concept hégélien d'expérience peut à
son tour s'entendre en deux sens. On peut tout d'abord comprendre
le holisme empirique en un sens *systématique* : en ce sens, on dira

---

1. Pour une interprétation « sémantique » de la *Science de la logique*, voir
K. Hartmann, « Hegel : A Non-Metaphysical View », dans A. MacIntyre (ed.), *Hegel. A
Collection of Critical Essays*, New York, Double Day and Company, 1972 et A. Grau,
Ein Kreis von Kreisen. Hegels postanalytische Erkenntnistheorie, Paderborn, Mentis
Verlag, 2001.

2. L'illustration la plus célèbre de cette position théorique se trouve dans l'article
« Deux dogmes de l'empirisme » de W.V.O. Quine, dans *Du point de vue logique*, trad. fr.
S. Laugier *et alii*, Paris, Vrin, 2003.

3. *Science de la logique*, t. I, *L'Être*, trad. fr. P.-J. Labarrière et G. Jarczyk, Paris,
Aubier, 1972, Introduction, p. 19.

que l'expérience de la conscience telle qu'elle est déployée dans la *Phénoménologie de l'esprit* forme un Tout, dans la mesure où les configurations quintessenciées (*Gestaltungen*) qui s'y trouvent présentées – la certitude sensible, la perception de la chose et de ses propriétés, la conscience malheureuse, la vision morale du monde, la belle âme… – permettent de rendre compte, en devançant dans l'éternité du concept le déploiement indéfini de l'empirie spatio-temporelle, de « l'*intégralité* des formes de la conscience »[1]. S'il est possible d'édifier une *science* de l'expérience de la conscience, c'est bien parce qu'une telle expérience, au-delà de la disparité de ses manifestations factuelles, peut se laisser ramener à des structures eidétiques (des « figures » de la conscience) qui en constitueront l'armature conceptuelle, rendant par là même possible quelque chose comme un système scientifique de l'expérience de la conscience.

On peut également comprendre le holisme empirique en un second sens, qui portera non pas sur l'ensemble des expériences de la conscience, mais sur le contenu de chaque configuration empirique considérée en elle-même : ici, il ne s'agit plus de rendre compte de l'*intégralité* des structures essentielles de la conscience empirique dans leur cohérence systématique mais de faire porter l'accent sur l'*interdépendance* des éléments constituant l'expérience de la conscience, moyennant une redéfinition décisive de la conscience elle-même. La conscience se voit ainsi dotée par Hegel d'un sens irréductible à la pure subjectivité du Moi comme à la simple objectivité de l'étant qui lui fait face : la conscience est essentiellement *rapport*, déploiement d'un champ phénoménologique dual en lequel Moi et objet acquièrent un sens corrélatif l'un à l'autre[2].

Dans l'expérience, tout est lié : l'expérience que la conscience fait d'un objet est nécessairement plus que le simple accueil d'un donné, c'est une *mise à l'épreuve* de sa prétention au savoir. Elle est non seulement mise à l'épreuve de la consistance épistémique de l'objet

1. *Phéno.*, Introduction, p. 123.

2. Cf. *Le Premier système. La philosophie de l'esprit 1803-1804*, trad. fr. M. Bienenstock, Paris, PUF, 1999, p. 53 : « La conscience ne peut être telle que parce qu'immédiatement, dans la mesure où elle est opposée, les deux membres de l'opposition sont la conscience elle-même. […] Dans cette unité de l'opposition, l'étant conscient de soi en constitue un côté, et ce dont il est conscient en soi constitue l'autre côté. Les deux côtés sont essentiellement la même chose ».

qui incarne à chaque fois la vérité supposée de son savoir, mais aussi mise à l'épreuve de sa manière de prédéfinir le statut et le sens d'une telle objectité, mise à l'épreuve d'elle-même comme instance subjective de détermination de quelque chose qui se tient face à elle (*Gegenstand*) selon telle ou telle modalité « ob-jective ». « Expérience *de* la conscience » est inséparablement un génitif objectif et un génitif subjectif : l'expérience qu'*a* la conscience (l'objet auquel elle se rapporte dans le champ empirique : le ceci sensible, la chose et ses propriétés, la loi intelligible du monde phénoménal...) est indissociable de l'expérience qu'*est* cette même conscience (*i.e.* les modes de subjectivation qui rendent possible une telle position d'objet conformément aux exigences à chaque fois insatisfaisantes d'un *savoir* déterminé : la visée sensible, l'activité perceptive, l'intellection d'entendement...). Son échec à saisir la vérité de l'expérience qu'elle fait d'un objet sera donc tout aussi bien l'échec d'une tournure déterminée de sa posture épistémique. C'est ainsi que dans la configuration de la « certitude sensible » (premier chapitre de la *Phénoménologie de l'esprit*), le renversement du ceci sensible en énoncé universel (« ici », « maintenant ») marque la faillite de la pure visée sensible (*Meinung*) déployée dans l'immédiateté illusoire d'un contact avec un objet sensible singulier.

Le holisme ontologique appliqué à l'expérience de la conscience incite Hegel à prendre ses distances avec certaines thèses concurrentes sur l'expérience, en particulier avec l'*atomisme* ontologique défendu par les empiristes anglais[1]. Selon eux, l'expérience consiste principiellement en une pure diversité de perceptions ontologiquement indépendantes les unes des autres (ce pourquoi elles seules, nous dit Hume, peuvent être qualifiées sans contradiction de « substances »[2]) dont l'association réglée produit le monde naturel et social qui nous entoure. Hegel objecte qu'une telle absolutisation du moment *analytique* de l'expérience (sa décomposition méthodique en éléments premiers indifférents les uns aux autres) produit le contraire de ce qui était visé : soucieux de présenter la *concrétude* du réel face aux hypostases abstraites de la métaphysique classique, l'empirisme atomiste ne

---

1. Pour un exposé beaucoup plus détaillé et nuancé de la pensée empiriste, on se reportera aux contributions consacrées à ce courant de pensée dans le présent recueil.

2. Hume, *Traité de la nature humaine*, I, IV, V.

nous donnerait, à force de reconduire le réel à ses particules élémentaires, qu'un *concret abstrait*[1], désarticulé, séparé (*abstrahere*) de lui-même, faute de prendre en compte les relations conceptuelles qui pourraient lui conférer l'unité d'une authentique synthèse empirique (*con-crescere*).

Pour l'empiriste, concevoir, c'est d'abord percevoir. Ou encore : c'est la « prise du vrai » (*Wahr-nehmen*) en son aspect le plus immédiat qui devient, à la faveur de ce repli intempestif de l'empirique sur le perceptif, le modèle exclusif de toute « saisie » cognitive (*Begreifen*). À force de privilégier l'analyse aux dépens de la synthèse, les parties au détriment du tout, on en vient à manquer ce qui fait l'*unité* de l'expérience, laquelle est irréductible à la pure *disparité* des perceptions sensibles. Comme l'a remarqué Victor Delbos, l'empirisme « oublie seulement que, si nécessaire que soit l'analyse, elle n'est qu'un aspect de l'explication, laquelle exige aussi la connexion et l'union. De l'analyse telle que l'empirisme la pratique, on peut dire ce que le poète a dit de la chimie : *"Hat dit Theile in ihrer Hand, Fehlt leider nur das geistige Band"* »[2]. S'enfermant d'emblée dans ce que l'on nommera plus tard le « mythe du donné »[3], l'empirisme, fasciné par l'immédiateté illusoire de ce qui n'est pourtant que le résultat médiatisé d'une reconstruction analytique, se donne un point de départ bien trop pauvre pour être en mesure de retrouver, depuis son seul point de vue génétique, la richesse et la complexité de la connaissance empirique. Ce qui fait défaut à son point de vue, c'est précisément « *das geistige Band* », la corrélation spirituelle par laquelle les impres-

1. *Cf.* B. Bourgeois, « Présentation » à sa traduction de la *Science de la logique* de l'*Encyclopédie*, Paris, Vrin, 1970, p. 81 : « Pour l'empirisme, le concret est le concret immédiat de l'expérience sensible ; mais, du fait de l'immédiateté de ses déterminations, qui se donnent selon la pure diversité ou extériorité spatio-temporelle et donc ne sont pas médiatisées les unes avec les autres pour constituer leur apparence d'unité en unité réelle, un tel concret est le contraire de lui-même, il est une simple diversité d'éléments, qui semblent ainsi exister *abstraction faite* les uns des autres. Le concret empirique est par suite ce qu'il y a de plus abstrait, il est ce qui est en chacun de ses éléments séparé de soi-même, abstrait de soi-même ; *le concret de l'empirisme est l'abstraction même* ».

2. V. Delbos, *De Kant aux postkantiens*, Paris, Aubier Montaigne, 1940, p. 118-119. Ces vers de Goethe sont cités par Hegel dans l'addition au § 246 de l'*Encyclopédie*.

3. *Cf.* W. Sellars, *Empirisme et philosophie de l'esprit*, trad. fr. F. Cayla, Paris, L'Éclat, 1992, p. 123.

sions élémentaires pourraient accéder, une fois réinsérées dans le mouvement global de l'expérience, à la dignité du *sens* :

> Cette corrélation qui justement n'est pas une réalité de fait, pas davantage la description de cette réalité, mais seulement le produit de cette fonction mentale qui s'appelle la *connaissance* des réalités de fait. Scientifiquement désespérée est la tentative de voir dans la connaissance un pur et simple *statement* duquel devrait sortir le fond même des choses comme *facts* ou conglomérats de *facts*; la série se déroule bien plutôt en sens inverse. Les réalités de fait ne sont elles-mêmes que la houle qui court à la surface visible d'une mer de corrélations dialectiques. Cette mer, avec ses courants, est objet de la *connaissance* scientifique, non la simple immédiateté des réalités de fait; lesquelles finalement ne sont que les indices de la connaissance [1].

Ce que nous révèle la critique hégélienne de l'empirisme, c'est que celui-ci, en dépit de sa valorisation anti-métaphysique du donné sensible, est lui-même indissociable d'une *décision métaphysique* relative à ce qui constitue en dernière instance l'essence du réel (les *sense-data* élémentaires), ou encore qu'il suppose comme sa condition de possibilité un *engagement ontologique* en faveur d'une certaine conception de la réalité, conception dont l'élaboration suppose forcément de se placer en quelque façon *au-delà* de l'expérience, dans l'espace *a priori* des raisons. Autrement dit, l'empirisme est bien une *métaphysique de l'expérience* comme une autre [2], à ceci près qu'il est une *métaphysique anti-métaphysique*, par quoi il faut entendre une métaphysique qui se méconnaît comme telle en son intention première et finit par se contredire comme telle dans sa mise en œuvre en tant que discours philosophique, c'est-à-dire en tant qu'enchaînement raisonné de concepts dont la validité est irréductible aux données primitives de l'expérience :

> L'illusion fondamentale dans l'empirisme scientifique est toujours celle-ci, à savoir qu'il utilise les catégories métaphysiques de matière,

---

1. E. Bloch, *Sujet-Objet. Éclaircissements sur Hegel*, trad. fr. M. de Gandillac, Paris, Gallimard, 1977, p. 104.

2. Dans ses leçons de Berlin, Hegel caractérise l'empirisme moderne comme un « *empirisme qui réfléchit*, qui devient lui-même plus ou moins de la métaphysique » (*Leçons sur l'histoire de la philosophie*, t. 6, trad. fr. P. Garniron, Paris, Vrin, 1985, p. 1660).

de force, et en outre celles d'un, de multiple, d'universalité, d'infini aussi, etc., ensuite, qu'il poursuit l'enchaînement de syllogismes au fil de telles catégories, en cela présuppose et emploie les formes de l'enchaînement syllogistique, et en tout cela *ne sait pas qu'il contient et pratique ainsi lui-même une métaphysique* et utilise ces catégories et leurs liaisons d'une manière totalement non-critique et inconsciente [1].

Par conséquent, l'empirisme est toujours, dans la mesure même où il prend la forme d'un discours théorique, un *empirio-formalisme* qui présuppose, pour être en mesure de statuer sur le contenu de l'expérience, les formes métaphysiques de la pensée d'entendement, invalidant ainsi par la *forme* de son discours le *contenu* philosophique qu'il entendait énoncer, à savoir la réduction du sens à l'empirique et de l'empirique au perceptif. L'empiriste, dans la mesure même où il se décide à philosopher, ne *fait* pas ce qu'il dit et ne *dit* pas ce qu'il fait, laissant sa part d'ombre à l'élaboration *irréfléchie* («non-critique et inconsciente») de son propre discours théorique. Déployant avec virtuosité un univers éclaté dans lequel le sens se dissémine en une myriade d'impressions sensibles, il est mis en difficulté sitôt que sa pratique discursive se trouve *réfléchie* à partir du contenu qui constitue son objet : l'apparence d'une philosophie se tenant avec rigueur dans l'immanence perceptive se dissout alors au profit d'une représentation schizophrénique de la pensée mettant le défenseur de l'empirisme en contradiction avec les réquisits intellectuels de sa propre pensée. L'existence même de la philosophie empiriste comme *discours* ontologique sur le réel fait sens vers une conception de l'expérience plus cohérente et plus complexe que celle qu'elle propose : l'empirisme perceptiviste doit par conséquent se dépasser dans un «hyperempirisme» [2] capable d'assumer sans se contredire ses propres prémisses métaphysiques, ce qui suppose de s'appuyer sur un concept élargi d'expérience.

Les configurations phénoménologiques regroupées dans la section «Conscience» de la *Phénoménologie de l'esprit* ont précisé-

---

1. *Encyclopédie des sciences philosophiques*, t. I, *La Science de la logique* (1830), trad. fr. B. Bourgeois, Paris, Vrin, 1970 (dorénavant cité *Enc. 1830 – SL*), § 38R, p. 300 (je souligne).

2. L'expression est proposée par B. Bourgeois, «La spéculation hégélienne», dans *Études hégéliennes*, Paris, PUF, 1992, p. 92.

ment pour but de mettre en évidence l'incapacité structurelle de
l'empirisme à s'édifier comme *savoir* sans contredire sa visée initiale :
l'empirisme qui se pose comme savoir est toujours plus qu'un empirisme, son accueil du donné sensible toujours plus qu'un simple
accueil[1]. C'est ainsi que la « Certitude sensible », qui est la modalité
du savoir consistant pour la conscience à se donner pour vérité un objet
sensible *singulier* (un « ceci »), va déboucher sur l'expérience
déceptive de la non-vérité d'un tel objet. Le « ceci » n'a point d'existence autonome, il est toujours détaché après-coup d'une expérience
perceptive plus vaste ; en lui-même il n'est qu'un fantôme empirique,
qu'un simulacre de donné dont la consistance apparente ne tient qu'à
la tournure subjective du savoir de la conscience comme simple acte
d'aviser le *quod* du réel dans sa nudité phénoménologique primitive
(« ceci est »). Le pur « ici » n'est ainsi qu'une abstraction prélevée sur
l'expérience concrète de la juxtaposition spatiale, le pur « maintenant » qu'un point irréel isolé de la continuité du devenir temporel :
c'est pourquoi « ici » et « maintenant » ne sont que des locutions
universelles indéterminées qui visent le réel « à vide », sans pouvoir se
remplir d'un contenu empirique assignable.

On comprend alors que la certitude sensible, qui nous promettait la
suprême richesse d'une saisie intégrale de la réalité empirique, s'avère
« la vérité la plus abstraite et la plus pauvre » de la conscience[2], dans la
mesure où la visée de pures singularités sensibles n'est qu'une expérience tronquée qui débouche – nous y reviendrons – sur l'épreuve
négative de l'insuffisance d'une telle précompréhension de l'expérience comme pur accueil d'un objet sensible singulier. La certitude
sensible doit alors se désavouer elle-même – en faisant l'épreuve de la
corrélation holistique des objets de l'expérience et d'elle-même
comme instance d'objectivation – pour faire place à une conception
moins abstraite de l'expérience : le vrai sera alors défini comme la
saisie d'une totalité sensible différenciée, en l'occurrence d'une chose

---

1. Cette autocritique de l'empirisme aux prises avec sa propre conception de
l'expérience peut ainsi être comprise comme le déploiement d'un ensemble d'arguments
transcendantaux, c'est-à-dire d'arguments portant sur la mise en évidence des conditions
de possibilité de toute expérience, comme l'a bien vu Ch. Taylor dans son article « The
Opening Arguments of the *Phenomenology* », dans *Hegel. A Collection of Critical
Essays*, *op. cit.*

2. *Phéno*, chap. I, p. 132.

(singulière) et de ses propriétés (universelles), c'est-à-dire comme le corrélat – l'objet sensible *universel* – d'une synthèse perceptive.

L'étude détaillée des autres configurations de la section « Conscience » déborderait le cadre du présent article[1]. Je me contenterai d'indiquer que les dialectiques de « La Perception » (chap. II) et de « Force et entendement » (chap. III) constituent autant d'étapes dans la mise en évidence du caractère holistique de l'expérience entendu en son sens systématique : non seulement la visée de la singularité sensible y est indissociable de l'intellection de propriétés et de lois intelligibles (à ce titre universelles), mais le rapport du Moi à l'objet (constitutif de la conscience en tant que telle) s'avère inséparable du rapport de la conscience à elle-même (constitutif de la *conscience de soi*, thème directeur de la deuxième section de l'ouvrage). Les configurations suivantes montreront avec force que de tels rapports sont eux-mêmes enchâssés dans des contextes empiriques plus vastes incluant les relations intersubjectives (notamment dans la dialectique de la maîtrise et de la servitude[2]), les rapports sociaux et l'histoire mondiale (à partir de la section consacrée à « L'Esprit »).

Ainsi se déploie une conception extrêmement riche de l'expérience, qui refuse de distinguer entre un versant théorique (la connaissance de la nature) et un versant pratique (la morale, la politique et l'histoire) de celle-ci et interdit par là de penser le vécu individuel indépendamment de son insertion dans un contexte institutionnel et historique déterminé. Le holisme sémantique permet donc de penser l'historicité et la socialité du sens de l'expérience d'une conscience individuelle : le « lien spirituel » qui lui donne sa consistance est d'abord celui d'une communauté humaine dont les normes et les pratiques tissent par avance l'univers des possibles empiriques[3]. Le

---

1. Qu'on me permette de renvoyer à mon article « Désespérer de l'objet : les premières expériences de la conscience », dans C. Michalewski (éd.), *La* Phénoménologie de l'esprit *de Hegel à plusieurs voix*, Paris, Ellipses, 2008.

2. Pour un commentaire détaillé de cette section, voir mon ouvrage *Hegel. Maîtrise et servitude*, Paris, Ellipses, 2003.

3. Ce point, qui peut autoriser certains rapprochements entre la théorie hégélienne de l'esprit objectif et le concept de « forme de vie » chez Wittgenstein, a notamment été développé par T. Pinkard dans « Innen, Aussen und Lebensformen : Hegel und Wittgenstein », dans Ch. Halbig, M. Quante und L. Siep (eds.), *Hegels Erbe*, Frankfurt a/M, Suhrkamp, 2004.

holisme ontologique, quant à lui, nous fait entrevoir les contours d'une *expérience intégrale* du réel qui inclurait en elle tous les versants que la tradition philosophique, en particulier l'empirisme, a patiemment dissociés : le subjectif et l'objectif, le singulier et l'universel, l'immédiat et la médiation, le sensible et le conceptuel, l'historique et l'éternel. Encore faut-il comprendre qu'une telle conception holistique de l'expérience ne qualifie pas encore le hégélianisme en propre. Pour ce faire, il faut ajouter un ingrédient décisif à la recette spéculative dont la *Phénoménologie de l'esprit* se veut la réalisation : le mouvement *dialectique* de la conscience.

LA DIALECTIQUE DE L'EXPÉRIENCE

Toute philosophie holistique n'est pas forcément dialectique : on peut fort bien défendre la thèse « le vrai est le tout » sans pour autant souscrire à une conception ontologique faisant la part belle à la négativité dialectique. Pour passer du holisme à la dialectique, il faut comprendre la détermination (d'un concept, d'un énoncé, d'une réalité) comme une *négation* : « L'assise fondamentale de toute déterminité est la négation (*omnis determinatio est negatio*, – comme dit Spinoza) »[1]. On peut comprendre cet énoncé métaphysique comme suit : 1) le Tout vient à l'être en se *niant* comme tel (ou encore : l'infini se pose comme fini), donc en se différenciant en une multiplicité de parties finies (ou de « moments ») dont la *détermination* propre consistera dans un rapport négatif au Tout selon une modalité à chaque fois singulière (sur le modèle des monades leibniziennes qui se différencient essentiellement les unes des autres en exprimant chacune le monde selon une perspective déterminée) : c'est l'auto-négation du Tout qui produit la détermination de ses moments. 2) Inversement, la *détermination* de chaque être fini (qualité, quantité…) constitue elle-même une *négation*, puisqu'elle exprime tout aussi bien ce que cet être est (fini, rond, jaune, ayant tel diamètre, etc.) que ce qu'il n'est pas

---

1. *Enc. 1830 – SL*, Add. § 91, p. 525. Comme le remarque Y. Belaval, « dans la perspective hégélienne (post-kantienne) du *Begriff*, il serait plus juste d'inverser en : *omnis negatio est determinatio* », « La doctrine de l'essence chez Hegel et Leibniz », dans *Études leibniziennes*, Paris, Gallimard, 1976, p. 269.

(non-infini, mais aussi non-carré, non-rouge, n'ayant pas un diamètre supérieur au sien, etc.) : la détermination de tout être fini est donc une négation, au sens où son contenu est exclusif du contenu des autres déterminations. 3) La *négation* (du Tout) est *détermination* (de ses moments), et la *détermination* (d'un être fini) est *négation* (de tout ce qu'il n'est pas, *i.e.* du Tout lui-même et des autres êtres finis considérés isolément) : l'être fini est donc toujours déjà en relation négative avec ce qui l'entoure (en langage hégélien : la différence est toujours « différence déterminée »), il est non seulement « être-pour-soi » mais aussi « être-pour-un-autre », et c'est à ce titre qu'il ne saurait être compris de manière isolée, atomistique. 4) La *détermination* d'un être fini contient déjà en germe sa propre *négation*, ou encore sa *réalité* secrète depuis toujours sa propre *idéalité* (ainsi tout être vivant contient-il le germe de sa mort) : il est donc nécessaire que tout être « avoue » sa finité (donc sa « non-subsistance-par-soi » ou hétéronomie ontologique) et accomplisse la négation de sa détermination négative pour donner lieu à la *position* d'un être nouveau dont le sens intégrera la négation du sens de l'être précédent. Que la position d'un être résulte de la négation de la détermination (négative) d'un autre être, ou inversement que la négation d'une détermination débouche, comme *négation déterminée*, sur la *position* d'une nouvelle détermination : tel est, *in nucleo*, le contenu de la conception dialectique du réel [1]. Voyons ce qu'elle implique s'agissant de l'expérience.

La conception hégélienne de l'expérience consiste en une théorie holistique et dialectique de l'expérience de la conscience : cela signifie que l'expérience consistera en un mouvement incessant de *négation* et de *position* de configurations empiriques qui feront l'épreuve de leur précarité ontologique, précarité qui se traduira par le caractère *contradictoire* de la prétention épistémique à chaque fois émise par la conscience [2]. La dialectique de l'expérience, dans sa forme la plus simple, se présente comme suit : 1) la conscience se donne une certaine

---

1. À ce sujet, on lira l'article de B. Bourgeois, « Dialectique et structure dans la philosophie de Hegel », dans *Études hégéliennes, op. cit.*

2. L'expérience devient ainsi l'illustration emblématique de la dialectique, voire son paradigme, comme le suggère Heidegger, « Hegel et son concept de l'expérience », dans *Chemins qui ne mènent nulle part*, trad. fr. W. Brokmeier, Paris, Gallimard, 1962, p. 224 : « Hegel ne conçoit pas l'expérience dialectiquement : il pense le dialectique à partir de l'essence de l'expérience ».

précompréhension de ce que c'est que *savoir* (aviser, percevoir, intel-
liger, reconnaître, etc.), laquelle 2) dessine par avance les contours
phénoménologiques de son *objet* de référence, c'est-à-dire du type
d'entité qui incarne la *vérité* de la conscience en constituant le corrélat
de sa visée épistémique (le ceci sensible, la chose et ses propriétés, le
jeu des forces et le monde suprasensible, une autre conscience de soi,
etc.); 3) la conscience fait l'épreuve du caractère *contradictoire* de son
objet, donc de sa *non-vérité* (car le vrai est forcément identique à soi,
non-contradictoire); 4) cette épreuve de la contradiction de l'objet
provoque, tel un choc en retour, la mise en évidence du caractère
insatisfaisant (unilatéral, abstrait, biaisé) de la précompréhension du
savoir que s'est donnée la conscience; 5) une telle précompréhension
doit donc être niée pour donner lieu à la *position* d'un nouvel horizon
épistémologique; 6) une telle négation déterminée du savoir de la
conscience entraîne la position corrélative d'un *nouvel objet* face à la
conscience, lequel incarnera désormais la nouvelle *norme du vrai*.

Le nouvel objet qui surgit face à la conscience constitue le corrélat
de la dialectique du savoir empirique de celle-ci : l'apprentissage
(autre sens fondamental d'*Erfahrung*) de la conscience consistera
donc dans l'élévation progressive à une conception satisfaisante du
savoir moyennant l'épreuve réitérée du caractère contradictoire de ses
prétentions épistémiques successives. Ce faisant, elle sera peu à peu
initiée à une vérité beaucoup plus déconcertante : l'accès à la vérité
suppose non seulement l'abandon des figures inadéquates du savoir,
mais, plus radicalement, le *renoncement de la conscience à elle-même*,
dans la stricte mesure où c'est sa structure oppositive (Moi/objet) qui
constitue au final l'obstacle épistémologique majeur à la conquête
de la vérité. Comme le précise Hegel, «la mesure de référence de
l'examen change lorsque ce dont elle devait être la mesure ne résiste
pas à l'examen; et l'examen n'est pas seulement un examen du savoir,
mais aussi de la mesure de référence qu'il comporte»[1], ce pourquoi
l'expérience sera bien d'abord un mouvement dialectique de la
conscience «à même elle-même [*an sich selbst*]», une mise à
l'épreuve de la «mesure de référence» ultime en laquelle consiste la
structure «Moi/objet» de la conscience.

---

1. *Phéno.*, Introduction, p. 127.

Le « savoir absolu » sera d'abord un savoir libéré (*absolvere*) de la tutelle de la forme « conscience » (ce qui ne veut pas dire libéré de la conscience en tant que telle), émancipé de la lecture abstraitement dualiste du réel (ce que Hegel nomme la « représentation »), rendu à l'immanence inentamée (et à ce titre « absolue ») de la circulation fluide du sens de l'être. La *Phénoménologie de l'esprit* n'est pas le récit d'un accomplissement positif de la conscience, mais l'exposé d'un nécessaire dessaisissement, par l'esprit, de sa tournure conscientielle : que la vérité ne suppose pas seulement de changer d'objet, qu'elle n'implique pas uniquement de changer de conception du savoir, mais qu'elle suppose de renoncer à l'évidence originaire du primat épistémique de la conscience, tel est, *in fine*, le contenu de l'expérience phénoménologique de la conscience.

C'est à l'aune de cette exigence qu'il faut comprendre la distinction opérée par Hegel entre le doute (*Zweifel*) et le désespoir (*Verzweiflung*). La négativité qui traverse les configurations empiriques de la conscience n'est point une simple mise en doute de la vérité de l'*objet* (sensible ou intelligible) que se donne la conscience (comme c'était le cas du doute méthodique dans la *Première Méditation* de Descartes), ni même le retournement d'un tel doute vers le *Moi* en tant qu'il se prend lui-même pour objet de réflexion (comme l'envisageait Fichte dans la première partie de la *Destination de l'homme*), mais l'instauration d'un doute redoublé, exponentiel (*Ver-Zweiflung*), portant sur l'instance même qui rend possible le déploiement d'un tel doute, à savoir la conscience elle-même.

Douter de tout – tel est l'enseignement fondamental de la dialectique de la conscience sceptique dans le quatrième chapitre de la *Phénoménologie de l'esprit* – implique fatalement de présupposer, comme étant hors de doute, la condition de possibilité du doute elle-même : en ce sens, toute philosophie du doute est superficielle puisqu'elle fait fond sur une caricature du scepticisme authentique [1] et

1. Au scepticisme caricatural et simplement dubitatif de la philosophie moderne, Hegel oppose la radicalité du désespoir propre au scepticisme antique : « Le scepticisme ne peut être considéré simplement comme une doctrine du doute, il est bien plutôt absolument certain de sa Chose, c'est-à-dire du caractère de néant de tout ce qui est fini. Celui qui ne fait que douter se tient encore dans l'espoir que son doute pourra être résolu et que l'une ou l'autre des déterminations entre lesquelles il oscille se découvrira comme quelque chose de ferme et de vrai. Au contraire, le scepticisme proprement dit consiste à

n'assigne à la négativité qu'une portée limitée, instrumentale, dogmatique. Au contraire, une authentique philosophie du désespoir (au sens
phénoménologique et non psychologique que Hegel donne à ce terme)
fera du Tout de l'expérience (holisme) le lieu de déploiement de la
négativité (dialectique) : elle seule constituera le scepticisme achevé
qui va jusqu'à saper l'ultime dogme de l'empirisme, le dogme qui voit
dans la conscience (*i.e.* dans le rapport oppositif d'un Moi et d'un
objet) le paradigme indépassable de toute configuration empirique.
Pour autant, un tel scepticisme ne saurait s'épuiser dans la simple
exhibition indéfinie d'un «pessimisme sémantique»[1] en lequel se
déploierait l'instabilité du sens des concepts empiriques : le hégélianisme ne se réduit aucunement à un «mobilisme universel» de la
connaissance. La dialectique de l'expérience n'est pas pure négativité,
mais élaboration processuelle et immanente de la science qui s'édifie
en et par l'expérience et l'élabore spéculativement en retour. Voyons
pour finir comment on peut comprendre une telle circularité de la
science et de l'expérience.

L'AUTORÉFÉRENTIALITÉ DE LA SCIENCE DE L'EXPÉRIENCE

En faisant de l'expérience un point stratégique de sa nouvelle
conception de la science, Hegel entend résoudre une aporie centrale
de la philosophie kantienne qui porte sur la possibilité même d'une
théorie de la connaissance. Une telle aporie (mise en évidence par le
sceptique G.E. Schulze puis approfondie par Fichte dans sa *Doctrine
de la science*) concerne le statut du discours kantien vis-à-vis de son
contenu : si un discours, à en croire Kant, ne peut être validé qu'en
s'accordant avec l'expérience possible, donc en portant sur nos intuitions sensibles, dès lors la question est de savoir quelle peut être la vali-

---

désespérer complètement de toute donnée ferme de l'entendement» (*Enc. 1830 – SL*,
Add. § 81, p. 515-516).

1. Cette caractérisation de la dialectique hégélienne du savoir empirique est
proposée par R. Brandom, «Esquisse d'un programme pour une lecture critique de
Hegel. Comparer les concepts empiriques et les concepts logiques», trad. fr. O. Tinland,
Philosophie, n° 99, 2008, p. 80 *sq.* L'auteur remarque avec raison qu'un tel pessimisme,
porté à son comble par le holisme de la signification, n'implique nul scepticisme
épistémologique, mais bien plutôt une redéfinition en profondeur de la notion de vérité.

dité du discours kantien lui-même, en lequel s'énonce cette conception restrictive de la vérité, et auquel ne correspond pourtant nulle
intuition sensible. Schulze exprime admirablement la contradiction
formelle que semble impliquer la *Critique de la raison pure* :

> Si ce que la Critique affirme savoir des fondements de l'expérience est
> une connaissance réelle, l'affirmation de la même Critique, selon
> laquelle toute connaissance vraie de notre esprit est limitée exclusive-
> ment aux objets de l'expérience, est absolument fausse. Si, par contre,
> cette affirmation devait être vraie, toute connaissance des sources de
> l'expérience doit être tenue dans son ensemble pour une apparence
> vide [1].

Ici s'expose *in nucleo* le programme d'un *scepticisme
postkantien* : non plus une mise en doute de la certitude de nos
jugements théoriques (tel était le sens du scepticisme prékantien, axé
sur l'*objet* de la connaissance), mais un questionnement radical sur la
possibilité même d'édifier une théorie de la connaissance dont le
contenu (l'énoncé des conditions de tout savoir vrai) ne contredise pas
la forme (celle d'un savoir vrai des conditions de tout savoir vrai, ou de
ce que Fichte nommera une « science de la science » [2]). La question
rectrice du Sceptique postkantien ne sera point : « À quelles conditions
la connaissance physique (ou mathématique, ou métaphysique) est-
elle possible ? » mais : « À quelles conditions la *Critique de la raison
pure* (laquelle, en tant que théorie de la connaissance, énonce les conditions de possibilité des autres discours théoriques) est-elle possible ? ».
Aux yeux des postkantiens (dont Hegel entend parachever le questionnement), Kant, absorbé par l'élaboration d'une justification transcendantale de la connaissance scientifique, n'a pas été en mesure d'édifier
un discours apte à rendre compte de ses propres conditions de possibilité [3]. La *réflexion* transcendantale doit donc se faire *autoréflexion*

---

1. G.E. Schulze, *Kritik der theoretische Philosophie*, rééd. Bruxelles, Aetas
Kantiana, 1968, t. 244, vol. II, *Culture et Civilisation*, p. 578.

2. Fichte, *Sur le concept de la doctrine de la science*, dans *Écrits philosophiques
choisis (1794-1795)*, trad. fr. L. Ferry et A. Renaut, Paris, Vrin, 1984, p. 36.

3. Cette appréciation mériterait naturellement d'être nuancée à la lumière d'un
examen approfondi de la philosophie de Kant, et en particulier du concept de réflexion
qui s'y trouve mobilisé. À ce propos, *cf.* A. Grandjean, *Critique et réflexion. Essai sur le
discours kantien*, Paris, Vrin, 2009.

(réflexion sur ses propres conditions de possibilité), ce qui implique que le discours scientifique se dote d'un référent empirique apte à s'intégrer dans la procédure d'*autoréférentialité* de la science (*i.e.* d'autojustification de la science au sein même de son contenu théorique) : ces deux exigences convergent dans l'exigence d'exhiber un nouveau concept d'expérience, en lequel s'exprime la pleine cohérence de la science et de son contenu. L'expérience doit être pensée de telle façon qu'elle rende circulairement possible la science qui en élabore le concept, ou encore : l'*expérience de la science* (son apparaître à une conscience en quête de vérité) doit s'identifier à la *science de l'expérience* (conquise au terme du procès dialectique de cette expérience). Tel est bien le point capital sur lequel insiste Hegel au terme de son ouvrage :

> L'expérience consiste précisément en ceci, que le contenu – et le contenu est l'esprit – est *en soi* substance, et donc *objet* de la *conscience*. Mais cette substance qu'est l'esprit consiste, pour lui, à *devenir* ce qu'il est *en soi* […]. Ce mouvement est le cercle revenant en lui-même qui présuppose son commencement et l'atteint seulement en son terme [1].

Aux yeux de Hegel, la conception kantienne de l'expérience s'avère unilatérale, dans la mesure où elle n'a pas d'incidence sur le statut du discours kantien lui-même. L'expérience est envisagée du strict point de vue de l'*application* des concepts, elle n'est envisagée que dans la perspective *instrumentale* de l'évaluation épistémologique de notre outillage conceptuel. Ce faisant, c'est l'héritage empiriste qui s'avère déterminant dans l'élaboration du criticisme. À en croire Hegel, « la philosophie critique a en commun avec l'empirisme, d'admettre l'expérience comme l'*unique sol* des connaissances » [2]. Semblable communauté de vue possède une portée autrement plus importante que ne le laisserait supposer la trace visible de l'héritage empiriste dans la pensée kantienne : au-delà des affinités déclarées, l'empirisme lègue à Kant bien plus qu'un simple critère d'évaluation des connaissances de l'esprit humain. En deçà du grand partage de l'empirique et du transcendantal, c'est bien pour Hegel une même

---

1. *Phéno.*, chap. VIII, p. 655-656.
2. *Enc. 1830 – SL*, § 40, p. 301.

image de la pensée qui circule de l'empirisme au criticisme[1], image qui préside à la remise en cause des prétentions métaphysiques de la philosophie en vertu d'une commune compréhension de ce en quoi doit consister la « mise à l'épreuve » de l'expérience.

Tout en louant la réévaluation kantienne du rôle de la conceptualité dans la production des connaissances empiriques, l'auteur de la *Science de la logique* va se montrer d'autant plus critique s'agissant de la façon dont Kant s'est représenté le *statut* d'une telle conceptualité. Le point de désaccord est le suivant : Kant aurait un point de vue *empiriste* et *instrumentaliste* sur les catégories, ce qui revient à dire qu'il ne percevrait la part d'intellectualité inhérente à l'expérience que sous l'angle restreint de la *possibilité de l'application des catégories à l'expérience*[2]. Finalement, aux yeux de Hegel, Kant resterait secrètement tributaire de l'empirisme dont il entendait pourtant se désolidariser officiellement, dans la mesure où les déterminations intellectuelles n'ont pour lui de sens qu'en étant *appliquées* à l'expérience sensible, que dans la mesure où elles sont *compatibles* avec les données immédiates de l'intuition :

> D'une part, c'est par le moyen des catégories que la simple perception est élevée à l'objectivité, à l'*expérience*, mais, d'autre part, ces concepts, en tant qu'unités simplement de la conscience subjective, sont conditionnés par la matière donnée, pour eux-mêmes vides, et *ils ont leur application et leur emploi uniquement dans l'expérience*, dont l'autre partie constitutive – les déterminations du sentiment et de l'intuition – est de même seulement quelque chose de subjectif[3].

1. Le regroupement, dans le « Concept préliminaire » de la *Science de la logique* de l'*Encyclopédie*, des deux appellations dans une même « Position de la pensée relativement à l'objectivité » (*Enc. 1830 – SL*, § 37-60) en est l'indice le plus manifeste.

2. Sur cette critique de l'instrumentalisme conceptuel de Kant, *cf.* G. Lebrun, « L'Antinomie et son contenu », dans O. Tinland (dir.), *Lectures de Hegel*, Paris, LGF, 2005, p. 359-360 : « Pourquoi donner priorité à la question de savoir *sur quel territoire* ce concept pur rend certainement service et peut être utilisé sans risques ? [...] La "méfiance" qui se manifeste ici est celle-là même qui, pour Hegel, doit éveiller la *véritable méfiance philosophique* – celle qui porte sur la préconception de l'acte de connaître entendu comme un *moyen*, et qui détecte en cette représentation l'origine de la "méfiance" qui est tout entière relative à la fiabilité de l'instrument. [...] Le recours systématique à l'opérateur de l'*application* et, plus généralement, à la topique de l'*usage* est ce qui nous éloigne au maximum d'une simple investigation sur le sens des catégories laissées à leur libre jeu ».

3. *Enc. 1830 – SL*, § 43, p. 303 (je souligne).

Ce faisant, le criticisme reste prisonnier d'un certain rapport, et à l'expérience sensible, et aux catégories intellectuelles : ce rapport, c'est celui que définit le point de vue de la *conscience perceptive*. En dépit de la distinction stratégique qu'il opère entre perception et expérience, Kant demeure on ne peut plus fidèle au modèle de la perception hérité de l'empirisme anglais, au point qu'il ne serait guère abusif, à en croire Hegel, d'identifier sa philosophie tout entière au déploiement raisonné du paradigme perceptif :

> Le degré le plus précis de la conscience où la philosophie kantienne appréhende l'esprit est le *percevoir*, qui constitue en général le point de vue de notre *conscience ordinaire* et, plus ou moins, des *sciences*. On part de certitudes sensibles appartenant à des aperceptions ou observations singulières, qui doivent être élevées à la vérité par ceci qu'on les considère dans leur relation, qu'on réfléchit sur elles, que, d'une façon générale, elles deviennent en même temps, suivant des catégories déterminées, quelque chose de nécessaire et d'universel, des *expériences* [1].

Ce point de vue, que Kant considère comme allant de soi (tout comme il considérait comme évidente la représentation normative de la scientificité que lui procuraient les sciences empiriques de son temps [2]), conditionne de manière décisive le rapport de la *Critique* à l'expérience et aux catégories : l'expérience y est appréhendée de façon statique comme un ensemble réglé de phénomènes, et les catégories y sont saisies comme des concepts simplement *trouvés* en nous qui n'ont de sens et de consistance que lorsqu'ils se trouvent appliqués à l'expérience. La connaissance, dans ce contexte, ne peut être conçue que comme un *moyen* ou un *outil* certes antérieur à l'expérience (déduction métaphysique des catégories), mais inexorablement voué à se soumettre à son verdict (déduction transcendantale).

Le paradigme perceptif, paradigme de prédilection de la conscience immédiate, semble bien être le modèle qui gouverne la représentation kantienne de la connaissance. De même que l'empirisme faisait dépendre les idées des impressions, Kant fait dépendre,

---

1. *Encyclopédie des sciences philosophiques*, t. III, *Philosophie de l'esprit*, trad. fr. B. Bourgeois, Paris, Vrin, 1988, § 420R, p. 225-226.
2. Sur le présupposé non questionné d'un « concept normatif de la science » à l'origine de l'entreprise critique, *cf.* J. Habermas, *Connaissance et intérêt*, trad. fr. G. Clémençon, Paris, Gallimard, 1976, chap. I, p. 46-47.

non plus en leur *origine psychologique*, mais en leur *orientation épistémologique*, les concepts de l'intuition sensible : si la déduction métaphysique des catégories nous faisait faire un pas hors de l'empirisme, la déduction transcendantale nous y ramène aussitôt en liant avec fermeté le destin de nos concepts aux *data* de l'intuition sensible. Si les données sensibles se trouvent partiellement délestées de leur statut de référent unique de la théorie de la connaissance, elles demeurent néanmoins l'horizon ultime qui permet de donner au savoir un contenu véridique[1].

Aux yeux de Hegel, le point de vue de Kant constitue l'absolutisation illégitime d'*une* figure de l'expérience, celle de la *conscience percevante*, qui *trouve* le sensible devant elle, *trouve* l'intelligible en elle, et rapporte l'un à l'autre dans la synthèse hâtive d'un jugement pour constituer toute connaissance. À ce titre, il reconduit plus qu'il ne dépasse les orientations fondamentales de l'empirisme, formant une sorte d'*empirisme de la raison* qui doit impérativement être surmonté, dans la mesure où il soumet la pensée spéculative à un concept d'expérience incompatible avec les prétentions théoriques d'une telle pensée. La *Phénoménologie de l'esprit* nous présente précisément, à l'encontre d'une telle « représentation naturelle » de la connaissance qui fait de celle-ci et de la réalité objective deux pôles irrémédiablement séparés de l'entreprise théorique[2], une articulation autoréflexive forte de la science avec l'expérience, celle-ci constituant tout autant son *objet* thématique que sa *condition* d'émergence.

En cela, il s'agit bien d'effectuer une « présentation du savoir qui apparaît »[3], donc d'édifier une science de l'expérience (ou de l'apparaître) de la science, la conscience jouant précisément le rôle de pivot (ou de « mesure de référence ») entre les deux aspects, subjectif (*science* de l'expérience) et objectif (*expérience* de la science) de ce

---

1. *Cf.* Kant, *Critique de la raison pure*, *Œuvres philosophiques I*, trad. fr. A. Delamarre et F. Marty, Paris, Gallimard, 1980, p. 863 (B 146) : « *La catégorie n'a pas d'autre usage pour la connaissance que de s'appliquer à des objets de l'expérience* [titre du § 22]. [...] Si une intuition correspondante ne pouvait pas du tout être donnée au concept, il serait une pensée quant à la forme, mais sans aucun objet, et absolument aucune connaissance de quelque chose ne serait possible par lui ; car, pour autant que je sache, *il n'y aurait* et *ne pourrait* y avoir *rien* à quoi ma pensée pût être appliquée ».

2. *Phéno.*, Introduction, p. 117-118.

3. *Ibid.*, p. 121.

processus dialectique complexe. Il y aura donc *immanence* totale de la science, de l'expérience et de la conscience : c'est par la subjectivation multiforme de la conscience que va se déployer une expérience de plus en plus riche d'où résultera dialectiquement le point de vue de la science à partir duquel doit s'énoncer, en retour, cette expérience de la conscience, comprise en sa nécessité interne comme « la série de ses configurations en tant que stations qui lui sont fixées d'avance par sa nature, afin qu'elle se purifie de façon à être esprit, en parvenant, moyennant l'expérience complète d'elle-même, à la connaissance de ce qu'elle est en elle-même »[1].

La *Phénoménologie de l'esprit* nous propose ainsi le premier modèle abouti d'une conception résolument autoréflexive du savoir philosophique (que le système de l'*Encyclopédie* reprendra en la complexifiant notablement) qui soit à même de surmonter les insuffisances des théories modernes de la connaissance : l'expérience en laquelle s'avère la science acquiert par là une profondeur et une amplitude inégalée, donnant au hégélianisme les allures inattendues d'un *empirisme intégral*. Mais après tout, n'était-ce point l'une des leçons essentielles du savoir absolu, au plus loin de tout positivisme de la connaissance, au plus près de l'ambition spéculative la plus haute, que « rien n'est *su* qui ne soit dans l'*expérience* »[2]? Ainsi s'accomplit, dans l'accueil désormais maîtrisé de la contingence empirique, ce qu'on a pu qualifier avec raison de «*justification spéculative de l'unité de la spéculation et de l'expérience* »[3].

Olivier TINLAND
Université de Montpellier III – Paul Valéry

---

1. *Phéno.*, Introduction, p. 122.
2. *Phéno.*, chap. VIII, p. 655.
3. B. Bourgeois, « La spéculation hégélienne », art. cit., p. 93.

LE PRAGMATISME ET LES VARIÉTÉS
DE L'EXPÉRIENCE

Le pragmatisme a pu se définir comme une philosophie de l'expérience[1]. L'expérience serait même pour certains commentateurs le concept central de la pensée de William James (1848-1910) et de John Dewey (1859-1952)[2]. Mais le pragmatisme n'a pas été la première philosophie de l'expérience – songeons évidemment à l'empirisme –, et c'est l'une des originalités de ce mouvement de s'être délibérément inscrit dans une histoire générale du concept d'expérience, pour y marquer sa propre place en fonction des renouvellements qu'il a prétendu lui apporter[3]. La meilleure présentation de cette histoire est sans doute celle que donne Dewey dans « An Empirical Survey of Empiricism » (1935)[4]. Il s'agit à la fois d'une

1. *Cf.* par exemple H.H. Bawden, *The Principles of Pragmatism. A Philosophical Interpretation of Experience*, Boston-New York, Constable & Co, 1910. « Philosophie de l'expérience » est le titre donné à la traduction française de *A Pluralistic Universe* (1909) de W. James.

2. *Cf.* entre autres, H. Reverdin, *La notion d'expérience d'après William James*, Genève et Bale, Georg et Co, 1913 et G. Deledalle, *L'idée d'expérience dans la philosophie de John Dewey*, Paris, PUF, 1967.

3. Pour une vue synthétique de ces renouvellements, *cf.* J. Smith, « The Reconception of Experience in Peirce, James and Dewey », *America's Philosophical Vision*, Chicago-London, The University of Chicago Press, 1992, p. 17-35. Je reprends son avertissement selon lequel les différents pragmatistes n'ont pas de conception unitaire de l'expérience. Il sera ici principalement question de James et Dewey.

4. *Studies in the History of Ideas*, New York, Columbia UP, 1935, vol. 3, p. 3-22 ; repris dans *The Later Works, 1925-1953*, J.A. Boyston (ed.), Carbondale, Southern Illinois UP, vol. 11 (1935-1937), p. 69-83. On peut le lire en parallèle du chapitre IV de *Reconstruction en philosophie* (1920) intitulé « Expérience et raison : nouvelle approche » (Publications de l'Université de Pau, Farrago-Léo Scheer, 2003, p. 87-102).

analyse historique et d'une analyse conceptuelle de la notion d'expérience, où Dewey distingue trois étapes correspondant à trois grands sens, qui s'enchaînent de manière dialectique jusqu'au moment du pragmatisme, dont la nouvelle conception de l'expérience permet de surmonter les oppositions travaillant les sens précédents. Reprenons ces trois étapes, en les commentant librement.

L'EMPIRIQUE

La première conception, la plus influente historiquement puisqu'elle s'étend de l'Antiquité grecque jusqu'au rationalisme classique du XVIIᵉ siècle, fait de l'expérience un type de savoir, fiable mais relatif à des buts pratiques qui n'implique pas la connaissance des causes ou des raisons des phénomènes. L'expérience repose sur l'information accumulée dans le passé, pas seulement le passé d'un individu mais également celui de la collectivité. Ce savoir d'expérience peut être transmis grâce au langage et à l'apprentissage, à partir du moment où il est résumé en généralisations, qui énoncent ce qu'il faut faire quand (on veut construire une maison, sculpter une statue, conduire une armée à la victoire). Ces généralisations permettent en effet de savoir ce à quoi il faut s'attendre dans telles circonstances, lorsqu'il arrive telle chose ou si l'on fait telle chose. C'est ce sens, le plus ancien, que l'on trouve encore aujourd'hui dans les expressions comme « avoir de l'expérience », « être un homme d'expérience » ou encore « être inexpérimenté », « sans expérience ». La racine du mot est la même que celle d'« expert » et « expertise » (quelqu'un qui sait comment s'y prendre, pour s'être formé par et dans des expériences similaires par le passé) et l'adjectif correspondant est « empirique ». Il qualifiait notamment une école de médecine fondée au IIIᵉ siècle avant J.-C., proche du scepticisme pyrrhonien – le Pyrrhonien le plus connu de l'Antiquité, Sextus Empiricus, porte d'ailleurs ce sens dans son nom même. Les médecins empiriques se méfiaient de ceux qui affirmaient dogmatiquement la vérité de leurs théories respectives – qui pourtant se contredisaient –, et se contentaient d'une médecine pratique, s'en remettant à l'observation, notamment des cas semblables, pour savoir quel traitement administrer en quels cas. Le bon médecin en ce sens est celui qui a longtemps pratiqué, pour comparer les cas semblables, et savoir, d'un savoir acquis par la pratique et non pas fondé sur une quelconque théorie reposant sur des principes universels, quel remède et quelle dose apporter à tel malade présentant tel symptômes[1].

Philosophiquement, ce premier sens porte une valeur négative. Certes, l'expérience est jugée supérieure à la sensation et à la perception, parce qu'elle suppose déjà, grâce à la mémoire, une sommation du particulier et non une simple répétition, et par cette accumulation généralisante, elle est d'une certaine manière sur la voie de l'universel[2]. Mais ce type de savoir semble immédiatement inférieur à celui qui repose sur la compréhension des causes ou des raisons des phénomènes. Le savoir empirique est donc jugé inférieur au savoir de la science, puisque la science signifie alors précisément connaissance rationnelle (par les causes, les raisons ou les principes – peu importe ici ces distinctions). Ainsi le savoir empirique du charpentier, qui est acquis par généralisation des cas semblables rencontrés sans ordre ni méthode dans le passé, est jugé inférieur au savoir rationnel du géomètre, qui est construit systématiquement à partir de principes universels. Le corrélât pratique de l'expérience est l'habitude et la coutume, qui désigne des dispositions générales à se conduire de telle ou telle façon dans telles circonstances particulières, mais qui ne sont pas des modes de conduite rationnels, fondés sur une science comme la science morale ou la science politique – si celles-ci sont possibles. Ce sont simplement des résultats consolidés du passé sous une forme propre à servir l'action future. Ainsi se met en place l'opposition structurante entre l'expérience et la raison, qui perdure au moins jusqu'aux grands rationalismes du XVIIe siècle[3], et dont résulte une

---

1. *Cf.* T. Rütten, « Empirisme », dans D. Lecourt (dir.), *Dictionnaire de la pensée médicale*, Paris, PUF, 2004, p. 407-412.

2. *Cf.* P. Aubenque, *La prudence chez Aristote* (1963), Paris, PUF, 1993, p. 56-60.

3. Ainsi Leibniz écrit-il que « Les hommes agissent comme les bêtes, en tant que les consécutions de leurs perceptions ne se font que par le principe de la mémoire ; ressemblant aux médecins empiriques, qui ont une simple pratique sans théorie ; et nous ne sommes qu'empiriques dans les trois quarts de nos actions. Par exemple, quand on s'attend qu'il y aura jour demain, on agit en empirique, parce que cela s'est toujours fait ainsi, jusqu'ici. Il n'y a que l'astronome qui le juge par raison. Mais la connaissance des vérités nécessaires et éternelles est ce qui nous distingue des simples animaux et nous fait avoir la *Raison* et les sciences… » (*Monadologie* (1714), É. Boutroux (éd.), Paris,

triple dépréciation de la notion antique d'expérience. L'expérience est d'abord dépréciée *épistémologiquement*, puisqu'elle désigne un savoir d'opinion plutôt qu'une connaissance à proprement parler, si bien qu'« empirique » finit par désigner le type de savoir qui n'est pas « scientifique ». L'expérience est ensuite dépréciée *moralement*, car l'homme d'expérience est un homme pratique, occupés à des activités jugées inférieures, faites pour obtenir certaines commodités plutôt que pour atteindre des connaissances et des valeurs supérieures, comme celles obtenues par l'activité scientifique et théorique, si bien que le type d'homme parfait n'est pas l'homme actif, l'artisan, mais le sage, le contemplatif. L'expérience est enfin dépréciée *métaphysiquement*, puisqu'au fond de ces deux premières oppositions théorique et pratique, se trouve celle entre l'apparence et la réalité : le savoir empirique et l'action pratique sont confinées au domaine des apparences sensibles, des phénomènes, tandis que la raison, par sa nature même, atteint le royaume de la réalité éternelle et immuable derrière les apparences changeantes et contingentes.

Dewey note que cette conception antique de l'expérience était en réalité une conception elle-même empirique, c'est-à-dire correspondant à l'expérience de son époque, dont elle a constitué une généralisation historique. Le problème est évidement d'avoir universalisé cette conception historique. Car, avant que n'apparaissent les sciences expérimentales, les seules expériences qui pouvaient servir de base empirique pour réfléchir à l'expérience et en former une notion générale étaient, pour les Grecs, ces savoirs pratiques portant sur les phénomènes. Il n'y avait pas de technique permettant un contrôle rationnel de l'observation empirique, c'est-à-dire aucune manière de voir ou d'anticiper que la pensée rationnelle pourrait trouver un levier dans l'expérience, de sorte que l'expérience serait capable de produire de nouvelles vérités. Le fossé entre l'expérience et la raison semblait ainsi fixe et insurmontable : l'expérience pourrait augmenter quanti-

Delagrave, 1998, p. 155); *cf.* également la préface des *Nouveaux essais sur l'entendement humain* (Paris, GF-Flammarion, 1990, p. 39). On voit bien les couples de termes opposés et hiérarchisés qui, d'un point de vue rationaliste, se superposent à l'opposition structurale entre expérience et raison : bête/homme, imagination et mémoire/raison, pratique/ théorie, consécution ou connexion empirique/raisonnement ou liaison nécessaire entre les choses, vérités contingentes/vérités nécessaires et éternelles.

tativement (on pouvait l'accumuler et la transmettre), mais non pas changer qualitativement, dans son concept. En bref, la notion antique de l'expérience correspondait à l'expérience historique de l'Antiquité, et ne pouvait aller au-delà.

L'EMPIRISTE

Le changement de sens et l'inversion de valeur qui affectent le concept d'expérience à partir de Bacon et de Locke, qui signent en philosophie la naissance de l'empirisme et qui correspondent aux expériences historiques de l'essor des sciences expérimentales et de celui de l'individualisme politique, sont dus à un renversement de l'instance critique. Auparavant, c'est la raison qui apparaît comme l'instrument critique, et critique précisément de l'expérience, au sens où l'expérience, identifiée au corps des croyances et savoirs-faires hérités du passé, ne peut rendre raison de son savoir et de ses manières habituelles de faire (à part en invoquant la tradition et la coutume : on a toujours fait ainsi, ça s'est toujours passé comme ça), si bien qu'il convient de lui substituer partout où c'est possible une organisation systématique fondée sur des démonstrations nécessaires. L'expérience, en son premier sens, est essentiellement conservatrice, et la raison réformatrice voire révolutionnaire. Si les penseurs qui se sont réclamés de l'empirisme ont fait de l'expérience l'instrument critique, et d'abord critique de la raison, c'est parce qu'ils étaient confrontés à un ensemble de croyances et d'institutions qui cherchaient à s'immuniser contre tout examen critique en se présentant précisément comme fondées en raison. Les empiristes ont ainsi entrepris de démontrer que telle ou telle croyance ou institution qui se prétendait universelle ou nécessaire car trouvant son origine dans une révélation de la raison, avait en réalité une origine plus modeste, issue de l'expérience, confirmée par le hasard, soutenue par un intérêt de classe ou un pouvoir intéressé – bref qu'elle était susceptibles d'une histoire naturelle. L'expérience apparaît ainsi comme un principe anti-dogmatique et l'empirisme se définit d'abord par cet aspect de lutte contre tous les dogmatismes couverts par l'autorité de la raison. Tel est le sens profond de la critique des idées innées chez Locke, véritable acte de naissance de l'empirisme. Ses objections ne sont pas en réalité techniques; ce qu'il reproche aux idées et principes innées, c'est qu'ils sont devenus le grand rempart des traditions non fondées et de l'autorité exercée de manière arbitraire. En disant d'un principe moral ou d'un principe logique qu'il est « inné », on le soustrait en effet à la discussion et à l'examen critique. La critique des idées et principes innées signifient donc chez Locke qu'il n'y a aucune idée ni aucun principe, même parmi les plus acceptés et vénérés, qui ne doit être tenu pour sacré et intangible. Affirmer que les principes sont innés, c'est en réalité imposer pour principe que les principes ne doivent pas être mis en question, ce qui n'est pas un mince avantage, ajoute Locke, lorsqu'on veut gouverner plus facilement ses ouailles [1].

En montrant que tous les principes, même les plus élevés, et toutes les idées, même les plus abstruses, dérivent de l'expérience, les empiristes non seulement ramènent ces idées et principes à leurs origines réelles, mais utilisent ce principe de dérivation pour montrer qu'il n'y a pas d'idée ou de principe dans l'esprit là où il n'y a pas eu d'abord expérience sensible correspondante, si bien que nous ne pensons rien si nous ne pouvons exhiber un tel certificat de garantie sensible. C'est le fait que l'expérience s'impose à nous de l'extérieur lorsqu'on la fait, c'est-à-dire que nous ne sommes pas en pouvoir de produire par nos propre moyens le goût de l'ananas sur notre palais ou que nous ne sommes pas libre de refuser ce goût lorsque le fruit est dans la bouche, qui constitue précisément cette garantie. Il ne faut pas se méprendre sur l'insistance des empiristes sur la passivité de l'esprit : le caractère forcé de l'expérience est le rempart contre les divagations de notre fantaisie et la contingence de nos croyances conventionnelles. Par rapport à cette force qui s'impose de l'expérience, les idées et théories dites « rationnelles » que nous construisons seront toujours suspectes, précisément parce qu'elles sont nos propres constructions, à moins qu'elles ne puissent tirer leur pouvoir de vérité de la force contraignante de l'expérience. Les empiristes imposent ainsi un second sens au concept d'expérience. Bien sûr, ils héritent et reprennent le sens antique, en montrant notamment le rôle de la mémoire des cas semblables et de l'habitude dans la formation des connaissances, dans une réévaluation des sciences inférentielles (empiriques) et de la probabi-

---

1. *Cf.* Locke, *Essai sur l'entendement humain* (1790), trad. fr. J.-M. Vienne, Paris, Vrin, 2001, notamment livre I, chap. 3, § 22-26 et chap. 4, § 24, p. 114-117 et 144-145.

lité par rapport à l'idéal de certitude des sciences démonstratives (formelles)[1] – cette réévaluation étant accompagnée par celle de l'homme d'action qui opère sur la nature pour la transformer (savoir c'est pouvoir) et par celle du monde phénoménal en général. Mais l'expérience s'identifie désormais au donné sensible, pourvu d'une fonction génétique[2]. C'est ce sens que l'on retrouve encore dans les expressions «avoir une expérience», «faire une expérience». Les types exemplaires d'expérience en ce sens sont, du plus externe ou plus interne, la sensation (quelque chose m'est donné à voir, à entendre), l'affection (j'éprouve une douleur, un plaisir) et les sentiments (je ressens de la tristesse, j'éprouve un désir, j'ai conscience de réfléchir) – bref tout le domaine du «*feeling*» par opposition à la pensée.

L'EXPÉRIMENTAL

Mais selon Dewey, ce second sens a essentiellement une vertu critique anti-dogmatique. Pris dans son opposition avec la raison, il demeure solidaire d'une conception dualiste qui ne voit pas la continuité fonctionnelle de l'expérience et de la raison, si bien qu'il convient de lui substituer un troisième sens, qui fait du pragmatisme un empirisme supérieur. Deux facteurs montrent selon lui l'inadéquation du concept empiriste d'expérience défini comme l'ensemble du donné sensible reçu par un esprit passif. Le premier est que ce concept ne peut rendre compte des sciences expérimentales. Il faut en conclure soit que les sciences expérimentales n'ont pas de lien particulier avec l'expérience comme on le croit, soit que l'expérience est autre chose que ce qu'en croient les empiristes classiques. Ce que la notion classique d'expérience n'explique pas, c'est que toute expérimentation en

1. L'analyse de la vision chez Berkeley ou de la causalité chez Hume fait intervenir ce premier sens de l'expérience, que Hume définit classiquement ainsi : « L'expérience est un principe qui m'instruit des diverses conjonctions d'objets dans le passé ; l'habitude est un autre principe qui me détermine à attendre la même chose à l'avenir » (Hume, *Traité de la nature humaine* (1739), Paris, GF-Flammarion, 1995, Livre I, p. 358).

2. Pour éviter toute confusion avec le premier sens, certains commentateurs recommandent même d'utiliser plutôt le terme de « donné » pour référer à ce second sens (l'ensemble des perceptions sensibles), *cf.* G. Deleuze, *Empirisme et subjectivité*, Paris, PUF, 1953, p. 121-122.

science présuppose une activité dirigée par la pensée. Les hypothèses ne sont ni simplement suggérées par l'observation du passé (sens 1) ni réductibles à des copies de sensations antécédentes (sens 2) : il y a un saut entre la simple observation de ce qui est donné ou de ce qui a été donné jusqu'à présent et la formulation d'une hypothèse, qui montre la libre spontanéité de l'esprit. L'idée d'expérimentation en science permet ainsi de reconstruire le concept d'expérience comme ensemble d'opérations permettant de provoquer l'observation d'un phénomène susceptible de vérifier une hypothèse. Expérimentation et raisonnement sont ainsi des phases intégrées de la pensée scientifique, que chacune des écoles, empiriste et rationaliste, a abstrait du processus concret pour les opposer l'un à l'autre sous la forme des deux entités mythologiques de l'Expérience et de la Raison. L'expérimentation en sciences permet de penser le dépassement du dualisme d'une raison supra-empirique (productrice mais non contrôlée empiriquement) et d'une expérience ante-rationnelle (donnée mais non dirigée rationnellement), en montrant la relation interne entre l'hypothèse comme programme rationnel d'observation et l'observation comme mise à l'épreuve empirique d'une hypothèse. Malgré la pratique expérimentale de la physique moderne dès le XVIe siècle, ce n'est qu'au cours du XIXe siècle que la notion d'expérience acquiert ce nouveau sens de mise à l'épreuve, et l'on forge même un nouveau verbe, « expérimenter » sur lesquels les sens antérieurs ne peuvent se conjuguer [1]. C'est ce troisième sens qu'on retrouve dans les expressions comme « réaliser des expériences » ou « soumettre à l'expérience » ou encore « l'expérience de X » (du puy de Dôme, du foie lavé, de Milgram, etc.).

Le second facteur de renouveau est que le concept empiriste de sensation (ou d'affection ou de sentiment) est rendu obsolète par le développement de la psychologie biologique moderne. En réintégrant l'étude de l'esprit à l'intérieur du cadre naturel des relations de l'organisme à son environnement, la psychologie biologique a montré la

---

1. L'une des raisons de cette intégration relativement récente de la pratique expérimentale pourtant ancienne dans les sciences dans la conception philosophique de l'expérience est la réflexion épistémologique qui se développe au XIXe siècle autour de la question de l'importation de la méthode expérimentale dans de nouvelles disciplines qu'on entend « scientificiser », comme la médecine (*cf.* Cl. Bernard) ou la psychologie (*cf.* Wundt et Ribot).

nature vitale, plutôt que purement cognitive, des fonctions psycho-logiques. Contre la psychologie rationnelle des rationalistes, une telle approche montre en quoi les fonctions intellectuelles (comme la faculté de concevoir et de raisonner) sont des instruments permettant d'éclairer les réactions, autorisant par là un meilleur ajustement à l'environnement : nos concepts et nos raisonnements n'ont pas leur fin en eux-mêmes et ne se suffisent pas à eux-mêmes, mais ils trouvent leur sens et leur valeur dans la conduite à adopter. De même, contre la psychologie empirique des empiristes, les sensations ne sont pas de pures informations cognitives reçues passivement par l'organisme, mais d'abord des stimulations à l'action, des incitations à réagir ou des indices pour modifier le cours de sa conduite afin de l'ajuster ou de la réajuster aux modifications de l'environnement. Les fonctions sensitives et les fonctions intellectuelles sont ainsi faites pour les fonctions pratiques, suivant un schème de comportement triadique et orienté, que l'on retrouve dès le comportement vital le plus élémentaire, à savoir l'action réflexe, où les trois phases de la réception sensible, de la réorientation centrale du courant nerveux et de la réaction motrice ou glandulaire forment un circuit intégré et continu. Sensation et réflexion sont ainsi des phases intégrées du processus comportemental, que chacune des deux écoles, empiriste et rationaliste, a séparé de sa finalité pratique et de sa fonction instrumentale dans l'ensemble de l'activité vitale, pour en faire des hypostases abstraites sous la forme de l'Expérience et de la Raison.

La psychologie biologique nous impose par conséquent de redéfinir l'expérience non plus comme un reçu, mais comme un « faire ». Selon James, sans les intérêts vitaux de l'organisme, l'expérience se présenterait comme un chaos complet de sensations indiscriminées assaillant toutes en mêmes temps l'individu. Les intérêts pratiques font le tri parmi ces millions d'excitations physiques qui se présentent à nos sens à chaque instant : ne sont remarquées et donc retenues que celles qui intéressent l'organisme pour l'ajustement de sa conduite. Seul l'ensemble de ces données sensibles où l'individu perçoit déjà les lignes de son action possible mérite d'être appelé « l'expérience » : loin d'être tout ce qui est passivement reçu sur la table rase de l'esprit, l'expérience, *mon* expérience « est ce à quoi j'accepte de prêter attention » [1]. Si les chiens n'ont pas la même expérience des statues que leurs maîtres, c'est que les premiers, pour des raisons territoriales, font moins attention à leur beauté qu'aux odeurs de leurs piédestaux. Si Pierre n'a pas la même expérience de l'Italie que son compagnon de voyage, c'est qu'il est plus attentif à l'histoire du pays qu'aux charmes de ses habitantes. Pour Dewey, il faut même aller plus loin : il n'y a expérience que lorsque que ce qui est reçu est reçu comme la conséquence de ses propres actions. Un homme endormi qui se fait surprendre par un incendie provoqué chez son voisin et voit sa main brûlée n'a pas, à proprement parler, une expérience. Mais lorsqu'un enfant se brûle la main en cherchant à attraper une bougie, la sensation de douleur devient une expérience dans la mesure où l'enfant la met en rapport avec le mouvement de son propre bras, si bien que sa conduite ultérieure envers le feu en sera modifiée. Il percevra dorénavant le feu *comme* pouvant brûler et faire mal (et non plus seulement comme lumineux) : cette nouvelle expérience visuelle n'est pas une pure donnée mais porte désormais une signification, car elle est en continuité avec son expérience antérieure. Chaque véritable expérience modifie ainsi le sujet et affecte à son tour la qualité des expériences suivantes, selon un principe de continuité ou de croissance qui fait résider la signification de chaque expérience dans leurs conséquences futures sur le développement de l'individu (une expérience fourvoyante, plutôt que mauvaise, étant une expérience qui empêche d'anticiper sur de nouvelles expériences ou de faire de nouvelles expériences, c'est-à-dire qui arrête le processus de croissance) [2]. Toute expérience authentique est ainsi une épreuve, au sens où elle modifie le sujet qui la fait. On voit que cette analyse de Dewey intègre les trois sens de l'expérience : elle est instructive, sensible et active.

Quoi qu'il en soit des orientations propres de James et de Dewey, la nouvelle conception de l'expérience telle que les pragmatistes la dégagent d'une réflexion philosophique conjointe sur la signification de la méthode expérimentale en science et sur la signification de la nouvelle approche biologique de l'esprit en psychologie, déplace l'intérêt du passé au futur, du passif à l'actif et des origines aux consé-

1. W. James, *Principles of Psychology*, New York, Dover, 1890, vol. 1, p. 402.
2. *Cf.* J. Dewey, *Expérience et éducation* (1938), Paris, Armand Colin, 1968.

quences[1]. C'est William James, pour Dewey, qui a renouvelé ainsi l'empirisme en initiant cette nouvelle conception de l'expérience, lorsqu'il a déclaré que la signification et la valeur des idées se trouvaient non pas tant dans les expériences dont elles dériveraient que dans les expériences futures auxquelles elles conduiraient si on les mettait en pratique[2]. Les idées ou les théories se définissent non pas par leur origine, mais par leur fonction. Il faut qu'elles ouvrent la possibilité de conséquences concrètes dans le cours futur de notre expérience et de notre action – selon le précepte que toute différence théorique doit faire une différence dans la pratique. Les idées générales en particulier n'ont pas seulement pour rôle d'enregistrer et de résumer des expériences passées, mais elles ont surtout pour fonction de servir de guide pour anticiper, organiser et contrôler les expériences futures. Comme les cartes, elles sont à la fois des résumés de l'expérience passée et des raccourcis pour les expériences futures. Ainsi, posséder les catégories générales de « genre » et d'« espèce », c'est posséder de formidables instruments de pensée pour mettre de l'ordre dans l'enchevêtrement et la variété du flux de l'expérience sensible tel qu'il nous est immédiatement donné, permettant d'agir dans cette expérience avec un meilleur contrôle de la situation. Sachant que tel individu rencontré peut être classé comme un « chien » malgré sa singularité irréductible du point de vue de l'expérience immédiate, je sais qu'il est probable qu'il partage les caractéristiques de son espèce et j'adapte mon comportement envers lui en conséquence. L'idée d'« espèce », quelles que furent par ailleurs son origine et son mode de formation (peut-être quelque ancêtre préhistorique de génie), trouve son sens et sa valeur dans cette différence pratique qu'elle permet de faire dans le cours de mon expérience, lors de mes futures interactions avec des éléments de mon environnement[3]. Le pragmatisme américain se présente ainsi comme une extension de

1. L'empirisme logique a repris ce déplacement, qu'on peut lire aussi bien dans son principe vérificationniste que dans la distinction entre contexte d'origine et contexte de justification.

2. C'est en réalité Peirce qui est à l'origine de la maxime pragmatiste, que James tire dans un sens empiriste. Peirce a plus insisté sur la version expérimentaliste du pragmatisme que James, qui, lui, a développé plus longuement dans sa psychologie la version naturaliste ou biologique en termes de réaction. Dewey a tenté une synthèse des deux.

3. *Cf.* W. James, *Le pragmatisme* (1907), Paris, Flammarion, 2007, chap. V.

l'empirisme anglais, avec cette différence fondamentale qu'il insiste sur les possibilités d'action et de changement dans l'expérience (dans le but de l'améliorer), plutôt que sur les facultés de réception. Il va ainsi de pair avec une métaphysique indéterministe (le pluralisme), qui soutient qu'il y a des changements et des nouveautés réels qui se produisent dans l'expérience, alors que les empiristes classiques, insistant sur l'uniformité du cours de l'expérience, étaient plus volontiers déterministes.

L'EXPÉRIENTIEL

Pour Dewey, le pragmatisme a renouvelé la conception empiriste de l'expérience en tenant compte du caractère expérimental des sciences modernes et du caractère comportemental de la psychologie moderne. Sur ces deux modèles, l'expérience est donc conçue comme publique, objective et observable en troisième personne – ce qui évite selon lui de tomber dans les difficultés d'un empirisme subjectiviste, où l'expérience est définie en terme purement mentaux (au lieu de se définir en termes d'interactions entre un organisme et son environne-ment), si bien qu'on soit toujours tenté de penser qu'elle forme comme un écran entre l'individu et le monde, ce qui aboutirait à la conclu-sion ruineuse qu'un individu ne ferait jamais que l'expérience de ses propres expériences, et non du monde lui-même. C'est la raison pour laquelle il distingue dans l'œuvre de James deux moitiés d'inégale valeur : James aurait notamment fait juxtaposer une psychologie subjective centrée sur l'étude introspective des états internes, dont le chapitre sur le courant de conscience est le morceau de bravoure, mais qu'il faut abandonner comme ligne de recherche, et une psychologie objective et biologique, qu'on repère dans les analyses fonctionna-listes qui font des différentes facultés autant d'instruments téléolo-giques, et qu'il convient de prolonger philosophiquement pour aboutir au pragmatisme[1]. Pourtant, il faut reconnaître que le premier aspect a tout autant contribué à renouveler le concept d'expérience que

---

1. *Cf.* par exemple, J. Dewey, « Le développement du pragmatisme américain », *Revue de métaphysique et de morale*, 1922, p. 424.

l'aspect objectif et plus expérimental, même si c'est dans une autre direction à certains égards opposée. Au tournant des XIXe et du XXe siècles, dans un contexte de naturalisation de la psychologie, certains penseurs se sont appuyés sur l'idée d'une irréductibilité de l'expérience interne pour contester l'importation de la méthode expérimentale dans l'étude de l'esprit et plus largement toute prétention à étudier la conscience comme s'il s'agissait d'un objet naturel (une chose). La méthode pour démontrer cette spécificité des expériences internes tient dans une exigence de description aussi fidèle que possible à ce qui se donne tel qu'il se donne immédiatement à la conscience. Il s'agit d'opposer le point de vue de l'intuition ou de la description, permettant d'être fidèle aux données immédiates, au point de vue de l'explication, qui traduit irrémédiablement ce qui se donne dans les termes d'un autre langage, dont il n'est pourtant pas fait l'expérience – comme par exemple les «atomes psychiques» des empiristes classiques ou les «états cérébraux» des psycho-physiologues. Cette exigence est à l'origine d'une quatrième conception de l'expérience, qui n'ajoute pas vraiment un nouveau sens au concept, mais qui insiste plutôt sur une dimension toujours présente et pourtant largement méconnue de l'expérience, à savoir qu'elle est vécue, en en faisant son caractère constitutif. L'expérience vécue, c'est l'expérience telle qu'elle peut être «phénoménalement» décrite lorsque je m'en tiens à ce qui m'apparaît purement et simplement, sans présupposer aucun savoir préalable sur ce qui apparaît : l'objet ou le monde tel qu'il est vécu, l'espace ou le temps tels qu'ils sont vécus ne se confondent pas avec l'objet matériel ou le monde naturel, l'espace ou le temps mesurables. L'allemand a le terme d'«*Erlebnis*» pour souligner cet aspect de l'expérience, par opposition à «*Erfahrung*» où se condensent les autres sens que nous avons vus. En anglais, le verbe «*to experience*», grâce à son emploi transitif, permet également de l'exprimer[1]. En

---

1. Dans une étude sur James, Émile Boutroux a fait ressortir ce sens particulier du verbe anglais « qui veut dire, non constater froidement une chose qui se passe en dehors de nous, mais éprouver, sentir en soi, vivre-soi-même telle ou telle manière d'être... », (*William James*, Paris, Armand Colin, 1911, p. 55). Ce passage est cité par Bergson dans son propre commentaire de James lorsqu'il distingue les vérités senties et vécues des vérités (seulement) pensées, cf. *La pensée et le mouvant* (1938), Paris, PUF, 2009. R.B. Perry, dans sa monumentale étude de James, parle également de son «*experien-*

français, le vocabulaire de Lalande propose les équivalents «expériencier» et «expérientiel» comme très utiles pour distinguer ce sens de ceux d'«empirique» et d'«expérimental»[1]. Après l'opposition entre l'expérience et la raison, où l'enjeu, pour un philosophe de l'expérience, était de faire basculer la notion d'expérience du sens empirique dévalorisé vers le sens empiriste revalorisé, se creuse une opposition parmi les philosophes de l'expérience eux-mêmes, entre les plus «positivistes» (en un sens large), qui ont tendance à identifier l'expérience à l'expérimental et les plus «phénoménologiques» (en un sens large), qui veulent montrer que non seulement l'expérimenté ne couvre pas le champ de l'expérience en général, mais doit même s'appuyer sur un expériencié plus originaire.

Cette réaction anti-naturaliste contre la restriction du champ de l'expérience à ce qui peut seulement faire l'objet d'une approche expérimentale est un des points de convergence du bergsonisme et de la phénoménologie, et ce n'est pas un hasard si Bergson et Husserl ont tout deux rendu hommage à James précisément pour la richesse descriptive de ses analyses introspectives, dans une lecture symétriquement inverse de celle de Dewey[2]. Nous ne chercherons pas ici à

---

tialism» (qui est un intuitionnisme et un immédiatisme), cf. *The Thought and Character of William James*, Boston, Little, Brown and Company, 1935, vol. I, chap. XXVI, note p. 456 et chap. XXXV, p. 564-572.

1. *Cf.* A. Lalande, *Vocabulaire technique et critique de la philosophie* (1902-1923), Paris, PUF, 1992, «Expériencier» et «Expérientiel», notamment les «observations», t. I, p. 323.

2. Bergson : «Certes, ses *Principes de psychologie* sont d'un grand savant : fondateur du premier laboratoire de psychologie expérimentale qu'on ait eu en Amérique, spécialement préparé par ses études médicales à utiliser les ressources de la psychologie pathologique, il a su tirer parti des méthodes les plus neuves. Et pourtant, la véritable nouveauté du livre, son originalité profonde, réside dans l'application que l'auteur a faite du procédé le plus ancien, le plus connu, le plus banal : l'observation intérieure. Cette méthode semblait avoir fourni tout ce qu'elle pouvait donner ; et voici qu'entre les mains de James, elle faisait l'effet d'un instrument dont on se fût servi pour la première fois. Ce que nous avions pris jusqu'alors pour une description des faits, apparaissait comme un tissu d'idées préconçues, d'hypothèses, de théories ; le voile tombait, qui s'interpose chez chacun de nous entre sa conscience et sa personne ; on apercevait l'âme humaine à nu» (*Mélanges*, Paris, PUF, 1972, p. 1471) ; Husserl : «La *Psychologie* de James, dont je ne pouvais lire que quelques petites parties, a suscité quelques éclairs. Je voyais comment un homme audacieux et original ne se laissait lier par aucune tradition et cherchait à fixer et à

poser la question de la double postérité de James, qu'incarne les deux philosophies de l'expérience opposée dont nous avons parlé ; nous ne tenterons pas non plus de montrer la cohérence interne, chez James, de ces deux aspects qui semblent s'opposer ; nous nous contenterons de présenter une de ses analyses descriptives si influentes, pour donner un exemple concret de retour au vécu de la conscience et de la manière dont il a pu renouveler l'empirisme comme philosophie de l'expérience. Il écrit ceci :

> dans notre conscience du tonnerre, la conscience du silence qui le précédait rôde et se poursuit ; car ce que nous entendons lorsque le tonnerre éclate, ce n'est pas du tonnerre *pur* mais du tonnerre-interrompant-le-silence-et-contrastant-avec-lui. Notre sentiment [feeling] à l'égard du même coup de tonnerre objectif entendu après le silence est tout à fait différent de ce qu'il serait si ce coup en avait suivi un autre. On croit que le tonnerre lui-même détruit et anéantit le silence ; mais le *sentiment* du tonnerre est aussi le sentiment du silence qui vient de disparaître, et il serait difficile de trouver dans la conscience véritablement concrète d'un homme un sentiment tellement limité au présent qu'il n'ait pas d'intuition de ce qui est arrivé avant [1].

Revenir à l'expérience du tonnerre telle qu'elle est réellement vécue ou éprouvée exige d'abord un double effort de mise entre parenthèse de l'objet réel dont il est fait l'expérience et du langage habituel dans lequel on traduit cette expérience. Comme chez Bergson ou chez Husserl, les données immédiates ne sont pas immédiatement données,

décrire ce qu'il intuitionnait. Sans doute cette influence n'a-t-elle pas été sans importance pour moi, quoique je n'aie pu lire et comprendre très peu de pages. Effectivement, décrire et rester fidèle, c'était tout à fait nécessaire » (*Introduction à la logique et à la théorie de la connaissance*, Paris, Vrin, 1998, p. 401) ; « Il sera intéressant pour le public anglais de voir comment le noyau le plus précieux des œuvres de James, ses remarques géniales sur la psychologie descriptive des fonctions intellectuelles, se laisse détacher de la psychologie comme science de la nature, et par là de toutes les objectivations transcendantes du genre de celles de la science empirique (comme « homme », « monde », « état psychique déterminé psychophysiquement », etc.) … » (*Briewwechsel*, Bd VI, p. 334) – ces deux derniers passages sont cités et commentés dans J. Benoist, « Phénoménologie ou pragmatisme ? Deux psychologies descriptives », *Archives de philosophie*, Automne 2006, tome 69 – cahier 3, p. 415-441).

1. W. James, *Précis de psychologie* (1892), Paris, Les Empêcheurs de penser en rond, 2003, p. 115-116. Dans ce qui suit, nous commentons ce passage en nous référant à l'ensemble du chapitre sur le « courant de conscience » dont il est tiré.

au sens où l'esprit se détourne, pour des raisons pratiques, de la conscience qu'il a des objets pour se tourner vers les objets dont il a conscience, car c'est à ces objets qu'on a affaire dans la vie. Les psychologies traditionnelles (notamment empiristes) se sont four-voyées parce qu'elles ont méconnu la nature subjective des états de conscience en les analysant d'après leurs objets et selon les mots du langage courant dont elles héritaient. Une fois cette « innocence de l'œil » retrouvée, la conscience apparaît avec des caractéristiques qui singularisent absolument le domaine de l'expérience vécue.

Premièrement, chaque expérience est unique et aucune ne revient identique à elle-même, si bien que l'expérience en général est en constant changement, ce que nous ne verrions pas si nous nous laissons entraîner par notre intérêt pour les objets, car nous faisons certes l'expérience du même objet, mais jamais dans la même expérience. Même si le coup de tonnerre était enregistré et repassé à notre insu, nous n'aurions pas la même expérience que précédemment, précisé-ment parce que l'expérience précédente prenait place sur fond de silence (et d'un silence singulier), alors que l'expérience présente viendrait après un premier coup de tonnerre. C'est pourquoi il ne faut pas se laisser guider par le langage, qui n'est pas fait pour faire ressortir les nuances singulières de chaque expérience, mais pour asserter l'identité des objets dans l'unicité d'un même terme : « coup de tonnerre ». D'où le rêve de James d'un langage suffisamment souple, où les noms ne seraient pas inaltérables mais pourraient changer de forme pour suivre l'expérience changeante qu'ils dési-gnent – langage dont les expressions à tirets qu'il utilise donne une vague idée, langage inutilisable bien sûr, mais qui se veut fidèle à l'expérience telle qu'elle est immédiatement donnée. Deuxièmement, chaque expérience se prolonge dans l'expérience suivante, si bien que l'expérience en général est continue, ce que nous ne verrions pas si nous l'analysons d'après les objets discrets dont nous faisons l'expé-rience. L'expérience du tonnerre ne vient pas interrompre le courant de conscience comme le tonnerre objectif rompt le silence qui le précédait ; au contraire, elle emporte avec elle quelque chose de l'expérience précédente du silence, ce qui lui confère précisément sa qualité unique. Les différences qu'on repère dans le courant continu de notre expérience sont donc seulement des changements dans le rythme de passage d'une expérience à une autre. Troisièmement, chaque expérience n'a pas de contours ou de limites bien arrêtées, contrairement aux objets réels, puisque chacune se dissout plus ou moins rapidement dans l'expérience suivante. Il s'ensuit que toute expérience n'est pas limitée à l'instant présent, mais qu'elle dure un certain temps puisqu'elle enveloppe quelque chose de l'expérience précédente en train de mourir et quelque chose même de l'expérience suivante en train de naître. Ce qu'on appelle couramment le « présent », désignant par là un instant simple bien distinct du passé et du futur, n'est pas une donnée de l'expérience mais une abstraction conçue à des fins pratiques. Quatrièmement enfin, non seulement l'expérience est continue, changeante, épaisse en durée, mais nous faisons l'expérience de cette continuité, de ce changement et de cette durée mêmes. Ils nous sont donnés dans ou grâce à des états de conscience originaux, que James appelle les états « transitifs » pour les distinguer des états « substantifs » qui rapportent les objets stables. Là encore, le fait que le langage soit centré sur les états substantifs rend compte de cet oubli de la psychologie introspective traditionnelle pour toutes ces expériences de relation entre nos expériences, d'autant plus difficile à saisir qu'elles semblent se dissiper lorsqu'on tente de les fixer par l'observation intérieure – et James rêve encore d'un langage où l'on pourrait parler d'un sentiment de « et », d'un sentiment de « si », d'un sentiment de « par » aussi littéralement que l'on parle de l'expérience du « bleu », du « froid » ou du « bruit de tonnerre ». Entre l'expérience du silence, comme premier état substantif relativement stable, et l'expérience du tonnerre, comme second état substantif relativement discernable, il y a une transition, aussi rapide soit-elle, qui est tout aussi expériencée que ses termes. Ces sentiments de transitions sont plus facilement observables lorsque celles-ci sont à l'état de simples tendances vers un état substantif non encore atteint ou rempli, comme c'est le cas lorsque nous tendons notre attention vers un objet à paraître, que nous cherchons un mot oublié dans de multiples directions ou que nous avons l'intention de dire quelque chose avant même que l'image de mots précis ne se forme. L'expérience d'un objet (qu'il soit perçu ou pensé) n'est pas séparable de cet halo de tendances qui rayonnent autour de l'état substantif qui le rapporte, si bien que cette expérience n'a pas la forme d'un point atomique ou d'une figure nette, mais celle d'un champ où le foyer plus éclairé de l'attention présente, centré sur l'objet, est entouré de franges qui se perdent peu à peu dans les ténèbres de l'inconscience, et qui indiquent autant de directions possibles que peut prendre notre conscience.

Aux yeux de James, une telle description n'a pas seulement pour but de remédier aux défauts d'une psychologie trop « objectiviste » comme l'est la psychologie associationiste, qui a fini par substituer aux expériences réellement vécues (le « donné ») des constructions hypothétiques comme les « impressions » ou « idées » invariables, discrètes, aux limites bien arrêtées, reliées entre elles par des « associations » qui ne seraient pas de même nature qu'elles, comme le ciment fait tenir les briques ensemble. Un tel retour aux données immédiates de la conscience permet en effet de refonder la philosophie empiriste sur une nouvelle conception, plus riche, de l'expérience. Tel est le programme de son empirisme radical, qu'il résume de la manière suivante :

> L'empirisme radical consiste d'abord en un postulat, ensuite en la constatation d'un fait, et enfin en une conclusion généralisée. 1. Le postulat est que les seules choses dont on devrait discuter entre philosophes doivent être des choses définissables en termes tirés de l'expérience. [les choses qui ne peuvent par nature faire l'objet d'une expérience peuvent bien exister *ad libitum*, mais elle ne font pas partie du matériau du débat philosophique.] 2. La constatation de fait, c'est que les relations entre les choses, conjonctives aussi bien que disjonctives, sont tout autant l'objet d'expériences particulières directes, ni plus ni moins, que les termes eux-mêmes.
> 3. La conclusion généralisée est par conséquent que les parties de l'expérience se tiennent ensemble de proche en proche par des relations qui font elles-mêmes partie de l'expérience. En bref, l'univers, tel qu'il est appréhendé directement, n'a besoin d'aucun support connectif trans-empirique venant de l'extérieur, mais possède en propre une structure continu ou en concaténation [1].

---

1. W. James, *La signification de la vérité* (1909), Lausanne, Éditions Antipodes, 1998, p. 25 (trad. modifiée); *cf.* également les cinq premiers articles des *Essais sur l'empirisme radical* (1912), Paris, Champs-Flammarion, 2007. L'empirisme radical de James est aussi associé à la notion complexe d'« expérience pure ». En première instance, elle signifie que le sujet de l'expérience n'est pas une condition préalable à l'expérience (comme l'Ego transcendantal chez Kant), mais une construction *a posteriori* à partir d'un matériau sensible neutre, c'est-à-dire qui se présente dans son immédiateté comme n'étant encore ni objectif ni subjectif, ni physique ni mental.

Les empiristes classiques ont critiqué avec succès la métaphysique de la substance au nom de l'expérience – critique de la notion d'âme par Locke, de matière par Berkeley, de relations essentielles et nécessaires entre les faits par Hume –, mais leur conception mutilée du donné, qu'ils se représentaient comme une « rhapsodie » d'éléments atomiques séparés les uns des autres (les impressions, les idées, les sensations, etc.), avaient été le meilleur atout pour la naissance d'un rationalisme moderne, de type relationnel et non plus substantiel. Aux dualités classiques de la substance et de ses modes, de l'essence et des accidents, s'est substituée la dualité moderne de la relation et de ses termes. Certes, l'ordre de l'expérience n'est plus à chercher dans un support invariable inconnu sous les apparences accidentelles, mais dans les rapports des expériences entre elles, ce qui était la thèse des empiristes associationnistes (pas d'inhérence, que des cohésions). Mais ces relations elles-mêmes, selon les rationalistes, ne peuvent faire l'objet d'expérience; universelles et nécessaires, elles sont d'une autre nature que leurs termes, qui sont des expériences sensibles, particulières et variables. L'unification des expériences dans des groupes stables (sujet et objet) et dans des séquences régulières (lois) ne s'explique plus par des substances ou des forces, mais par des relations qui sont, tout comme les anciennes substances, d'un autre ordre que ce qu'elles sont chargées d'unifier : le dualisme métaphysique des plans est reconduit sous une autre forme. Les nouvelles notions qui apparaissent alors, avec Kant et les post-kantiens, comme celles de synthèse, de catégorie, de forme ou d'Absolu, désignent toutes non plus des entités substantielles mais des relations supérieures ou des activités supérieures de mise en relation chargées d'ordonner et d'unifier un donné sensible conçu comme une multiplicité chaotique d'éléments distincts et séparés. La conception atomiste du donné revient à expulser hors de l'expérience les relations, aboutissant dialectiquement à l'effort des rationalistes pour invoquer des agents d'unification situés au-delà de l'expérience pour en corriger la prétendue dispersion et incohérence. Le meilleur atout de ces invocations de principes *a priori* et transcendants l'expérience est ainsi la conception mutilée de l'expérience dans l'empirisme classique, si bien qu'il faut un empirisme plus radical, pour répondre à ce nouveau rationalisme. Radicaliser l'empirisme, par fidélité au projet empiriste, c'est donc faire valoir que l'expérience possède tout ce qu'il faut en elle-même pour rendre compte de l'ordre qu'on y constate, puisque les relations qui relient les expériences sont elles-mêmes des relations dont on fait l'expérience – suivant la généralisation ontologique de la thèse psychologique selon laquelle les états transitifs sont des états de conscience au même titre que les états substantifs. Il n'est donc pas besoin de faire appel, comme à des réquisits logiques, à des agents dont il n'y a pas d'expérience possible pour faire le travail qui est déjà accompli dans et par l'expérience. Par exemple, la relation de connaissance entre une représentation et son objet n'est pas rendue possible grâce à un appareillage catégorial *a priori* : elle est donnée dans ces expériences de transitions qui nous mènent concrètement, dans le monde empirique, de l'idée de l'objet à l'objet dont elle est l'idée – de l'idée de tigre au tigre dans le zoo, par l'intermédiaire des images de tigres et du métro par exemple. Si une telle transition à travers des intermédiaires particuliers et concrets entre la représentation comme terminus *a quo* et l'objet comme terminus *ad quem* peut faire l'objet d'une expérience, alors il y a bien connaissance et il n'est besoin de rien de plus pour rendre compte de la correspondance entre nos représentations et leurs objets.

L'EXPÉRIENCE COMME ATTITUDE

Malgré les conceptions très différentes de sa nature au cours de l'histoire de l'empirisme – répétition de cas semblables, donnée sensible, résultat observable d'opérations, pur apparaître dans son immédiateté –, l'expérience a conservé des fonctions similaires depuis Locke jusqu'à James, Dewey et au-delà, qui montre la continuité d'une attitude. Comme le notait bien Dewey à propos de l'empirisme classique, la première vertu de l'expérience est négative ou limitative, et l'empirisme est la véritable philosophie critique comme le véritable crépuscule des idoles. Que ce soit l'Âme ou le Sujet, la Matière ou le Néant, la Cause ou l'Absolu, toutes ces grandioses notions sont répudiées par l'empiriste qui n'y voit que mots obscurs et coquilles vides, fantômes de notions ou pseudo-concepts dénués de sens, idoles en tout cas de la tribu des métaphysiciens. Parce que les métaphysiciens d'hier comme d'aujourd'hui prétendent apporter des connaissances là où il n'y a pas d'expérience possible de ce dont ils parlent, parce qu'ils s'affranchissent ainsi de toute conditions qui permettraient de vérifier collectivement ou simplement pour soi-même si ce qu'ils en disent est vrai ou non, l'appel à l'expérience, quelle qu'en soit sa définition, reste une exigence.

Stéphane MADELRIEUX
Université Jean Moulin Lyon III

LES EMPIRISTES LOGIQUES ET L'EXPÉRIENCE

INTRODUCTION

L'épistémologie des empiristes logiques est souvent perçue comme un simple prolongement du programme empiriste de fondement de la connaissance sur la base de l'expérience, à la seule différence près que les premiers ont disposé de moyens techniques plus sophistiqués. Quine a contribué à propager une telle lecture, en affirmant par exemple que ces philosophes s'étaient donné pour tâche de montrer que toute notre connaissance du monde pouvait être rapportée à l'expérience afin de « doter de la pleine autorité de l'expérience immédiate les vérités de la nature »[1]. Une telle appréciation a été favorisée par certains écrits des empiristes logiques eux-mêmes, comme en témoigne cette citation de Carnap, qui, en 1963, décrivait en ces termes la position des membres du cercle de Vienne[2] :

> Nous supposions qu'il y avait un certain roc au fondement de la connaissance : la connaissance du donné immédiat, qui était indubitable. Tout autre type de connaissance était censé être fermement supporté par cette base, et par conséquent également décidable avec certitude. C'est là l'image que j'avais donnée dans *La Construction logique*[3].

---

1. W.v.O. Quine, « L'épistémologie naturalisée » (1969), dans S. Laugier et P. Wagner (dir.), *Philosophie des sciences*, Paris, Vrin, 2004, vol. 2, p. 42.

2. Pour une mise au point sur les termes « empirisme logique », « positivisme logique », « cercle de Vienne », et pour une présentation générale de ce mouvement, voir notamment l'introduction à l'anthologie, *L'Âge d'or de l'empirisme logique*, Ch. Bonnet et P. Wagner (éds.), Paris, Gallimard, 2006.

3. R. Carnap, *Intellectual Autobiography*, dans P.A. Schilpp, *The Philosophy of Rudolf Carnap*, LaSalle (Ill.), Open Court, 1963, p. 57. L'ouvrage mentionné par Carnap

Mais cette interprétation n'est au mieux que partielle. L'objectif de ce chapitre est de montrer que la spécificité du programme des empiristes logiques se situe tout autant dans son écart par rapport à l'empirisme traditionnel que dans sa filiation revendiquée.

Un point de rupture évident avec l'empirisme classique concerne le statut de la logique et des mathématiques. Les empiristes logiques s'accordent pour admettre que ces dernières, en tant que sciences *formelles*, sont dépourvues de tout contenu cognitif. Il s'agit de simples outils qui nous permettent d'organiser nos connaissances factuelles et, à ce titre, elles ne font appel à aucune expérience, ni en ce qui concerne leur constitution, ni en ce qui concerne leur validation ou leur objet. Comme le résument Feigl et Blumberg : « la logique, par sa nature même, n'a pas de rapport avec l'expérience puisqu'elle concerne la structure interne du langage »[1]. Les auteurs du manifeste du cercle de Vienne soulignent en outre que « cette conception ne s'oppose pas seulement à l'apriorisme et à l'intuitionnisme, mais aussi à l'ancien empirisme (par exemple Mill) qui a voulu dériver la mathématique et la logique en quelque sorte expérimentalement et inductivement »[2].

Par opposition aux sciences formelles, les sciences du réel sont dotées d'un contenu factuel : elles seules délivrent à proprement parler une connaissance sur le monde. Ces dernières recouvrent l'ensemble des sciences empiriques : la physique, la biologie et la chimie, mais aussi la sociologie, l'histoire, la psychologie… L'idée d'une partition entre sciences de la nature et sciences de l'esprit, introduite au XIXᵉ siècle par Dilthey, se voit ainsi rejetée par les empiristes logiques. Selon ces derniers, le champ de la connaissance factuelle est unifié, au sens où il n'y a pas de modalités cognitives distinctes (telles que le calcul ou l'empathie) ni de genres de connaissance distincts (connaissance quantitative et connaissance qualitative par exemple). Toute la connaissance que nous pouvons avoir du monde est exprimable au

---

est *La Construction logique du monde*, paru en 1928 et communément désigné par l'abréviation de son titre allemand : l'*Aufbau*.

1. A. Blumberg et H. Feigl, « Le positivisme logique » (1931), trad. fr. P. Wagner, dans Ch. Bonnet et P. Wagner (éds.), *L'Âge d'or de l'empirisme logique*, *op. cit.*, p. 138.

2. « La conception scientifique du monde. Le cercle de Vienne » (1929), dans A. Soulez (dir.), *Le Manifeste du Cercle de Vienne et autres écrits*, Paris, PUF, 1985, p. 121, rééd. Paris, Vrin, 2010.

moyen d'énoncés logiquement structurés. Comme le note Schlick, « toute connaissance véritable est expression [...] cela constitue l'essence même de la connaissance, qu'elle soit scientifique ou ordinaire »[1]. Ainsi, conformément au tournant linguistique dont ils ont été parmi les principaux acteurs, les empiristes logiques sont conduits à traiter les problèmes liés à la caractérisation de la connaissance en termes non pas des capacités du sujet connaissant, mais des propriétés de systèmes de concepts et d'énoncés adaptés à l'expression de notre connaissance du monde.

Cette nouvelle approche les conduit à réévaluer de manière importante le statut de l'expérience par rapport à la connaissance. L'expérience joue bien sûr un rôle décisif pour les sciences du réel : ces dernières ne sauraient être établies ni évaluées indépendamment d'elle. Cependant, loin d'assimiler la première à la seconde, les empiristes logiques insistent au contraire sur les caractéristiques distinctes de chacune d'entre elles et sur leur irréductibilité réciproque. Connaître implique de pouvoir mettre en relation des concepts et d'articuler, conformément à des règles logiques, des structures conceptuelles permettant de décrire et de prédire les événements du monde. L'expérience renvoie pour sa part de manière privilégiée à l'observation, cette dernière étant assimilée à la perception sensorielle[2]. Or, ainsi conçue, elle manque des propriétés structurelles et formelles propres à la connaissance.

---

1. M. Schlick, *Forme et contenu. Une introduction à la pensée philosophique* (1932), trad. fr. D. Chapuis-Schmitz, Marseille, Agone, 2003.

2. Le concept d'expérience des empiristes logiques s'avère ainsi relativement pauvre. Il renvoie à la simple réception passive d'informations au moyen des sens et, sur ce point, leur conception n'est pas éloignée de l'empirisme traditionnel. On notera qu'ils ne s'intéressent pas, ou peu, à l'expérience scientifique comme processus de mise à l'épreuve des hypothèses, contrairement à Duhem par exemple (voir *La Théorie physique, son objet, sa structure* (1910-1914), Paris, Vrin, 1997, 2e partie, chap. IV), ni, plus généralement, à l'expérimentation en sciences. Ce dernier point a fait l'objet plus récemment de nombreux travaux en philosophie des sciences, voir par exemple I. Hacking, *Concevoir et expérimenter* (1983), Paris, Christian Bourgois, 1989; A. Franklin, *The Neglect of Experiment*, Cambridge, Cambridge UP, 1986; A. Franklin, *Experiment, Right or Wrong*, Cambridge, Cambridge UP, 1990; P. Galison, *How Experiments End*, Chicago, Chicago UP, 1997; D. Mayo, *Error and the Growth of Experimental Knowledge*, Chicago, Chicago UP, 1996.

> Seule la structure (la forme d'ordre) des objets, non leur « essence », peut entrer dans la description scientifique. Ce qui relie les hommes dans le langage, ce sont les formules structurelles : elles représentent le contenu de la connaissance commune aux hommes. Les qualités vécues subjectivement sont en tant que telles seulement des expériences vécues, non des connaissances [1].

Toutefois, les Viennois ont bien pour projet de défendre un « *empirisme* moderne » et ils admettent à ce titre que toute connaissance synthétique entretient un rapport privilégié à l'expérience. Le problème consiste alors à définir plus précisément la teneur d'un tel rapport, ce qui peut être envisagé sous deux angles distincts : 1) quel est le rôle de l'expérience lors du processus de constitution de la connaissance ?, 2) quel est son rôle pour la validation, la justification ou la mise en cause des hypothèses ? Une formulation de ces questions plus conforme à l'approche linguistique est la suivante 1') de quelle manière les termes scientifiques sont-ils introduits sur la base de termes observationnels ?, 2') comment les hypothèses scientifiques sont-elles vérifiées sur la base de l'expérience ? Par ailleurs, l'expérience joue également un rôle décisif pour identifier le système conceptuel qui vaut comme connaissance du monde et, corrélativement, pour distinguer les sciences factuelles de la pseudo-science des métaphysiciens. Ainsi, après avoir mis en évidence la distance prise par les empiristes logiques à l'égard d'un empirisme réductionniste et examiné les réponses qu'ils ont apportées aux questions concernant le rôle épistémologique de l'expérience, nous préciserons le rôle de cette dernière dans le cadre du problème de la démarcation entre science empirique et métaphysique.

EXPÉRIENCE ET CONNAISSANCE : LA RÉDUCTION IMPOSSIBLE

Dans les années 1920, ceux qui allaient devenir les membres du cercle de Vienne se sont clairement démarqués de l'épistémologie réductionniste de l'empirisme classique en reconnaissant notamment le rôle essentiel des conventions lors de l'élaboration de la connaissance. En 1923, Carnap affirme par exemple :

---

1. « La conception scientifique du monde », art. cit., p. 119-120.

Après que la question des sources de la connaissance physique a été vivement débattue pendant une longue période, *on peut peut-être déjà dire aujourd'hui que l'empirisme pur a terminé son règne*. Que la construction de la physique ne puisse se reposer uniquement sur les résultats expérimentaux, mais qu'elle doive également faire usage de principes qui ne sont pas tirés de l'expérience, cela a été en effet annoncé par la philosophie depuis longtemps déjà [...] *Ce sont avant tout Poincaré et Dingler qui sont parvenus ici à des résultats importants*[1].

Dans sa thèse et dans ses premiers articles, publiés au début des années 1920, Carnap s'est ainsi attaché à examiner les décisions devant être prises pour déterminer plus précisément les différents éléments de notre connaissance : la structure de l'espace et du temps, la relation de causalité, les grandeurs physiques[2]. Il s'agit de décisions qui prennent appui sur certains aspects pertinents de notre expérience et, à ce titre, elles ne sont pas arbitraires. Toutefois, en tant qu'elles ne sont pas univoquement contraintes par l'expérience, elles sont conventionnelles. Carnap admet par conséquent que notre connaissance est sous-déterminée par rapport à l'expérience.

Dans son premier grand ouvrage d'avant la période viennoise, *La Théorie générale de la connaissance*, Schlick accorde également un rôle décisif aux conventions lors de la formulation de la connaissance scientifique[3]. Ces dernières interviennent « là où la nature présente une multiplicité continue et ininterrompue de relations homogènes, car on peut toujours y sélectionner tous les ensembles de relations que l'on veut »[4]. Schlick souligne en outre qu'il est nécessaire, pour parvenir à une connaissance précise et assurée, de définir les concepts

1. R. Carnap, « Über die Aufgabe der Physik und die Anwendung des Grundsatzes der Einfachstheit » [« Sur la tâche de la physique et l'application du principe de plus grande simplicité »], *Kant-Studien*, 28, 1923, p. 90, je souligne.

2. Voir R. Carnap, « Dreidimensionalität des Raumes und Kausalität : Eine Untersuchung über den logischen Zusammenhang zweier Fiktionen », *Annalen der Philosophie und philosophischen Kritik*, 4, 1924, p. 105-130 ; « Über die Abhängigkeit der Eigenschaften des Raumes von denen der Zeit », *Kant-Studien*, 30, 1925, p. 331-345 ; *Physikalische Begriffsbildung*, Karlsruhe, Braun, 1926.

3. M. Schlick, *Allgemeine Erkenntnislehre*, Berlin, Springer, 1918, 2e éd. révisée 1925 ; trad. fr. Ch. Bonnet, *Théorie générale de la connaissance*, Paris, Gallimard, 2009. Voir en particulier le 1re partie, chap. 11.

4. *Ibid.*

scientifiques indépendamment du régime instable et fluctuant de l'intuition[1], et il voit dans les définitions implicites un moyen de parvenir à cet objectif :

> Nous avons trouvé dans la définition implicite un moyen permettant une détermination complète des concepts et ainsi une rigoureuse exactitude de la pensée. Il a fallu pour cela, il est vrai, séparer radicalement le concept de l'intuition, la pensée de la réalité. Nous mettons certes les deux sphères en relation l'une avec l'autre, mais elles semblent n'avoir absolument aucun lien l'une avec l'autre, les ponts entre elles sont coupés[2].

Les définitions implicites permettent d'introduire un terme en fixant, au moyen d'axiomes ou de postulats théoriques, les relations qu'il entretient aux autres termes du système, et donc sans qu'il soit besoin de recourir à aucune forme d'expérience – contrairement aux définitions concrètes, qui consistent à indiquer l'objet auquel le terme introduit fait référence. Par conséquent, pour Schlick, le système conceptuel qui constitue la forme la plus achevée de la connaissance se voit établi non pas en rapport avec l'intuition, mais en rupture avec elle. De ce point de vue, la physique constitue la forme la plus avancée de la connaissance et Schlick maintient tout au long de sa carrière que « c'est vers elle que nous devons nous tourner pour comprendre la science »[3]. Les concepts fondamentaux d'une théorie physique sont en effet définis implicitement par des équations – l'intervention de l'intuition n'étant nécessaire, toujours selon Schlick, que lors de la vérification des hypothèses.

Mais alors que Schlick réduit le domaine de l'expérience au flot de l'intuition, dépourvu de toute permanence et de toute structuration, Carnap admet pour sa part, comme on l'a évoqué, que l'expérience présente un certain mode de structuration sur la base duquel il est possible d'établir les premiers niveaux de la connaissance. Cela vaut encore en 1928 lorsqu'il donne, dans la quatrième partie de l'*Aufbau*[4],

---

1. Schlick conçoit l'intuition comme l'appréhension d'un contenu sensoriel pur de toute détermination conceptuelle.

2. M. Schlick, *Théorie générale de la connaissance*, *op. cit.*, chap. 6.

3. M. Schlick, *Forme et contenu*, *op. cit.*, p. 105.

4. L'*Aufbau* est un ouvrage complexe, marqué par la diversité des influences subies par la pensée de Carnap au cours de sa rédaction, ce qui explique en partie la variété des

l'esquisse d'un système de constitution des concepts scientifiques dans lequel les concepts qui relèvent de l'expérience vécue fournissent la base unitaire à partir de laquelle sont définis les concepts relevant des niveaux supérieurs de la connaissance : la structure de l'espace-temps physique puis les objets physiques et, de façon programmatique, le psychisme d'autrui, les objets psychologiques, les valeurs, etc.

De plus, Carnap continue de maintenir dans cet ouvrage qu'il n'est pas possible de réduire complètement l'ensemble des niveaux supérieurs de la connaissance à la base expérientielle. Il est par exemple impossible de définir explicitement à partir des concepts de perception visuelle les concepts de couleurs attribués à des objets physiques [1]. Sur ce point, Carnap affirme par exemple :

> les conclusions tirées de ce qui est observé quant à ce qui ne l'est pas sont tout d'abord en nombre limité, puis enrichies ultérieurement, par exemple par reconnaissance d'une chose vue par moments (§ 135), par inférence à partir d'une loi de la nature (§ 135), ou à l'aide d'une observation étrangère (§ 144) [2].

Carnap admet en outre, au paragraphe 136, que les grandeurs d'état qui figurent dans les lois de la physique sont déterminées en faisant appel à des conventions, ce qui empêche de considérer, là encore, que ces concepts puissent être établis de façon univoque sur la base des concepts des niveaux antérieurs, et donc, finalement, sur la base de l'expérience vécue.

Loin d'être abandonnée, l'idée selon laquelle une épistémologie réductionniste n'est pas tenable sera maintenue, on va le voir, après le tournant linguistique. On peut conclure cette section en affirmant avec

interprétations auxquelles il a pu donner lieu. Ce n'est pas mon propos que d'entrer ici dans des débats exégétiques ; je mentionnerai simplement que l'interprétation phénoménaliste a fait place ces dernières années à une lecture qui met en lumière les accents néokantiens du projet carnapien. Voir A. Richardson, *Carnap's Construction of the World*, Cambridge, Cambridge UP, 1998, et M. Friedman, *Rediscovering Logical Positivism*, Cambridge, Cambridge UP, 1999, chap. 5 et 6.

1. C'est un point que Quine a bien noté dans « Les deux dogmes de l'empirisme » (1953), dans W.v.O. Quine, *Du point de vue logique*, trad. fr. S. Laugier (dir.), Paris, Vrin, 2003, p. 74.

2. R. Carnap, *La Construction logique du monde* (1928), trad. fr. Th. Rivain revue par E. Schwartz, Paris, Vrin, 2002, § 127.

Jacques Bouveresse – et contre la lecture quinienne selon laquelle l'épistémologie des empiristes logiques serait à inscrire dans la droite ligne du réductionnisme phénoménaliste – que ces derniers se sont attachés à «comprendre dans quelle direction, par quels chemins et de quelle distance les concepts et les propositions de la science s'éloignent de l'expérience»[1]. Une fois cela posé, il reste à déterminer comment s'établit le rapport entre expérience et connaissance et quelle est sa nature. Comme nous l'avons noté en introduction, une telle question peut se poser à deux niveaux: celui des termes et celui des énoncés scientifiques. Nous allons les examiner tour à tour dans les deux sections qui suivent.

OBSERVATION ET THÉORIE

À partir des années trente, un changement important s'opère dans la conception carnapienne de la philosophie: Carnap propose de remplacer la théorie de la connaissance, qu'il pense être entachée de psychologie, par la logique de la science, dont le but est de formuler des systèmes de règles déterminant des cadres linguistiques pour la science[2]. L'expérience se voit alors rejetée en tant que telle du champ de l'investigation philosophique, cette dernière s'intéressant désormais aux seules propriétés logico-formelles de systèmes linguistiques adaptés à l'expression de la connaissance scientifique. La distinction entre expérience et connaissance reste toutefois une caractéristique importante de la position carnapienne, mais elle prend dorénavant la forme d'une distinction entre observation et théorie: ce n'est plus l'expérience vécue d'un individu qui intéresse Carnap, mais l'observation en tant que processus pouvant être caractérisé par les sciences empiriques, la biologie et la psychologie notamment. La distinction entre observation et théorie s'établit par conséquent de part et d'autre de la frontière qui sépare les sciences empiriques de la logique de la

---

1. J. Bouveresse, «La théorie et l'observation dans la philosophie des sciences du positivisme logique», dans F. Châtelet (éd.), *Le XXe siècle. Histoire de la philosophie VIII*, Paris, Hachette, 1973, p. 81.

2. Voir par exemple R. Carnap, «De la théorie de la connaissance à la logique de la science», trad. fr. P. Wagner, dans Ch. Bonnet et P. Wagner (éds.), *L'Âge d'or de l'empirisme logique, op. cit.*

science. Dans le champ de cette dernière, seule la distinction entre termes ou énoncés d'observation d'une part, et termes ou énoncés théoriques d'autre part, s'avère pertinente. Ainsi, si Carnap n'abandonne pas l'idée selon laquelle expérience et connaissance entretiennent un rapport privilégié, il renouvelle cependant de façon fondamentale la manière d'appréhender le problème : il s'agit désormais de déterminer le rapport entre termes observationnels et termes théoriques.

Carnap est resté fidèle à la distinction entre ces deux types de termes et il a proposé différentes solutions possibles au problème de leur rapport – l'enjeu étant à chaque fois de préciser, dans la perspective de la logique de la science, le sens auquel on peut prétendre que l'observation constitue la base de la connaissance scientifique. Dans «Testability and Meaning», il continue à admettre que, dans un langage adapté à l'expression de la connaissance scientifique, et conformément à l'attitude caractéristique de l'empirisme, les prédicats descriptifs théoriques[1] doivent être introduits sur la base de prédicats primitifs observationnels, autrement dit : tous les termes scientifiques doivent entretenir des relations formellement spécifiables aux termes observationnels qui constituent la base non définie du système. Outre que ces derniers ne font plus référence à l'expérience vécue mais à des propriétés observables d'objets physiques, Carnap reconnaît que le recours aux définitions explicites ne permet pas de définir l'ensemble des prédicats descriptifs conformément à l'usage qui en est fait par les scientifiques. Il introduit en conséquence un nouveau mode de définition : les énoncés de réduction.

> Une définition explicite pour un prédicat «Q» à une place est une proposition de la forme
> (D :) $Q(x) \equiv ...x...$,
> la place de «...x...» étant occupée par une fonction propositionnelle – le *definiens* – qui contient «x» comme unique variable libre. Un énoncé de ce genre [...] explicite les conditions d'application du terme «Q». Mais [toutes les définitions] ne peuvent avoir la forme d'une proposition d'équivalence de ce type. [Certaines d'entre elles] ont la forme plus complexe «si..., alors : ... ≡ ... », c'est-à-dire celle de ce que l'on

---

1. Les prédicats descriptifs s'opposent aux prédicats logiques. Ils peuvent être soit théoriques (par exemple : «température», «accéléré», «soluble»), soit observationnels (par exemple : «chaud», «lourd», «blanc»).

peut appeler une définition conditionnelle. C'est le cas des énoncés de réduction que l'on peut formuler pour les *concepts de disposition*, c'est-à-dire les prédicats qui expriment la propriété qu'a un objet de réagir de telle ou telle manière dans telles ou telles conditions, par exemple « visible », « fusible », « fragile », « malléable », « soluble », etc. [1].

Alors qu'un terme introduit au moyen d'une définition explicite peut être remplacé dans chacune de ses occurrences par les termes qui figurent à droite de l'équivalence, dans le cas de termes introduits par des énoncés de réduction, en revanche, cela n'est pas possible. La substitution ne peut être effectuée que lorsque la condition formulée dans l'antécédent de l'énoncé est remplie. Carnap en conclut que la signification des termes théoriques ainsi introduits n'est pas épuisée par leurs relations aux termes observationnels : c'est là une nouvelle illustration de l'inadéquation du réductionnisme épistémologique. Une autre conséquence importante est qu'il s'avère impossible de formuler adéquatement une théorie scientifique en se passant de termes théoriques. L'introduction des énoncés de réduction corres-pond ainsi à ce que l'on a coutume d'appeler « la libéralisation de l'empirisme ».

Dans les années 1950, Carnap admet que les termes théoriques sont introduits non pas directement sur la base des termes observa-tionnels, mais par des postulats théoriques qui fixent leurs relations mutuelles [2]. Reconnaître la pertinence d'une telle stratégie n'est pas trivial, puisque le système conceptuel ainsi obtenu est dans un premier temps non interprété. Autrement dit, l'applicabilité des termes théo-riques aux termes observationnels n'est plus garantie par le mode de leur définition, mais doit être établie dans un second temps au moyen de règles de correspondance [3].

---

1. J. Bouveresse, « La théorie et l'observation dans la philosophie des sciences du positivisme logique », art. cit., p. 110.

2. Cette procédure est similaire à celle des définitions implicites déjà défendue par Schlick dans les années 1920 (voir *supra*, p. 136-140), ainsi que par Reichenbach dans *Relativitätstheorie und Erkenntnis A priori* (Berlin, Springer, 1921) – mais aussi par Carnap lui-même, dans l'article de 1923 : « Über die Aufgabe der Physik und die Anwendung des Grundsatzes der Einfachstheit », art. cit.

3. Pour plus de détail sur ce point, voir D. Chapuis-Schmitz, « Définitions implicites, définitions explicites et application des théories physiques », dans J. Bouveresse et P. Wagner (éds.), *Les Mathématiques et l'expérience*, Paris, Odile Jacob, 2008.

« La température (mesurée par un thermomètre – et il s'agit par conséquent d'une propriété observable, au sens large expliqué plus haut) d'un gaz est proportionnelle à l'énergie cinétique moyenne de ses molécules. » Cette règle relie un [terme] non observable de la théorie moléculaire : l'énergie cinétique des molécules, avec un [terme] observable : la température du gaz. Si des énoncés de ce type n'existaient pas, il n'y aurait aucun moyen de dériver des lois empiriques sur les observables à partir de lois théoriques sur les non observables [1].

Certes, les règles de correspondance permettent d'interpréter un système de termes théoriques et garantissent de la sorte l'applicabilité empirique du langage théorique, mais il n'en reste pas moins que ce dernier a une certaine autonomie, puisqu'il est établi dans un premier temps indépendamment du langage d'observation. On pourrait interpréter cela comme une mise en péril de l'attitude empiriste selon laquelle toute notre connaissance porte sur des choses et des événements observables. Carnap va s'efforcer de combattre une telle idée et de montrer que l'irréductibilité du langage théorique au langage d'observation ne doit pas conduire à affirmer que les termes théoriques font référence à des entités ou à des processus non observables [2]. Cependant, on assiste là en tout état de cause à une réévaluation profonde de l'empirisme [3].

Revenons sur la caractérisation de la notion d'observable. Comme nous l'avons noté, Carnap admet en 1936/37 que seules les sciences empiriques peuvent en fournir une définition précise. En 1966, il reconnaît qu'il n'y a pas de frontière naturelle claire mais un continuum entre ce qui est observable et ce qui ne l'est pas [4]. L'endroit où l'on choisit de faire passer la frontière n'est donc pas déterminé de

1. R. Carnap, *An Introduction to the Philosophy of Science*, M. Gardner (ed.), Basic Books, 1966, chap. 24.

2. Il fait pour cela appel à la procédure de ramseyfication des théories. Voir par exemple *An Introduction to the Philosophy of Science*, *op. cit.*, chap. 26, et P. Jacob, *L'Empirisme logique*, Paris, Minuit, 1980, chap. III. 5.

3. Dans une perspective certes différente, Van Fraassen défend un empirisme constructif en reconnaissant de façon similaire l'autonomie de la théorie par rapport à l'observation et en soulignant que l'on n'est pas contraint de croire en la vérité de la théorie, mais qu'il suffit d'admettre son adéquation empirique. Cf. *The Scientific Image*, Oxford, Oxford UP, 1980, en particulier le § 1.3.

4. R. Carnap, *An Introduction to the Philosophy of Science*, *op. cit.*, chap. 23.

façon univoque par les faits empiriques mais résulte d'une convention. Carnap illustre ce point en mentionnant les différents usages du terme « observable » par le philosophe phénoménaliste et par le scientifique : alors que le premier l'utilise pour faire référence à des propriétés sensorielles telles que « bleu », « chaud », etc., le second désigne par là des propriétés aisément mesurables, telles qu'une température de 30°C. Chacun de ces usages est légitime, dans la mesure où il répond à des objectifs spécifiques et reste compatible avec la caractérisation de l'observation par les sciences empiriques.

La possibilité de maintenir une distinction entre observation et théorie, ainsi que sa pertinence épistémologique, a été largement critiquée par les philosophes post-positivistes, en particulier par Kuhn, Feyerabend, et Lakatos [1]. Ces derniers ont rejeté non seulement la possibilité d'attribuer à l'observation un statut épistémologique distinct qui permettrait d'en faire la base de toute connaissance, mais aussi l'idée selon laquelle les processus observationnels se dérouleraient indépendamment de tout recours à la théorie. Sans entrer dans ce débat, on se contentera de noter que la distinction établie par Carnap, non pas entre observation et théorie, mais entre termes portant sur des propriétés observables et termes portant sur des propriétés non observables, peut s'avérer tout à fait pertinente si elle est bien comprise. Comme nous venons de le mentionner, Carnap reconnaît que cette distinction est en partie conventionnelle et qu'elle peut varier en fonction des objectifs spécifiques en vue desquels elle est établie. Il est manifeste que l'on n'admet pas les mêmes propriétés comme observables dans le cadre d'usages ordinaires et dans le cadre d'usages scientifiques, pas plus que l'on n'admet comme observables les mêmes propriétés en physique moléculaire et en botanique. Néanmoins il s'agit de distinguer dans tous les cas certaines propriétés que l'on est prêt à attribuer à un objet sur la base de procédures expérimentales relativement simples, des propriétés que l'on ne peut lui attribuer que par inférence ou au moyen d'opérations de calcul par exemple. Ainsi, bien qu'elle ne soit ni tranchée ni immuable, et même si elle est soumise à des variations contextuelles, la distinction entre

---

1. Voir par exemple Th. Kuhn, *La Structure des révolutions scientifiques* (1962/1970), Paris, Champs-Flammarion, 1983, chap. 5; P. Feyerabend, *Contre la méthode* (1975), Paris, Seuil, 1979, chap. 5-11.

observable et non observable n'en reste pas moins pertinente lorsqu'il est question de distinguer différents modes d'attribution de propriétés à des objets, et, par voie de conséquence, différents modes d'évaluation de nos énoncés.

EXPÉRIENCE ET VÉRIFICATION

La problématique de la vérification occupe une place centrale dans les discussions du cercle de Vienne. En requérant la vérifiabilité des énoncés scientifiques, les Viennois visent non seulement à délimiter le domaine des énoncés doués d'un sens cognitif, mais aussi à caractériser plus précisément la manière dont il est possible de justifier ces énoncés à l'aune de l'expérience. Toutefois, conformément au tournant linguistique, ce n'est pas directement l'expérience qui entre en jeu dans cette procédure, mais un certain type d'énoncés : les énoncés d'observation. La vérifiabilité d'un énoncé scientifique est alors déterminée par les rapports inférentiels qu'il entretient avec d'autres énoncés du système considéré, et, de façon ultime, avec des énoncés d'observation. Hempel justifie ainsi une telle approche :

> En premier lieu, les preuves apportées en faveur ou en défaveur d'une hypothèse scientifique sont toujours exprimées par des phrases, qui ont souvent le caractère de rapports d'observation ; et en second lieu, il s'avérera très fructueux de poursuivre le parallèle [...] entre les concepts de confirmation et de conséquence logique [1].

Soulignons également qu'il n'est pas question de vérification effective mais de *possibilité* de la vérification :

> Notre définition de la confirmation doit nous permettre d'indiquer quel type de preuve *viendrait* confirmer une hypothèse donnée *si* elle était accessible ; et à l'évidence, on peut requérir de la phrase caractérisant une telle preuve seulement qu'elle exprime quelque chose qui *pourrait* être observé, mais pas nécessairement quelque chose qui a effectivement été établi par l'observation [2].

1. C. Hempel, « Studies in the Logic of Confirmation », *Mind*, 54, 1945, version modifiée dans C. Hempel, *Aspects of Scientific Explanation and Other Essays in the Philosophy of Science*, New York, The Free Press, 1965.
2. *Ibid.*

Différentes versions du réquisit de vérifiabilité peuvent alors être défendues en fonction 1) du type de rapports inférentiels entre énoncés cognitifs et énoncés d'observation admis au titre d'une procédure de vérification, 2) du type de *possibilité* de la vérification requis, ainsi qu'en fonction 3) de la conception des énoncés d'observation adoptée. Une version réductionniste consiste à affirmer que la vérifiabilité d'un énoncé scientifique peut être réduite à celle d'une classe finie d'énoncés d'observation et que cette dernière peut être vérifiée de manière définitive. Cependant, en raison de l'impossibilité du réductionnisme épistémologique, une telle position n'est pas défendable (cf. *supra*, p. 136-140). Une autre version consiste à affirmer qu'un énoncé scientifique peut être vérifié s'il est possible d'en déduire des énoncés d'observation. C'est la conception privilégiée par Carnap dans les années 1930 lorsqu'il affirme par exemple : « Le test (la vérification) de propositions du système par un sujet a lieu du fait que des propositions de la langue protocolaire de *S* sont déduites de ces propositions » [1]. Il admet alors que le rapport de déduction ne peut s'établir que dans le sens propositions scientifiques → propositions protocolaires et, en outre, qu'il ne suffit pas de recourir aux lois logiques pour effectuer de telles déductions – on a là une nouvelle illustration de l'impossibilité de maintenir un réductionnisme épistémologique :

> Les propositions du système de la science [...] ne sont pas à proprement parler déduites des propositions protocolaires [...] Une proposition singulière du système [...] ne peut (en général) jamais être strictement déduite à partir de propositions protocolaires, aussi nombreuses soient-elles, mais seulement (dans le meilleur des cas) se confirmer toujours plus au vu de celles-ci. La possibilité d'une déduction inverse existe en effet : à partir d'ensembles suffisamment vastes de propositions singulières, on peut déduire des propositions protocolaires selon les règles de déduction de la langue du système et en appliquant les lois de la nature [2].

---

1. R. Carnap, « Psychologie in physikalischer Sprache », *Erkenntnis*, 3, 1932. Le terme « proposition protocolaire » est l'appellation consacrée par les Viennois pour désigner les énoncés d'observation.

2. R. Carnap, « La langue de la physique comme langue universelle de la science », trad. fr. D. Chapuis-Schmitz, dans Ch. Bonnet et P. Wagner (éds.), *L'Âge d'or de l'empirisme logique, op. cit.*, p. 330-331.

En conséquence, la vérification ne saurait concerner une proposition isolée. Comme Carnap le note en 1934 : « Il est, d'une manière générale, impossible de tester ne serait-ce qu'une seule proposition hypothétique isolée [...] il faut utiliser également les autres hypothèses »[1]. Le holisme de la vérification que Quine a opposé au réductionnisme qu'il attribuait à Carnap[2] est ici clairement anticipé par ce dernier. Une autre conséquence remarquable est qu'un énoncé scientifique ne peut être vérifié de manière complète ni définitive sur la base d'énoncés d'observation. C'est la raison pour laquelle les empiristes logiques ont substitué le terme de confirmation à celui de vérification – comme en témoignent également les citations de Hempel mentionnées ci-dessus.

Au milieu des années 1940, une nouvelle évolution a lieu lorsque Carnap reconnaît que les rapports de vérifiabilité entre hypothèses et énoncés d'observation ne peuvent être assimilés à des inférences déductives. Ce dernier tâche alors de mettre au point une logique inductive, dont l'objectif est de déterminer la probabilité logique ou degré de confirmation d'une hypothèse par rapport à un énoncé empirique du même langage[3]. Pour cela, il s'efforce de mettre au point des règles de logique inductive qui permettraient d'analyser le rapport entre le contenu informatif des deux énoncés en question, mais sans succès évident[4].

Retenons ici que, dans tous les cas, pour les empiristes logiques 1) la vérification d'une hypothèse scientifique n'est pas directement établie sur la base de l'expérience mais sur la base d'énoncés d'observation, 2) elle n'est pas définitive mais seulement de degré et 3) elle est déterminée par certains rapports inférentiels que l'hypothèse entretient avec des énoncés d'observation du même système linguistique

1. R. Carnap, *La Syntaxe logique du langage*, trad. fr. J. Bouveresse, Paris, Gallimard, à paraître, § 82.

2. Voir par exemple « Les deux dogmes de l'empirisme », art. cit., section 6.

3. Voir R. Carnap, « On Inductive Logic », *Philosophy of Science*, vol. 12, n° 2, 1945, p. 72-97 et *Logical Foundations of Probability*, Chicago, University of Chicago Press, 1950.

4. La logique inductive est un champ complexe qui reste largement débattu de nos jours. Pour l'exposé d'un projet actuel de développement de la logique inductive, on se reportera à l'article de J. Norton, « What Logics of Induction are there? », http://www.pitt.edu/~jdnorton/Goodies/logics_induction/index.html.

– formuler des règles adéquates pour déterminer de telles inférences reste une question ouverte, pour les empiristes logiques et jusqu'à aujourd'hui.

Cependant, vérifier un énoncé ne consiste pas seulement à en inférer des énoncés d'observation, cela implique également de pouvoir confronter ces derniers à l'expérience. Ce sont là les deux étapes nécessaires à l'accomplissement de toute procédure de vérification. Les hypothèses scientifiques sont ainsi vérifiables de manière indirecte, puisqu'il faut au préalable pouvoir en inférer des énoncés d'observation. Mais ces derniers sont directement vérifiables : ils doivent pouvoir être directement confrontés à l'expérience [1]. La caractérisation plus précise des énoncés d'observation, ou propositions protocolaires, a fait l'objet de vives discussions dans les années trente à Vienne. Le débat qui a vu s'affronter Carnap, Neurath et Schlick, puis Hempel, a porté non seulement sur la caractérisation du type de rapports admissibles entre ces propositions et l'expérience, mais aussi sur le type d'expérience en jeu. Finalement, cette dernière ne peut être tenue complètement à l'écart des discussions philosophiques.

En 1932, Carnap affirme que les règles qui déterminent quelles propositions de la langue protocolaire sont bien formées ainsi que les inférences légitimes que l'on peut effectuer entre elles doivent être établies conformément aux modalités de structuration de l'expérience vécue [2]. Une telle procédure permettrait de garantir un statut épistémologique distinct aux propositions protocolaires : à la différence des autres propositions scientifiques, elles n'auraient pas besoin d'être vérifiées plus avant et pourraient par conséquent servir de fondement pour la vérification de ces dernières. Mais une telle position va aussitôt faire l'objet de vives critiques de la part de Neurath : ce dernier rejette non seulement l'idée selon laquelle certaines propositions pourraient être établies de manière indubitable en raison de leur rapport à l'expérience, mais aussi la conception de l'expérience comme

---

1. Pour une caractérisation de la distinction entre vérification directe et vérification indirecte, voir R. Carnap, « Vérité et confirmation » (1935), trad. fr. P. Wagner, dans Ch. Bonnet et P. Wagner (éds.), *L'Âge d'or de l'empirisme logique, op. cit.*, p. 559-572.

2. R. Carnap, « La langue de la physique comme langue universelle de la science », art. cit., § 3. Voir également la présentation de cet article (*ibid.*, p. 313-319).

expérience vécue d'un individu. Il voit là un danger d'idéalisme et un reste de métaphysique devant être éliminé [1].

Dans son article écrit en réponse à Neurath [2], Carnap adopte une position plus libérale : il admet que la question de savoir comment définir les propositions d'observation est de nature pragmatique et qu'elle doit être traitée en fonction des objectifs que l'on se fixe. En d'autres termes, il ne s'agit pas d'une question théorique pouvant recevoir une réponse vraie ou fausse. Carnap privilégie alors une position proche de celle de Popper, selon laquelle vaut comme proposition d'observation toute proposition que les scientifiques s'accordent à considérer, au moins provisoirement, comme point d'aboutissement d'une procédure de vérification.

En 1934, Schlick va s'opposer aussi bien à la position de Neurath qu'à celle de Carnap : toutes deux lui semblent conduire à une forme de cohérentisme intolérable [3]. Contre cela, il souligne la nécessité de parvenir, au terme de la vérification, à des propositions qui entretiennent un rapport direct avec l'expérience vécue d'un individu. Mais ces « constatations », comme Schlick les appelle, s'avèrent être des entités hybrides : en tant qu'intermédiaires entre connaissance et réalité, elles conjuguent les propriétés de l'intuition et celles d'énoncés, sans pour autant relever clairement ni du régime de l'intuition ni du domaine linguistique. La conception de Schlick s'avère par conséquent problématique et finalement peu satisfaisante [4].

Suite à la dissolution du cercle de Vienne, une conception des énoncés d'observation va s'imposer dans le champ de l'empirisme logique, qui est similaire à celle des termes observationnels mentionnée dans la section précédente. Hempel la résume ainsi :

> On peut se représenter un *énoncé observationnel* comme un énoncé
> – vrai ou faux peu importe – qui affirme ou nie le fait qu'un objet

1. Voir O. Neurath, « Énoncés protocolaires » (1932), dans A. Soulez (éd.), *Le Manifeste du cercle de Vienne*, *op. cit.*, p. 219-231.
2. R. Carnap, « Über Protokollsätze », *Erkenntnis*, 3, 1932, p. 215-228.
3. M. Schlick, « Sur le fondement de la connaissance » (1934), trad. fr. D. Chapuis-Schmitz, dans Ch. Bonnet et P. Wagner (éds.), *L'Âge d'or de l'empirisme logique*, *op. cit.*, p. 415-439.
4. Voir la présentation de ce texte dans *L'Âge d'or de l'empirisme logique*, *op. cit.*, p. 407-413.

spécifique ou un groupe d'objets de taille macroscopique a une *caracté-ristique observable* particulière, c'est-à-dire une caractéristique dont la présence ou l'absence peut, dans des circonstances favorables, être déterminée par une observation directe [1].

On notera que de tels énoncés ne sont pas susceptibles d'être définitivement vérifiés ; ils peuvent au contraire être mis en doute, par exemple lorsqu'il s'avère que l'observation n'a pas été réalisée dans des conditions adéquates. Leur statut épistémologique n'est donc pas radicalement distinct de celui des autres énoncés cognitifs. Ils jouent certes un rôle décisif dans les procédures de justification empirique, et sont à ce titre dépositaires de la preuve empirique de notre connaissance, mais ils ne sauraient en aucun cas en constituer le fondement. Le rôle de l'expérience pour la validation des hypothèses scientifiques, bien qu'essentiel, se voit donc grandement relativisé.

EXPÉRIENCE ET MÉTAPHYSIQUE

Le réquisit de vérifiabilité joue également un rôle clé lorsqu'il s'agit d'établir une distinction entre les énoncés qui transmettent une connaissance véritable sur le monde et les *pseudo*-énoncés qui ne font que prétendre transmettre une telle connaissance. Le problème de la démarcation a occupé une place centrale dans les discussions du cercle de Vienne et nous allons examiner pour finir le statut de l'expérience dans cette perspective.

Le principe de vérification affirme que seuls sont pourvus d'un sens cognitif les énoncés qui peuvent être vérifiés sur la base de l'expérience. Selon la lecture, négative ou positive, que l'on en fait, il s'agit soit d'écarter les énoncés de la métaphysique du domaine des énoncés doués de sens, soit de caractériser le propre des énoncés cognitifs. On peut aussi considérer que ces deux lectures sont complémentaires, comme le laisse entendre cette citation de Jacques Bouveresse :

> Carnap et les néopositivistes logiques ont estimé, à tort ou à raison, que la différence entre une explication théologique ou métaphysique carac-

---

1. C. Hempel, « Les critères empiristes de la signification cognitive : problèmes et changements », dans P. Jacob (éd.), *De Vienne à Cambridge*, Paris, Gallimard, 1980, p. 63-89.

téristique et une explication scientifique du monde *devait* consister en fin de compte dans le fait que les concepts, les propositions et les théories de la science entretiennent avec l'expérience un certain type de rapport – aussi indirect, éloigné et complexe qu'il puisse être – qui n'existe pas dans le cas des productions les plus typiques de la métaphysique et de la théologie [1].

Précisons que les membres du cercle de Vienne ne critiquent pas tant la métaphysique comme telle que les prétentions cognitives des métaphysiciens. On peut alors voir dans l'entreprise de démarcation les prémisses d'une tentative pour distinguer différents usages linguistiques possibles et, corrélativement, pour caractériser de manière plus précise les modalités de l'usage cognitif de nos énoncés.

On pourrait cependant objecter que les énoncés métaphysiques ont également un lien privilégié avec une certaine forme d'expérience, seulement il ne s'agit pas de l'observation des empiristes logiques mais des formes de l'intuition kantienne ou d'une intuition des essences à la Husserl par exemple. Affirmer cela revient à admettre l'existence de connaissances synthétiques *a priori*. Or les auteurs de « La conception scientifique du monde » affirment que « c'est justement dans le refus de la possibilité d'une connaissance synthétique *a priori* que réside la thèse fondamentale de l'empirisme moderne » [2]. Les théories de la relativité d'Einstein ont fourni une motivation importante pour rejeter le synthétique *a priori* kantien et l'idée de formes *a priori* de l'intuition. Mais Schlick s'est également élevé contre l'*a priori* matériel de la phénoménologie.

[les phrases que les phénoménologues donnent comme témoignages d'un *a priori* matériel] ne disent absolument rien sur la réalité ni sur un prétendu « être ainsi », au contraire, en elles se montre seulement [...] la manière dont nous utilisons nos mots [...] en tant que formules qui ne disent rien, elles ne renferment aucune connaissance et ne peuvent servir de fondement à aucune science particulière [3].

---

1. J. Bouveresse, « La théorie et l'observation dans la philosophie des sciences du positivisme logique », art. cit., p. 82-83.

2. « La conception scientifique du monde », art. cit., p. 118.

3. M. Schlick, « Gibt es ein materiales Apriori ? » (1932), *Kritische Gesamtausgabe*, I, 6, Vienne-New York, Springer, 2008, p. 469.

Rejeter la pertinence épistémologique de genres d'expérience distincts de l'observation permet aux empiristes logiques de maintenir qu'il n'y a pas d'autre forme de connaissance du monde que celle que nous fournissent les sciences empiriques : on peut voir là une autre version de la thèse de l'unité de la science. En outre, et plus fondamentalement, le réquisit d'observabilité joue un rôle essentiel pour répondre aux questions d'existence. Dans « Positivisme et réalisme », Schlick affirme ainsi :

> Nul n'est besoin de débattre de ce que l'occurrence de certaines perceptions sensorielles parmi celles qui nous sont données constitue *toujours* l'unique critère des propositions sur la réalité d'un objet ou d'un processus « physiques », dans la vie ordinaire comme dans les énoncés les plus subtils de la science. Qu'il y a des okapis en Afrique, cela ne peut être établi que par l'observation de tels animaux. Mais il n'est pas nécessaire que l'objet ou le processus « lui-même » soit perçu. Nous pouvons par exemple imaginer que l'existence d'une planète transneptunienne soit établie par l'observation de déviations avec une certitude aussi grande que par la perception directe d'un point lumineux dans un télescope [1].

La position ici défendue par Schlick vaut aussi bien pour la vie ordinaire que pour la science, ce qui le conduit à affirmer que « les arguments [du physicien] ne portent que sur le monde extérieur que nous reconnaissons tous et non sur un monde transcendant ; ses électrons ne sont pas des choses métaphysiques » [2]. On soulignera qu'il s'agit non pas de défendre un réalisme métaphysique à teneur ontologique, mais de relever l'attitude réaliste que nous adoptons naturellement à l'égard des choses et des événements du monde qui nous entoure, et que nous admettons comme réels au sens où ils ne sont pas imaginés, ni rêvés, ni fanstamés, etc.

Dans « Empirisme, sémantique, ontologie », Carnap fait également jouer à l'observabilité un rôle important pour répondre aux questions d'existence. Dans cet article paru en 1950, il distingue plus précisément deux formes de ce type de questions : les questions qui

---

1. M. Schlick, « Positivismus und Realismus » (1932), *Kritische Gesamtausgabe*, I, 6, *op. cit.*, p. 344.
2. *Ibid.*, p. 352-353.

portent sur l'existence de telle chose particulière – la tache de sauce sur ma chemise par exemple – et les questions qui portent sur l'existence d'un type de choses – les nombres ou les ensembles. Contrairement à ce qu'il paraît au premier abord, le second type de questions n'est pas factuel ; il concerne seulement le type de termes que l'on est prêt à admettre dans le langage au moyen duquel nous exprimons notre connaissance du monde. Par conséquent, la réponse qu'on peut lui donner ne saurait valoir comme vraie ou fausse, mais seulement comme plus ou moins adaptée en fonction de la description du monde que l'on vise [1]. Si l'on adopte une attitude empiriste, il sera adéquat de faire figurer dans le langage de la science des prédicats observables comme prédicats primitifs. La question de savoir si telle chose ou telle propriété particulières existent recevra alors une réponse déterminée au sein de ce langage, et la réponse sera établie en ayant recours à des observations spécifiques. Dans ce cas, la notion d'observabilité joue un rôle essentiel pour décider des questions particulières d'existence, ce qui conduit Carnap à affirmer que « le concept de réalité à l'œuvre dans ces questions internes est un concept empirique, scientifique, non métaphysique » [2].

Il s'avère ainsi que Schlick et Carnap ont renouvelé chacun à leur manière et de façon importante le problème du réalisme : ils l'ont délivré de sa charge métaphysique pour en faire un problème empirique. Comme le note encore Schlick :

> L'empirisme conséquent ne nie pas l'existence d'un monde extérieur ; il se contente d'indiquer le sens empirique de cette affirmation d'existence [...] L'empiriste ne dit pas au métaphysicien « tes paroles affirment quelque chose de faux », mais « tes paroles n'affirment rien du tout ! » Il ne le contredit pas, mais il lui dit « je ne te comprends pas » [3].

Cette affirmation s'accorde avec la conception récemment défendue par Van Fraassen selon laquelle l'empirisme n'est pas une

---

1. On notera ici que l'objection de relativisme linguistique serait mal placée puisque, en tant qu'il doit permettre une description appropriée des événements du monde, le langage ainsi établi doit répondre à une contrainte extérieure, ce qui garantit son objectivité.

2. R. Carnap, « Empirisme, sémantique, ontologie » (1950), trad. fr. F. Rivenc et Ph. de Rouilhan, dans R. Carnap, *Signification et nécessité*, Paris, Gallimard, 1997, p. 316.

3. M. Schlick, « Positivismus und Realismus », art. cit., p. 362.

doctrine mais une certaine attitude philosophique, caractérisée principalement par son hostilité à l'égard de la métaphysique [1]. On peut alors conclure en soulignant que c'est sans doute dans leur opposition aux prétentions cognitives de la métaphysique que les empiristes logiques se sont affirmés le plus résolument en tant qu'*empiristes*.

Delphine CHAPUIS-SCHMITZ
CNRS (IHPST, Paris)

---

1. *Cf.* B. Van Fraassen, *The Empirical Stance*, New Haven-London, Yale UP, 2002, chap. 1 et 2.

EXPÉRIENCE ET REPRÉSENTATION

MÉTAPHYSIQUE DE L'EXPÉRIENCE *VERSUS* SILENCE DES SENS

À l'origine, on nomme «contextualisme» une théorie de la signification qui accorde une part prépondérante au contexte d'énonciation dans la détermination de la signification des énoncés.

Le débat récent[1], mais déjà bien circonscrit, sur la question de la conceptualité des contenus délivrés par la perception, où deux thèses se sont affrontées, l'une affirmant la conceptualité de ces contenus, l'autre leur non-conceptualité, a cependant mis en évidence que les positions adoptées tout d'abord dans le cadre d'une théorie (linguistique) de la signification sont vite débordées par des questions *a priori* extra-linguistiques, ou bien s'exportent vers des secteurs de la philosophie qui ne se voulaient pas nécessairement concernés par le langage (telle la philosophie de la perception).

Ainsi, il est possible de montrer qu'il existe une position contextualiste sur la question de l'expérience perceptive et que cette position concerne moins le problème de la détermination du contenu que celle de la *nature* de l'expérience perceptive. Elle va notamment poser que celle-ci ne peut pas se déployer en termes de *représentations*.

En effet, l'idée selon laquelle la détermination de *ce que* je vois dépend du contexte ramène au bout du compte à une philosophie suffisamment partagée, selon laquelle le rapport perceptif à l'objet est toujours envisagé subjectivement selon une certaine perspective, sans dépendre d'une représentation qui nous le donnerait de telle ou telle manière. Ce n'est pas tant ce perspectivisme qui va distinguer le

---

1. Voir Y.H. Gunther (ed.), *Essays on Nonconceptual Content*, Cambridge (Mass.), MIT Press, 2003; voir également Ch. Alsaleh, «L'usage des sens», *Revue de Métaphysique et de Morale*, n° 2, 2004, p. 193-215.

contextualisme perceptif que l'idée que, même si on a donné une caractérisation précise de la perspective en question, il reste encore une sous-détermination profonde de la nature de l'expérience perceptive elle-même.

Cette sous-détermination, loin d'être la marque d'un privilège de la subjectivité, est exemplaire du caractère radicalement contextuel de toute expérience. La notion de contexte n'est donc pas un élément d'une sémantique de l'expérience qui pourrait être close sur elle-même, mais un outil radicalement critique de toute conception figée de l'expérience.

Pour le comprendre, dn développera tout d'abord dans ce qui suit le réalisme de Strawson, contre lequel (même si cela n'est pas toujours explicitement donné dans les textes) la position contextualiste d'Austin, puis de Travis s'est constituée, pour défendre une autre forme de réalisme, qui échappe à tout représentationnalisme.

LE RÉALISME DE STRAWSON : OBJECTIVITÉ, EXTÉRIORITÉ, SPATIALITÉ DE L'EXPÉRIENCE

Strawson a élaboré dans les années 1950 une philosophie de l'expérience, qu'on décrit ici comme le « paradigme strawsonien ».

Quelles sont les dimensions de ce paradigme ?

– Première dimension : les expériences sont attribuables à des personnes, ce qui n'est pas encore une prise de position quant à la question de savoir si ce sont les attributions à la première personne qui sont fondamentales. Dire que les expériences sont attribuables à des personnes[1], c'est dire qu'elles ne le sont ni à des sujets, ni à des corps, ou même à des parties de corps.

---

1. Ce point, apparemment trivial, ouvre en fait le champ à la conceptualité des niveaux d'attribution des contenus, selon qu'ils sont plus ou moins attribuables en première personne justement : niveau personnel, sub-personnel, infra-personnel. On peut y voir, à plus ou moins juste titre, une inflation sinon scolastique, du moins jargonnante. Il n'en demeure pas moins que cette conception, la *personnalité des expériences*, inscrit la philosophie de l'expérience dans un champ où la notion de conscience n'est finalement que seconde ou construite. Dire qu'un contenu est reçu à un niveau sub-personnel, est tout à fait différent de dire qu'il est inconscient, par exemple.

– Deuxième dimension : pour aborder cette deuxième dimension, il est nécessaire d'introduire la notion de factivité, qui s'applique à certains verbes désignant ce que l'on appelle des attitudes propositionnelles, c'est-à-dire les attitudes qu'un énonciateur peut prendre envers le contenu d'une proposition. Parmi ces attitudes (croire, désirer sont des exemples d'attitudes propositionnelles), certaines sont dites factives. Une attitude propositionnelle A est factive si on a A(p) *implique p*, p désignant la proposition visée par l'attitude propositionnelle. L'implication en question ici est l'implication matérielle, ce qui veut dire qu'un sujet ne peut pas avoir l'attitude propositionnelle A(p) sans que p. Par exemple, savoir est un verbe factif, car il n'y a pas de sens à affirmer la conjonction de « Jean sait que tu chantes faux » et de « tu ne chantes pas faux ».

D'après la théorie causale [1] de la perception, défendue par Grice et Strawson, une personne ne se rapporte à une expérience comme étant une perception d'objet que dans la mesure où elle comprend que cette expérience a été causée par cet objet. Dans les termes précis de la théorie de Grice et de Strawson, cela se traduit par l'idée que, parmi les conditions nécessaires de validité d'un énoncé tel que « X voit S », où X est une personne et S une scène, figure en bonne place la condition selon laquelle c'est la scène S qui a causé l'expérience visuelle en question (voir-S). On pourrait dire que la factivité, propriété d'énoncé, est garantie par la causalité, propriété de relation d'objets. Il faut cependant être plus précis et dire que c'est le concept de causalité, et lui seul, qui garantit l'usage factif de certains verbes.

La causalité occupe donc une place centrale dans la philosophie de l'expérience de Strawson, dans la mesure où c'est parce qu'elle figure dans le schème conceptuel auquel une personne a accès que cette personne peut distinguer entre réalité et non-réalité. Autrement dit, la causalité est un des fondements du schème conceptuel, et aucune justification transcendantale de l'expérience ne peut se passer de cette

1. Voir P.F. Strawson, « Causation in Perception », dans *Freedom and Resentment*, Londres, Methuen, 1974, p. 66-84 ; P.F. Strawson, « Perception and Identification », dans *Freedom and Resentment, op. cit.*, p. 85-107 ; P. Grice « The Causal Theory of Perception », *Proceedings of the Aristotelian Society*, XXV, 1961, p. 121-152. Pour une défense récente de cette théorie, voir G. Vision, *Problems of Vision. Rethinking the Causal Theory of Perception*, Oxford, Oxford UP, 1997.

référence au caractère fondamental et organisateur du concept de causalité[1].

Cela veut dire que l'expérience est structurée de telle sorte que toute expérience réflexive (ou pensée de second ordre, par rapport à une pensée portant sur le monde) revient à découvrir une causalité entre les choses (ou corps) et les personnes. On parlera de cette deuxième dimension du paradigme strawsonien comme de la *justification transcendantale-causale*.

– Troisième dimension : le *privilège de la spatialité*. Si Strawson (avec Grice), lorsqu'il s'est agi de développer une théorie de la perception, a choisi le cas de la perception visuelle, c'est sans doute parce que la vue est le sens qui a affaire à l'espace, compris au sens d'extension en longueur, largeur et profondeur. Dans les *Individus*, Strawson, dans un des textes les plus remarquables de la tradition analytique (le chapitre sur les *Sons*), montre que, à supposer un monde purement sonore, la capacité auditive ne pourrait se construire (et donc, ajoutera-t-on, gagner sa possible réflexivité) qu'à la condition que la personne dispose d'un référentiel de type spatial, organisé selon trois dimensions, afin de *placer* les sons. Autrement dit, pour disposer de son expérience comme contact avec la réalité, une personne doit pouvoir placer ses expériences dans un espace.

Bien entendu, tout le problème est alors de savoir en quoi cette justification de type transcendantal donne réalité à l'espace lui-même. Soit l'espace est conçu de manière kantienne (il est *en nous*); soit l'espace est conçu de manière newtonienne (il est *en dehors de nous*, ou nous sommes en lui). La place que Strawson apporte au spatial dans l'organisation de l'expérience, et surtout dans la justification transcendantale de l'expérience, ne permet pas de trancher entre une conception de l'espace comme pur schème d'organisation n'ayant pas de réalité en dehors des capacités d'appréhension personnelles (ou sub-personnelles) et l'espace comme réel. L'ambiguïté demeure au sein du paradigme strawsonien, de par l'absence d'une déduction

[1]. Cette position est proche du kantisme et finalement assez éloignée de l'empirisme. Sur la réception de l'empirisme à Oxford, voir Ch. Alsaleh « La place de la critique de Hume dans la formation du réalisme à Oxford dans la première moitié du vingtième siècle : quelques aspects », *Revue de Métaphysique et de Morale*, n° 2, 2003, p. 199-212.

transcendantale proprement dite. Dans tous les cas, ce n'est pas une décision sur cette alternative qui sera susceptible de provoquer une déviation par rapport au paradigme strawsonien.

D'après Gareth Evans[1], ce chapitre sur les sons consiste à éprouver la relation apparemment évidente entre extériorité et objectivité, ou entre espace et objectivité. Dans une conception mécaniste simple, comme celle de Hobbes, par exemple, souligne Evans, on est prompt à penser que la subjectivité ayant trait à ce qui est dans l'esprit, l'objectivité est ce qui est hors de l'esprit, et que, « dès lors que nous avons le concept d'une chose en dehors de l'esprit [*without the mind*], nous avons le concept d'espace ». D'après Evans, le travail de Strawson consiste à montrer la différence entre le concept d'objectivité et le concept d'extériorité (ou de spatialité). Evans ne semble pas être préoccupé dans ce commentaire du deuxième chapitre des *Individus*, par la différence entre les concepts de spatialité et d'extériorité, entre lesquels il semble établir une sorte d'équivalence. Il est vrai que l'objet du chapitre de Strawson n'est pas tant de mesurer l'identité et la différence entre les concepts de spatialité et d'extériorité, que de justifier le privilège accordé aux « choses matérielles » dans le schème conceptuel, au sens où toute référence aux particuliers dans le discours n'est sensée que dans la mesure où le discours s'ancre alors, *in fine*, à des choses matérielles. De plus, le problème de Strawson est bien de montrer que particulariser un son et le ré-identifier (après une période où il n'est plus là pour nous, mais où il est là sans nous) ne peut se faire qu'à la condition de le traiter en chose matérielle en construisant un *analogon* de l'espace. Dans les constructions de Strawson, l'équivalence entre spatialité et extériorité est donc faite, car l'espace est celui des choses matérielles en dehors de nous. Confronté à un monde sans espace (*No-space world*), le sujet non-solipsiste (pour lequel la distinction entre ce qui est strictement de l'ordre du sens interne, et ce qui est de l'ordre du sens externe, pour reprendre les concepts kantiens, a un sens) serait amené à mobiliser un *analogon* de l'espace, afin de situer ses expériences en-dehors de lui; ce qui revient à dire

---

1. « Things without the Mind », dans *Collected Papers*, Oxford, Oxford UP, 1984, p. 248-290.

qu'il mobiliserait, dés lors qu'un particulier[1] intervient comme particulier dans le discours (et non comme simple expression d'un état
intime du sujet), la catégorie de chose matérielle. Transcendantalement, il revient au même de dire que toute objectivité est spatiale, ou
que toute objectivité est extérieure à l'esprit, cette identité (exprimée
de deux manières différentes) n'allant pas de soi, le mérite revenant,
d'après Evans, à Strawson d'avoir su le mettre en évidence.

Pourtant, il nous semble que le lien entre spatialité et extériorité
demande à être considéré, non pas tant en se demandant si un esprit a
besoin, pour sortir de lui-même, de recourir à un *analogon* de type
spatial, mais bien pour se demander quelle différence il y a, et ce pour
une conscience non-solipsiste, entre l'extériorité et la spatialité.
Certes, il y a un truisme dans l'affirmation selon laquelle les choses
dans l'espace ne sont pas dans mon esprit, et il y a également un
truisme dans l'affirmation selon laquelle les choses qui me sont extérieures sont dans l'espace. Mais qu'il y ait là deux truismes ne fait pas
des concepts de spatialité et d'extériorité des concepts substituables
l'un à l'autre sans perte. Cette substituabilité ne va pas de soi pour
Strawson. Dans *The Bounds Of Sense*, le commentaire strawsonien de
la *Critique de la Raison Pure*, Strawson écrit[2] :

> Que le spatial soit le seul mode concevable d'existence [des objets de
> notre expérience existant indépendamment de nous] peut être accordé
> si nous dépouillons le concept de spatialité de ses corrélations senso-
> rielles habituelles et lui donnons un sens plus formel ; et même si nous
> permettons que le concept entraîne ses corrélations visuelles et tactiles
> normales, on peut toujours soutenir que le mode spatial doit au moins
> être *l'analogie par rapport à laquelle* nous pouvons concevoir tout
> autre mode d'existence des objets indépendants dont nous pouvons
> faire l'expérience.

Il est donc très clair qu'il ne va pas du tout de soi pour Strawson (et
pour Evans) que toute extériorité soit spatiale (au moins analogi-

1. Un particulier intervient dans le discours dés lors qu'il est fait usage d'un article
défini, la logique de cet article défini ne pouvant être restituée ni par le quantificateur
existentiel, ni par le quantificateur universel. D'après Strawson, c'est un usage référentiel
propre au langage ordinaire, et faisant partie de l'acte d'énonciation ; il n'est donc pas
utile, comme Russell le préconise, d'inventer un symbole singulier. (*cf.* Strawson, « On
referring », *Mind*, 1959, p. 21-52).

2. *The Bounds of Sense*, London, Routledge, 1966, p. 25.

quement). D'après Strawson, si l'*analogon* spatial est mobilisé quasiment analytiquement dés lors qu'un particulier réel entre dans le discours, c'est parce que « dans un système spatial d'objets, nous sommes nous-mêmes, en tant qu'objets, en déplacement, mais ce système s'étend au-delà des limites de l'observation à un moment donné, ou, plus généralement, ce système n'est jamais révélé complè-tement à l'observation »[1]. C'est donc l'*analogon* idéal pour exprimer l'idée qu'un particulier a une existence en dehors (*without*) de nous ou de nos états.

Certes, la spatialité a ceci de plus par rapport à l'extériorité que l'extériorité n'a pas en elle de devoir être « quantité infinie donnée », pour reprendre les termes de Kant dans l'*Esthétique Transcendantale* de la *Critique de la Raison Pure*. Toutefois, dans les réflexions de Strawson, l'aspect de quantité infinie donnée, qui est le privilège du spatial, est le point d'application d'un *analogon* qui, lui, en appelle davantage à notre concept d'extériorité (*partes extra partes*), qu'à la notion même de quantité infinie donnée.

La relation des concepts de *partes extra partes* et de quantité infinie donnée n'est pas analytique. Un corps fini contient des parties extérieures les unes aux autres, et il n'est pas besoin de concevoir une infinité pour concevoir cette extériorité. La relation entre les concepts ne devient nécessaire que dans la mesure où l'extériorité est solidaire d'une anticipation imaginative du sujet percevant. Alors, c'est néces-sairement sur le fond d'une quantité infinie donnée que le sujet perçoit l'espace comme réceptacle de déterminations extérieures les unes aux autres, déterminations qui peuvent toujours encore s'ajouter. Mais tant que cette capacité imaginative n'est pas mise en avant, la relation nécessaire du *partes extra partes* et de la quantité infinie donnée ne va pas du tout de soi. Et la mise en scène du deuxième chapitre des *Individus* ne va pas dans le sens d'une démonstration de cette relation nécessaire. Car ce n'est pas parce que l'on a montré que le mode spatial était, au moins analogiquement, nécessaire, pour que l'exis-tence des objets (nécessaire référence des particuliers dans le discours) fût conçue, que l'on a montré la relation *a priori* des concepts de spatialité (quantité infinie donnée) et d'extériorité (*partes extra*

1. P.F. Strawson, *Individuals*, London, Routledge, 1959, p. 74.

partes), tant que la teneur de l'expression «mode spatial» demeure non-qualifiée.

Il faut néanmoins faire la remarque, phénoménologiquement simple, presque évidente, que nous ne faisons jamais l'expérience de l'espace lui-même, mais que c'est extérieurement à nous que nous faisons l'expérience d'objets, cette expérience se distinguant de la simple auto-affection du sens interne s'il y a objectivité. Alors, la spatialité est condition (jamais perçue pour elle-même) de l'extériorité, et non l'inverse (ce qui serait la position empiriste). Les deux concepts ne sont pas sur le même plan. L'un, la spatialité, est sur le plan du transcendantal ; l'autre, l'extériorité, est sur le plan empirique.

La position réaliste consiste à dire que c'est le transcendantal qui détermine l'empirique. La position empiriste consiste à originer plutôt la notion d'espace dans l'affection du sujet par quelque chose d'extérieur.

C'est en ce sens qu'il ne faut pas se tromper sur le recours fait par Strawson (et Grice) à la notion de causalité pour définir le concept de perception visuelle. Il ne s'agit pas de «naturaliser» le concept de vision. Il ne s'agit pas d'une construction de type empiriste. La causalité vient se poser sur la relation d'extériorité. Dire qu'un sujet voit quelque chose, c'est dire qu'il revendique une situation, dans l'espace, par rapport à ce quelque chose. Il n'y a pas que l'impression visuelle (qui pourrait être auto-affection du sens interne), mais position d'une extériorité, dans laquelle le sujet se trouve également. La théorie causale de la vision n'est pas tant l'inscription du corps du sujet percevant dans un champ d'affections des corps les uns par les autres (certains corps pouvant se rapporter à cette affection représentationnellement, voire réflexivement, d'autres non), que la situation de *personnes* par rapport et en relation à (et non pas dans) un espace (car il n'y a que les personnes qui puissent former les énoncés en question, ceux de nos énoncés qui rapportent une perception) de choses matérielles, un espace (de) choses matérielles aurait-on envie de dire, pour signifier à quel point l'espace n'est rien, en opposition au quelque chose de la chose matérielle.

S'il n'y avait rien en dehors (*without*) de nous pour nous affecter, nous ne dirions rien. Telle est à peu près la thèse centrale de la philosophie de l'expérience de Strawson, les termes les plus lourds de sens étant : « en dehors de nous ».

Dans cette métaphysique de l'expérience, le spatial est à la fois le fondement de l'objectivité et la forme de l'extériorité, sachant que c'est dans la causalité que se trouve néanmoins la justification transcendantale de réalité. Il n'en demeure pas moins que nous ne faisons pas l'expérience de l'espace, mais que c'est dans l'espace que se placent nos expériences. C'est le concept de causalité qui assure la réalité de nos prétentions de connaissance sur le monde. C'est le concept de spatialité qui en assure l'objectivité. Le fondement interprétatif du discours sur le monde est donc spatial, sur le plan des déterminations d'objets, et causal sur le plan des garanties de réalité.

Un contemporain de Strawson jugea qu'il n'était pourtant pas nécessaire de construire une telle métaphysique, fondée à la fois sur la spatialité et la causalité, pour rendre compte de l'objectivité de l'expérience et adopter une position réaliste quant aux objets de la perception. Ainsi J.L. Austin, se plaçant résolument du point de vue du langage ordinaire [1], récusa-t-il même la possibilité que l'expérience nous dise quelque chose, ou nous apporte une information, sur quoi que ce soit dont elle serait l'expérience. En effet, il considérait plutôt que « les sens sont muets » [2]. L'idée ici évoquée consiste à refuser de considérer que l'expérience puisse être d'ordre représentationnel – c'est-à-dire qu'elle nous représente quelque chose comme étant tel ou tel (la ville comme étant éclairée, par exemple) –, ou qu'elle ait de ce fait une certaine structure rendant compte de la structure supposée du monde, en la redoublant (comme le serait précisément une expérience informée par un schématisme de type kantien ou strawsonien). C'est un héritier de la philosophie de la perception d'Austin, Ch. Travis, qui nous permettra de pleinement comprendre comment être réaliste sans être représentationnaliste.

---

1. Strawson et Austin sont tous les deux des philosophes du langage ordinaire. Mais alors que Strawson se réclame du langage ordinaire pour déterminer la structure du « schème métaphysique » qui sous-tend d'après lui notre pensée au niveau le plus simple, Austin propose une approche plus radicale, en ce que, pour chaque question et chaque concept, il faut toujours selon lui en revenir au langage ordinaire, pour comprendre la moindre distinction.

2. J.L. Austin, *Sense and Sensibilia*, Oxford, Oxford UP, 1962; trad. fr. P. Gochet revue par B. Ambroise, *Le langage de la perception*, Paris, Vrin, 2007, p. 89.

UN RÉALISME SANS REPRÉSENTATION : LA THÈSE DU SILENCE
DES SENS ET LE RÔLE DU CONTEXTE

Première supposition représentationnaliste : l'expérience est structurée

On considère généralement que, par exemple, l'expérience de la ville éclairée au petit matin nous informe du fait que la ville est éclairée. L'expérience serait alors telle que, selon elle, la ville est éclairée. Il s'agirait d'une expérience de ce *que* la ville est éclairée. Ce faisant, on considère que l'expérience a un contenu (*que* la ville est éclairée), qui lui-même est doté d'une certaine structure ou est organisé selon celle-ci [1] – celle qui lui permet précisément de rendre compte du fait que la ville est éclairée (et non pas du fait qu'elle est inondée). La structure de l'expérience serait ainsi ce qui identifierait l'expérience comme l'expérience qu'elle est. L'expérience de A, pourrait-on dire, aurait une structure^A qui la distinguerait de l'expérience de B qui aurait une structure^B.

La structure d'une expérience correspond à son caractère représentationnel (plus ou moins avoué), ou encore conceptuel. Dire en effet que l'expérience de A a une structure^A qui permet de l'identifier comme telle, c'est dire que le sujet qui en fait l'expérience peut la saisir comme étant l'expérience A au moyen de sa structure^A, en reconnaissant ou identifiant cette dernière, qui lui présente le monde comme étant d'une certaine façon [2]. Autrement dit, il peut lire l'expérience comme étant l'expérience *de ce dont elle est l'expérience* (de ce qui correspond à A). Il identifie ce faisant sa structure, qui lui représente l'expérience comme étant A (et pas autre chose) et renvoyant, de ce fait, à un certain état du monde correspondant au fait d'être l'expérience A. La structuration de l'expérience délivre ainsi au sujet de l'expérience le contenu précis de l'expérience considérée (et non pas un autre). C'est-à-dire qu'elle identifie ce qui est le cas *selon* elle, étant donnée la structure qui est la sienne. Martin Davies résume

---

1. Peu importe alors que cette structure soit le produit naturel de la réception, par nos sens, des effets du monde, sur le mode empiriste, ou qu'elle résulte d'une mise en forme de l'expérience par un mécanisme de schématisation, sur le mode kantien.

2. Nous posons ici une équivalence entre le fait d'être structuré et d'être d'une certaine façon.

parfaitement cette conception devenue une forme de vulgate dans la philosophie anglo-saxonne contemporaine : « Les expériences d'un sujet lui représentent le monde comme étant dans un certain état. Ces expériences peuvent être correctes ou incorrectes [...] En bref, les expériences ont des propriétés représentationnelles ou sémantiques; elles ont un contenu »[1].

Or, ce contenu de l'expérience, qui correspond de par sa structure à un état précis du monde, est censé permettre au sujet percevant et pensant d'atteindre le monde en identifiant, par sa pensée, l'expérience comme ce qu'elle est et, par là même, ce qui est le cas selon elle. Dès lors, comme le dit Wittgenstein, « les concepts de proposition, de langage, de pensée, de monde sont alignés les uns à la suite des autres, et ils sont tous équivalents »[2]. Il est en effet facile, dans ce cadre de pensée, d'atteindre le monde, en ce qu'il suffit pour une pensée d'avoir la même structure représentationnelle qu'une expérience donnée du monde pour être une pensée à propos de ce monde (tel qu'il est représenté dans l'expérience). Il est dès lors facile d'avoir une pensée vraie à propos du monde : elle est vraie seulement si sa structure est « semblable » à l'état du monde, tel qu'il est rendu par l'expérience qu'on en fait. En gros, elle est vraie lorsqu'elle a une structure isomorphe à celle de l'expérience du monde, censée elle-même être isomorphe à celle du monde. Il y a alors une sorte de correspondance entre le contenu de la pensée, celui de l'expérience et le monde lui-même.

D'où la conclusion qu'on peut tirer, telle qu'elle est exprimée par John McDowell qui rejoint là Strawson : « dans les jugements d'expérience, les capacités conceptuelles ne s'exercent pas sur des présents non-conceptuels de la réceptivité. Les capacités conceptuelles sont déjà à l'œuvre dans les présents même de la réceptivité »[3]. Autrement dit, si l'expérience doit avoir un contenu (structuré), afin d'être pouvoir saisie par la pensée, alors l'expérience est déjà d'ordre conceptuel (ou sémantique). Il est ainsi logiquement nécessaire, pour

1. M. Davies, « Perceptual Content and Local Supervenience », *Proceedings of the Aristotelian Society*, 92, 1992, p. 22.

2. L. Wittgenstein, *Philosophische Untersuchungen/Philosophical Investigations*, G.E.M. Anscombe (ed.), Oxford, Blackwell, 1953; trad. fr. E. Rigal (dir.), *Recherches philosophiques*, Paris, Gallimard, 2004, § 96.

3. J. McDowell, *Mind and World*, Cambridge (Mass.), Harvard UP, 1994; trad. fr. Ch. Alsaleh, *L'esprit et le monde*, Paris, Vrin, 2007, p. 72.

considérer, dans ce cadre, que la pensée atteint le monde (est une pensée *du* monde), de faire de l'expérience une donnée déjà conceptuelle. C'est à cela que revient le fait de considérer qu'elle est représentationnelle.

Mais, d'une part, nul n'est obligé de considérer que c'est ainsi que la pensée entre en relation avec le monde, et ce d'autant plus que, d'autre part, cette conception ne résout pas les problèmes auxquels elle se propose de répondre. Cette conception entend en effet proposer une conception des relations de l'esprit avec le monde qui rend compte du fait que l'esprit puisse atteindre le monde d'une manière *correcte* – c'est-à-dire en pensant comme étant le cas ce qui est, et non pas ce qui n'est pas [1]. Or, c'est le fait de bien distinguer une expérience donnée en fonction de ses traits structurants qui est censé éviter qu'on fasse cette erreur en prenant une expérience donnée pour une expérience qu'elle n'est pas : si une expérience a une structure^A, alors, suppose-t-on, on ne peut pas la prendre pour une expérience de *B* (puisque celle-ci, par définition, n'a pas une structure^A, mais une structure^B). C'est ainsi parce que l'expérience *A* me représente *A* comme étant le cas que je ne peux pas la confondre avec une expérience *B* (qui, par hypothèse, est une expérience de *B*). Tel est ce qui est censé se passer dans le meilleur des cas.

Deuxième supposition représentationnaliste : l'erreur représentationnelle, et la perte du monde (critique du représensationnalisme I)

Le problème est qu'une telle conception doit pouvoir rendre compte des cas d'erreur, c'est-à-dire des cas avérés où l'on prend parfois une expérience de *A* pour une expérience de *B*; comme, par exemple, lorsqu'on prend un bâton (droit) plongé dans l'eau pour un bâton tordu. Or, si l'on considère que l'expérience est représentationnelle, on doit nécessairement considérer que c'est cette structure représentationnelle, qui joue le rôle d'interface entre l'esprit et le monde, qui conduit à l'erreur [2]. Dès lors, comme le dit C. Peacocke, il

---

1. Pour reprendre la formulation aristotélicienne du vrai; voir Aristote, *Organon I et II, De l'interprétation*, trad. fr. J. Tricot, Paris, Vrin, 2004.

2. Cela ne peut en effet plus être le monde lui-même qui nous trompe, puisque c'est de sa représentation dont on fait l'expérience.

faut parvenir à distinguer les « expériences perceptives des états qui ne représentent pas, au sujet, le monde comme étant dans un état donné »[1]. Il faut réussir à identifier l'expérience perceptive trompeuse, que je prends pour une expérience perceptive véridique, pour l'en distinguer.

Que se passe-t-il dans un tel cas? Il peut arriver, par exemple, qu'on prenne l'expérience du bâton droit (mais placé dans l'eau) pour l'expérience d'un bâton tordu. Comme le dit Ch. Travis, dans ce cas, « je pense que j'ai des raisons [de penser cela], qu'en réalité je n'ai pas, en confondant quelque chose dont je fais bien l'expérience avec un tel item particulier ». Il est à noter qu'une conception de l'expérience qui suppose qu'elle est structurée ne doit pas exclure une telle possibilité de confusion, tout en étant censée se donner les moyens d'identifier chaque expérience pour ce qu'elle est (en la dotant d'une structure propre). En cela, elle rejoint la théorie des *sense-data*, dénoncée par Austin dans le *Langage de la perception*, en ce qu'elles reposent précisément toutes deux sur le même schème de pensée. Dans les deux cas, on pose un intermédiaire – les *sense-data* ou *les représentations fournies par l'expérience* – entre le sujet et le monde pour rendre compte à la fois de la saisie du monde par le sujet percevant et des cas d'erreurs possibles.

1) Dans le cas des *sense-data*, on considère que les données sensibles qui alimentent la perception sont telles qu'elles peuvent correspondre à deux réalités différentes, par exemple un bâton droit et un bâton tordu[2]. Ce dont on fait l'expérience est alors identique (d'où la confusion), mais ce à quoi cela renvoie est différent. Le contenu des deux expériences est le même alors que les deux expériences renvoient à deux réalités différentes. C'est alors au jugement d'opérer la discrimination entre les *sense-data* véridiques et les *sense-data* trompeurs. Il opère cette discrimination en fonction d'autres éléments à sa disposition[3].

2) Dans le cas des représentations fournies par l'expérience, on considère que l'expérience peut nous fournir une représentation qui, le

1. C. Peacocke, *A Study of Concepts*, Cambridge (Mass.), The MIT Press, 1992, p. 66.

2. Précisons que l'auteur de ces lignes n'adhère pas nécessairement à l'explication donnée ici par les tenants des *sense-data*; il s'efforce d'en rendre la logique.

3. Voir, par exemple, A.J. Ayer, *Language, Truth and Logic*, Mineola, Dover, 1952.

cas échéant, peut s'avérer représenter ce qui n'est pas le cas. C'est la représentation fournie par l'expérience, qui, en tant qu'elle est représentation *de* quelque chose, peut être trompeuse en n'« exprimant » pas correctement *ce dont* elle est la représentation. C'est donc au jugement d'accepter ou non cette représentation, c'est-à-dire de la prendre ou non pour argent comptant. Là encore, le jugement procédera à ce choix en fonction de raisons conceptuelles de le faire, fournies par ailleurs. Par exemple, c'est parce que je *sais* par ailleurs que le bâton est plongé dans l'eau que je considère que ma représentation de l'expérience (ce qui est supposé être ce que je vois), qui me le présente comme un bâton tordu, n'est pas véridique et que je ne la prends pas pour argent comptant – d'une certaine façon, je corrige par le jugement ce qu'elle me donne à voir comme étant le cas et considère qu'il n'est pas vrai que le bâton est tordu.

Or, un premier problème de ce type de position est qu'une fois posée l'illusion possible de la saisie du monde, il n'est plus possible d'en sortir. Si l'expérience fonctionne comme le prétendent les théoriciens de l'expérience-représentation, alors nous ne retrouvons plus jamais le monde, en ce que nous ne pouvons jamais être sûrs que ce que nous percevons est véridique (ou : est le cas), puisque ce qui est censé garantir la bonne saisie du monde (les représentations fournies par l'expérience, structurées d'une certaine façon) est aussi ce qui peut s'avérer trompeur. Dès lors, rien, *dans ce que je saisis du monde*, ne garantit plus que je le saisis correctement : ce n'est plus l'expérience elle-même qui fournit alors une raison de penser que ce qu'elle donne à voir, que ce qu'elle offre à l'esprit, est le cas [1]. Seul le jugement (ou le sujet percevant) devient l'instance permettant de dire s'il faut prendre pour argent comptant ce qui est représenté. En ce sens, il n'est plus besoin de sortir de la sphère du jugement pour saisir le monde. C'est une première façon de défaire le rapport de l'esprit au monde, qui perd tout rôle dans l'appréhension qu'on est censé en avoir.

---

1. On peut reprocher la même chose au cohérentisme de Davidson, qui exemplifie parfaitement cette position et ses problèmes. Voir D. Davidson, « A Coherence Theory of Truth and Knowledge », dans E. Lepore (ed.), *Truth and Interpretation*, Oxford, Blackwell, 1989 ; trad. fr. V. Aucouturier, « Une théorie cohérentiste de la vérité et de l'interprétation », dans B. Ambroise et S. Laugier (dir.), *Philosophie du Langage*, vol. 1, Paris, Vrin, 2009, p. 305-337.

On peut comprendre ce point d'une façon converse. Nous avons dit que la conception représentationnaliste de l'expérience amène à considérer qu'une expérience perceptive est dotée d'une structure conceptuelle et que c'est cette structure perceptuelle qui identifie l'expérience perceptive qu'elle est. Je n'aurais ainsi pas l'expérience perceptive du chat sur le tapis si celle-ci n'avait pas la structure conceptuelle précise selon laquelle le chat est sur le tapis. Ch. Travis explicite le problème de la façon suivante :

> L'idée cruciale, suggère-je – celle qui cause les problèmes les plus profonds – est que le monde lui-même est conceptuellement structuré, que des items ordinaires du monde [*Umstände*] conceptuellement structurés sont présents parmi ce que l'expérience nous présente, et que ce sont *ces* items qui sont des raisons de penser les choses – et qui donc, dans l'enregistrement que nous faisons de leur présence, deviennent les raisons que *nous* avons de penser les choses être le cas. Cette conception falsifie tout simplement la façon dont nous nous tenons vis-à-vis des raisons de penser les choses que le monde, à travers l'expérience, nous fournit[1].

L'idée problématique ici est celle selon laquelle les raisons du jugement, qui amènent à juger que telle ou telle chose représentée dans l'expérience est le cas, doivent être nécessairement conceptuelles pour se tenir dans l'alignement évoqué par Wittgenstein. Cette conception, on l'a vu, conduit à poser que ce qu'on voit – en l'occurrence le chat – est conceptuellement structuré[2]. Se joue en fait ici un amalgame entre le contenu de l'expérience et le chat[3], puisque l'expérience, structurée comme elle l'est, est censée rendre compte de la réalité des choses. Elle est donc supposée rendre compte, au travers de sa structuration, de la structure propre du réel. L'expérience n'est

---

1. Ch. Travis, *Les liaisons ordinaires*, Leçons au Collège de France, B. Ambroise (éd.), Paris, Vrin, 2003, p. 237.

2. *Ibid.*, p. 232.

3. Amalgame qui est en rapport avec la conception strawsonienne des « faits », considérés comme des entités se trouvant entre le monde et le langage et qui permettent au langage de dire vrai lorsqu'il leur correspond. Voir P.F. Strawson, « Truth », dans *Logico-Linguistic Papers*, London, Methuen, 1971 ; trad. fr. J. Milner, *Études de logique et de linguistique*, Paris, Seuil, 1977. Voir également la réponse d'Austin, « Unfair to Facts », *Philosophical Papers, op. cit.* ; trad. fr. B. Ambroise, « Injuste envers les faits », dans *Philosophie du Langage, op. cit.*, p. 271-304.

supposée être une expérience véritable qu'à être un décalque (représentationnel) du réel : l'expérience A possède la structure^A précisément parce que, par ce moyen, elle peut rendre compte de A au sujet percevant. C'est en cela que l'expérience A est supposée être une expérience *de A*. Ce faisant, il est présupposé que A possède une structuration similaire à celle de ce qui en rend compte. On l'a dit, la structure de l'expérience est ainsi considérée être isomorphe à la structure du réel. Par exemple, le contenu de l'expérience que j'ai d'un chat sur le tapis est structuré de telle manière qu'il me donne l'expérience perceptive d'un chat sur le tapis, parce que, ce faisant, il reproduit la structure du chat sur le tapis (sinon, il ne serait pas le contenu qu'il y a un chat sur le tapis).

Or, un chat sur un tapis n'est pas quelque chose qui puisse recevoir une structure conceptuelle – qui, si elle n'était pas introduite dans le chat sur le tapis, empêcherait que je perçoive le chat sur le tapis. Une structure conceptuelle est précisément ce qui permet d'identifier quelque chose comme étant tel ou tel, qui le représente [1]. Mais, dans ma perception du chat, le chat sur le tapis ne m'est pas présenté comme étant sur le tapis (comme tel ou tel), il m'est seulement présenté – point. Supposer que le chat sur le tapis a une structure conceptuelle, donc qu'il est toujours un chat comme tel ou tel, c'est faire du chat sur le tapis une réalité représentationnelle. Or, le chat sur le tapis, en tant que tel, ne se présente pas (nécessairement) comme étant un chat tel ou tel, même si on peut se représenter le chat comme étant tel ou tel [2]. Dans ce dernier cas, cela pourrait se faire au moyen d'une représentation, qui me représenterait le chat comme tel ou tel. Il pourrait alors s'agir d'une pensée ou d'une affirmation – il pourrait même s'agir du chat sur le tapis, puisqu'on pourrait après tout assigner à un chat

---

1. Nous revenons à l'idée qu'être structuré, c'est être *comme tel ou tel*. Il faut ici prendre l'analogie propositionnelle au sérieux : dans ce cadre de pensée, la perception est pensée comme une proposition dotée d'une structure prédicative. Voir le chat, dès lors, c'est voir *que* le chat est là.

2. Un chat est un chat, sans être nécessairement *un-chat-qui-est-là*. « Pour le dire autrement, une chose n'a de structure au sens pertinent que si elle est une représentation, c'est-à-dire que si elle représente ou dit de quelque chose que c'est tel ou tel. Or, une réalité dont on parle est rarement une représentation – en tout cas, ne l'est pas un cochon mangeant des tulipes » (Ch. Travis, « Glasses Unremarked », inédit, p. 5). Le cochon qui mange ainsi des tulipes ne représente rien comme étant tel ou tel.

(quelconque) le rôle de représenter telle ou telle chose comme telle ou telle. Mais ce n'est pas le cas du chat sur le tapis lui-même, tel qu'il nous est présenté dans la perception. Pour le dire autrement, le chat ne renvoie à rien, ou n'identifie rien – car, autrement, le fait que le chat soit présent dans mon expérience ne serait pas une raison pour que cette expérience soit celle du *monde* – et non pas seulement la mienne. En effet, le chat serait alors saisi comme représentation d'autre chose que de lui-même (ou comme auto-représentation); on ne le saisirait pas directement. On ne saisirait donc jamais le monde tel quel, mais seulement une représentation du monde, et nous ne pourrions finalement jamais être sûrs que nous saisissons l'état du monde, ou que c'est le monde lui-même qui nous impose de le saisir de telle ou telle façon. Vouloir à tout prix introduire une structure dans le réel – laquelle est censée faciliter sa saisie par l'esprit –, c'est finalement s'empêcher de faire dépendre nos représentations d'autre chose que de nos propres représentations. Dès lors, nos perceptions du monde ne dépendent plus du monde lui-même. Comme le dit Ch. Travis : « Il n'est pas possible que les représentations puissent nous donner les raisons que nous savons avoir, et devons avoir, si c'est vraiment au monde que notre pensée est une réponse, ou vis-à-vis duquel elle est responsable »[1]. L'idée que la réalité, pour être saisie, doit être conceptuellement structurée, nous fait donc perdre, encore une fois, le rapport au monde. C'est un premier constat qui mène à la thèse du silence des sens.

Critique du représentationnalisme II : l'impossibilité de distinguer l'erreur de la vérité dans la perception du monde

Un autre problème éminent avec la conception qui fait de l'expérience perceptive une expérience conceptuellement structurée, c'est qu'inversement, dès lors qu'on la prend au sérieux, elle semble empêcher la possibilité de l'erreur[2]. Reprenons l'exemple donné par Travis dans les *Liaisons ordinaires*. Supposons ainsi que, sur la table, quelqu'un ait laissé un citron. Je remarque alors sa présence – je remarque le citron sur la table pour ce qu'il est : un citron, sur une table. Jusque là, tout va bien. Supposons maintenant que je ne puisse

---

1. Ch. Travis, *Les liaisons ordinaires*, *op. cit.*, p. 238.
2. *Ibid.*, p. 238-239.

percevoir ce citron qu'à la condition que j'en aie une expérience conceptuellement structurée *de* citron sur la table. Alors c'est dire que je fais l'expérience du citron *comme citron qui est sur la table*. C'est dire que je fais l'expérience d'un item conceptuellement structuré comme l'est la représentation linguistique prédicative « Un citron est sur la table ». Par hypothèse, si ce dont je fais l'expérience n'avait pas cette structure prédicative, alors ce ne serait pas un citron sur une table dont je ferais l'expérience, mais autre chose.

Mais supposons maintenant que se trouve sur la table une reproduction parfaite de citron, tel un savon en forme de citron. Ce savon aurait donc l'air d'un citron – mais il ne serait pas un citron, même en y ressemblant énormément, jusqu'à en causer l'illusion. Par conséquent, il peut arriver que, dans ce cas, je confonde le savon avec un citron. Je penserais faire l'expérience d'un citron sur une table, alors qu'en réalité, je ferais l'expérience d'un savon sur la table. Jusque là encore, tout va bien. Le problème, c'est que le compte-rendu représentationnaliste de la perception du savon ne permet en fait pas de comprendre ce type d'erreur. Si, en effet, je dois distinguer ce qu'est un savon d'un citron, comme je le fais habituellement, alors je dois en faire une expérience différente, c'est-à-dire dans le cadre explicatif représentationnaliste, avoir deux expériences conceptuellement différentes : d'une part, l'expérience qui est structurée conceptuellement de telle sorte que je vois qu'un savon est sur la table ; d'autre part, l'expérience conceptuellement structurée de telle sorte que je vois qu'un citron est sur la table, qui par hypothèse se distingue de la première.

Mais si je dois pouvoir confondre l'expérience du savon avec l'expérience du citron, cela suppose que je puisse confondre deux expériences différemment structurées conceptuellement. Or, cela, par hypothèse, est impossible dans ce cadre explicatif : comment confondre deux choses dont les moyens d'identification empêchent par principe qu'on puisse les prendre l'une pour l'autre ? À la rigueur pourrait-on expliquer l'illusion en disant que je fais alors l'expérience de quelque chose qui a l'air de ressembler à un citron, c'est-à-dire que j'ai l'expérience conceptuellement structurée que quelque chose ressemblant à un citron est sur la table. Mais cette dernière expérience m'empêche précisément de la confondre avec l'expérience simple qu'un citron est sur la table ; ce ne peut pas être une raison de penser qu'un citron (tout court) est sur la table. Autrement dit, l'identification d'une expérience au moyen d'une structure conceptuelle intrinsèque empêche qu'on se trompe jamais quant à ce qu'elle est. Elle rend donc l'erreur impossible.

Or cette position, outre son irréalisme, impliquerait que tout jugement porté sur le monde est nécessairement vrai. Elle impliquerait par conséquent que je ne puisse jamais me corriger. Et cela rendrait donc impossible le fait que le monde puisse parfois me corriger quand à ce que je pense ou ce que je dis. Là encore, on perd le poids qu'est censé faire peser le monde sur mon jugement ou, pour le dire dans les termes de Ch. Travis, la « responsabilité » que le jugement humain doit avoir à l'égard du monde.

Le silence des sens et les contextes de la perception

Quelle est alors la solution ? Pour comprendre l'expérience de la confusion du citron avec le savon, il faut admettre l'idée que les sens sont muets, ou ne nous représentent rien, et que, lorsque je me trompe, je me trompe alors dans le *jugement* que je porte *sur ce dont je fais l'expérience* et non pas dans l'expérience elle-même (qui aurait une structure trompeuse). Dans le cas du savon-citron, je considère en fait que j'ai des raisons de penser ce que je pense à propos de mon expérience, alors qu'en fait la perception que j'ai ne me permet pas de penser ce que je pense, car cela n'en est pas une raison suffisante. Je ne peux donc pas refuser l'expérience que je fais, même si je me trompe dans le jugement que je porte sur elle – c'est ce jugement que je dois corriger.

En effet, comme le dit Austin :

> [...] au sens strict, nous ne sentons pas « du rouge » ou « du bleu » pas plus que nous ne sentons « une ressemblance » (pas plus des « qualités », pas plus des « relations ») : nous sentons quelque chose dont nous pourrions dire, si nous souhaitons en parler, que « c'est rouge » [...] Si nous persistons à essayer de dire ce que nous sentons (ce qui est impossible), on peut toujours essayer « je sens A-ressemblant-à-B » : et voir si cela donne quelque chose [1].

1. J.L. Austin, « Are There A Priori Concepts ? » (1939), dans *Philosophical Papers*, Oxford, Oxford UP, 1979, p. 49.

Ce que veut dire Austin, c'est que l'expérience perceptive ne nous dit pas comment il faut la rapporter, la penser, ou la dire. Autrement dit, qu'il n'y a pas de structure conceptuelle dans l'expérience perceptive que l'esprit devrait se charger de saisir ou de rendre. La réalité perçue est neutre quant à la structure de la façon dont on peut la dire, parce qu'elle admet, pour être exprimée, plusieurs structures. Je peux dire qu'il y a un cochon dans l'étable, c'est-à-dire utiliser une structure prédicative particulière pour rendre compte d'une expérience, dont je peux tout aussi bien rendre compte au moyen d'une autre structure prédicative, par exemple : « Charles mange du foin » – parce que dans le contexte, ces deux expressions différentes (qui peuvent être deux pensées différentes) permettent d'identifier la même expérience.

Cette conception de l'expérience est ce que Ch. Travis appelle une expérience austinienne, qui se distingue éminemment de l'expérience strawsonienne. Qu'est-ce qu'une « expérience austinienne » ? Selon elle,

> Ce que nous recueillons dans l'expérience [...] est ce qui peut coller avec une description donnée [...] plus ou moins lâchement, de différentes façons, pour différents objectifs, et qui peut ainsi être considéré comme collant avec une telle structure donnée pour certains objectifs, en certaines occasions, et non pour d'autres objectifs, en d'autres occasions [...] ce qui est ainsi appréhendé, quand nos sens sont dirigés vers le monde, n'est pas quelque chose doté comme tel d'une structure conceptuelle particulière : pour toute chose donnée qui nous est donnée, il n'existe pas de structure particulière qui est la sienne propre, ou de façon propre dont elle est présentée comme structurée. Les résultats de l'expérience – de nos sens – ne sont pas des items conceptuellement structurés[1].

On doit donc admettre que le réel n'a pas en soi de structure(s) que la perception aurait pour charge de transmettre, de manière isomorphe, à travers l'expérience. En réalité,

> Ce dont je considère que c'est le cas en considérant qu'un cochon est devant moi est quelque chose dont on pourrait dire que c'est le cas dans différentes descriptions, différemment structurées. C'est quelque chose de structurable d'un nombre indéfini de façons différentes[2].

1. Ch. Travis, *Les liaisons ordinaires, op. cit.*, p. 229.
2. *Ibid.*, p. 232.

C'est ici qu'entre en scène, à proprement parler, la thèse du silence des sens. Mes sens me présentent un état de choses, qui est un état de choses perçu, mais qui est conceptuellement neutre. Je peux très bien appliquer différentes descriptions, qui pourront être très différentes, et selon les contextes se trouver toutes vraies. Cela dépend essentiellement des objectifs et des circonstances. Ce qui signifie cet état de choses, cela peut être de nombreuses choses différentes (différentes phrases, mais aussi différentes pensées), qui dépendent également des circonstances et des objectifs. Autrement dit, il ne faut pas considérer que les sens nous livrent tel quel un certain état structuré de la réalité, qui attendrait qu'on le dise de la manière dont il demanderait à être dit. Le réel, tel qu'il nous est donné par nos sens, ne demande rien du tout. Comme le dit Putnam, «une réflexion sur l'expérience humaine suggère que ni la forme de toutes les prétentions de connaissance, ni les façons dont elles sont responsables à l'égard de la réalité, ne sont fixées une fois pour toutes à l'avance, contrairement à ce que suppose le réaliste traditionnel»[1].

Pour le dire autrement, ce n'est pas l'état de la réalité qui exige d'être rapporté d'une façon ou d'une autre, mais ce sont plutôt les circonstances dans lesquelles on parle de la réalité perçue qui vont déterminer la façon dont il convient de rapporter la réalité, étant donnés ce qu'elle est et les objectifs de la description alors donnée. Bien sûr, il ne s'agit pas de nier que la réalité a une structure (chimique, moléculaire, matérielle), mais de dire que cette structure n'impose aucune structure conceptuelle pour être dite ou pensée. Je peux penser à la structure moléculaire de l'eau de plusieurs façons différentes, toutes adéquates selon les circonstances. Autrement dit, je peux parler de l'eau de différentes façons, selon les contextes, même si bien sûr il convient alors de parler de l'eau – et non pas du vin.

CONCLUSION

Au terme de ce parcours à travers la conception représentationnaliste et ses impasses dans sa volonté d'atteindre le réel lui-même, il semble qu'il faille reconnaître avec Austin que

1. H. Putnam, *The Threefold Cord*, New York, Columbia UP, 1994, p. 7.

quoique la phrase «trompés par nos sens» soit une métaphore commune, elle n'en *est* pas moins une métaphore. Ce fait vaut la peine d'être noté, car [souvent] la même métaphore est fréquemment reprise et prolongée par l'expression «véridique» et est prise très au sérieux. En réalité, bien sûr, nos sens sont muets. Quoique Descartes et d'autres parlent du «témoignage des sens», nos sens ne nous disent rien du tout, ni de vrai, ni de faux [1].

On comprend ainsi qu'éliminer la représentation, la structure et le concept de notre expérience, ce n'est pas s'empêcher de rendre compte du monde, mais c'est au contraire la condition minimale pour permettre de l'atteindre et pour comprendre comment c'est le réel (ou le monde) lui-même qui détermine l'expérience qu'on en a, et cela même si on peut rendre compte de celle-ci de différentes façons, dans différents contextes. Vouloir trouver dans l'expérience elle-même les raisons conceptuelles de la penser de telle manière précise, c'est finalement donner une fixité illusoire à l'expérience et la rendre hors-d'atteinte de l'esprit humain, alors réduit à ne plus retrouver que lui-même dans l'expérience et, comme par hasard, à y identifier les structures qu'il y a lui-même introduites. C'est sûrement un réconfort appréciable pour l'esprit que de se retrouver en terrain connu; mais le risque ici évincé n'est autre que celui de rencontrer le monde, pour lui-même, et d'y répondre véritablement.

Christophe ALSALEH
Université de Picardie Jules Verne

Bruno AMBROISE
CNRS (CURAPP-ESS, Amiens)

1. J.L. Austin, *Le langage de la perception*, *op. cit.*, p. 88-89.

HUSSERL : DE L'EXPÉRIENCE NATURELLE
À L'EXPÉRIENCE TRANSCENDANTALE

En faisant sienne l'exigence d'un retour aux «choses elles-mêmes» (*zu den Sachen selbst*), la phénoménologie husserlienne reprend à son compte le geste classique de l'empiriste qui en appelle à l'expérience en vue de dénoncer les «idoles», les «puissances de la tradition et de la superstition», les «préjugés grossiers et raffinés de tout genre»[1]. Si telle entreprise ne se réduit pas à une simple posture, la question se pose de savoir quelles sont ces «choses» auxquelles il convient de revenir et quelle peut être la nature de l'«expérience» évoquée. Or il se pourrait qu'il y ait là en réalité deux questions qu'il convienne de dissocier nettement, l'une précédant et conditionnant nécessairement l'entente de l'autre. Une première question se trouve en effet soulevée par la désignation de ces «choses» auxquelles on nous enjoint de revenir : elle nous invite à définir le domaine d'objet spécifique de la phénoménologie. Une seconde question, bien différente, consiste à se demander ce qu'il restera ensuite – et ensuite seulement – à penser sous la rubrique de l'expérience.

La réponse à la première question se laisse aisément formuler, à l'inverse de celle que l'on peut apporter à la seconde. En effet, si Husserl précise bien quelles sont les «choses» qui doivent être l'affaire de la phénoménologie, la définition d'un concept proprement *phénoménologique* de l'expérience paraît loin d'aller de soi.

---

1. E. Husserl, *Idées directrices pour une phénoménologie et une philosophie phénoménologique pures, Tome premier*, Paris, Gallimard, 1950 (désormais cité *ID I*), p. 63-64. Voir aussi E. Husserl, *Recherches Logiques, Tome 2, Recherche I*, Paris, PUF, 1959 (désormais cité *RL II-1*), Introduction, § 1, p. 6.

Les « choses elles-mêmes », ce sont les phénomènes, c'est-à-dire l'ensemble de ce qui apparaît à la conscience. La phénoménologie peut dès lors se définir comme science de l'apparaître, à condition de préciser qu'elle aborde cet apparaître à partir de la relation instituée par la conscience entre l'apparition et l'apparaissant, en faisant ainsi primer la considération de sa dimension subjective[1]. Plus précisément, la phénoménologie est l'étude analytique et descriptive des actes de conscience, des vécus où se joue la corrélation intentionnelle du sujet et de l'objet, de l'*ego* et du monde. Ce faisant, il ne s'agit pas de constater l'événement de la manifestation phénoménale, mais bien de restituer les structures *a priori*, nécessaires et universelles de tout apparaître, en identifiant les types d'actes spécifiques par l'intermédiaire desquels nous nous rapportons aux objets visés (perception, imagination, etc.).

Ainsi la phénoménologie dit-elle plus volontiers le vécu (*Erlebnis*) que l'expérience (*Erfahrung*). À ses débuts, elle paraît même devoir sacrifier le concept *empiriste* ou *naturaliste* d'expérience sur l'autel du vécu, de telle sorte que toute possibilité de recours au concept « traditionnel » d'expérience paraît durablement condamnée. Pourtant, par le biais de confrontations décisives et à mesure que la méthode phénoménologique s'affirmait et se raffinait, Husserl en est venu à produire une théorie *phénoménologique* de l'expérience, accordant ainsi à l'analyse descriptive des vécus une portée nouvelle. Par des détours singuliers, la phénoménologie a su renouer à sa manière avec certaines des intuitions fondamentales de la tradition empiriste, en faisant tout d'abord droit à une *expérience transcendantale*, puis en abordant la question d'un monde de l'expérience, sous la figure du *monde de la vie* (*Lebenswelt*) compris comme dimension originaire de la relation de l'*ego* au monde. Ainsi la phénoménologie husserlienne s'attache-t-elle à penser l'expérience depuis ses structures transcendantales et selon sa concrétude expérientielle.

---

1. *RL II-2, Recherche V*, p. 148-149 : « On ne saurait assez fortement insister sur l'équivoque qui nous permet de donner le nom de phénomène [*Erscheinung*] non seulement au vécu en quoi réside l'apparaître [*Erscheinen*] de l'objet (par exemple au vécu concret de la perception, dans lequel l'objet est présumé être présent lui-même), mais aussi à l'objet apparaissant comme tel ».

LA CRITIQUE DE L'EMPIRISME DANS LES *RECHERCHES LOGIQUES*

Dans le prolongement de la *Philosophie de l'arithmétique*[1], les *Recherches Logiques* de 1900-1901 poursuivent l'objectif d'une « clarification » (*Klärung*) des fondements des mathématiques et au-delà d'elles, de ceux de la logique et de la théorie de la connaissance dans leur ensemble. En l'occurrence, pour établir une logique « pure » qui puisse justifier la possibilité de toute connaissance, il convient de découvrir les sources légitimes des concepts fondamentaux et des lois idéales de toute théorie[2]. À cette fin, Husserl promeut un régime d'analyse inédit : la phénoménologie, science des phénomènes ou de ce qui apparaît à la conscience. La démarche spécifique dont la phénoménologie naissante peut se prévaloir est l'analyse descriptive des vécus intentionnels. La « phénoménologie pure des vécus de la pensée et de la connaissance »[3] délaisse donc l'interrogation de l'être de l'objet pour s'attacher à celle de ses modes de donations subjectifs.

Dans les *Prolégomènes à la logique pure*, cette entreprise s'inaugure de la critique du psychologisme, c'est-à-dire de cette conception qui ramène les catégories logiques, en droit nécessaires et universelles, à des faits psychiques particuliers et contingents. Or la dénonciation du psychologisme se développe elle-même sur le fond d'une critique radicale de l'empirisme, sous les diverses formes que celui-ci peut prendre, qu'il s'agisse de sa version classique chez Locke et Hume ou de la théorie de la connaissance contemporaine (chez Sigwart, Mill, etc.). L'appendice aux § 25 et 26 des *Prolégomènes*, très explicitement intitulé *De quelques vices de principe de l'empirisme*, ne laisse aucune ambiguïté sur ce point.

De quoi l'empirisme s'est-il donc rendu coupable aux yeux de Husserl ? Il est tout d'abord manifeste que l'empiriste ne considère, en fait d'expérience, que le fait singulier et contingent, ainsi que le jugement empirique singulier qui s'y rapporte. Conséquemment, sa théorie de la connaissance se satisfait de l'explication de la genèse psychologique de jugements généraux à partir d'une collection de cas

---

1. E. Husserl, *Philosophie de l'arithmétique*, Paris, PUF, 1972.

2. Cette tâche se trouve définie à l'issue des *Prolégomènes à la logique pure*, *RL I*, § 66-72, p. 261-284.

3. *RL II-1*, Introduction, p. 2.

particuliers. L'empirisme se contente ainsi de faire dériver de l'expérience, par induction, des généralités empiriques. Ce faisant, il s'interdit toute justification rationnelle de la connaissance médiate à partir des évidences immédiates. Ce point est décisif : l'expérience, telle que la comprend l'empiriste, ne peut suffire pour fonder une théorie de la connaissance qui soit à même de rendre compte de l'universel et du nécessaire. Parce qu'il est incapable d'exhiber les conditions *a priori* de la connaissance médiate en faisant droit à l'évidence intuitive immédiate de l'*a priori*, l'empirisme conduit nécessairement au scepticisme, c'est-à-dire à un relativisme qui nie les conditions de possibilité de la connaissance objective.

Cette critique sans concession de l'empirisme appelle plusieurs remarques quant au concept d'expérience qui se trouve ainsi mis en cause.

Notons tout d'abord que la condamnation de l'empirisme que développent les *Recherches Logiques* porte essentiellement sur le rôle que l'on fait jouer à l'expérience dans la perspective gnoséologique. Ce qui est en cause, ce n'est bien sûr pas le fait que l'expérience fournisse matière à la connaissance. Il est en revanche hautement problématique de considérer, comme le fait l'empiriste, que la connaissance doit tout à l'expérience ou qu'elle en « dérive » entièrement. Le tort de la stratégie empiriste tient à ce qu'elle fait de l'expérience, point de départ légitime de la connaissance, une instance de justification illégitime de l'ensemble de la connaissance[1]. Husserl joue ainsi fort classiquement la carte du rationaliste qui reproche à l'empiriste son choix d'en rester à l'expérience et son incapacité à rendre compte des structures aprioriques, nécessaires et universelles, de l'expérience.

Remarquons ensuite que la critique de l'empirisme se fonde sur une conceptualisation bien déterminée de l'expérience. Husserl en donne la formule la plus concise lorsqu'il évoque, dans la cinquième des *Recherches Logiques*, «l'expérience, la *matter of fact* de la

---

1. Cf. *RL I, Prolégomènes à la logique pure*, § 24, p. 84 : «Toute connaissance "commence avec l'expérience", mais cela ne veut pas dire qu'elle "dérive" de l'expérience ». Cette phrase de Husserl reprend quasi-littéralement un propos de Kant dans la *Critique de la raison pure* : «Bien que toute notre connaissance s'amorce avec l'expérience, il n'en résulte pas pour autant qu'elle dérive dans sa totalité *de* l'expérience » (E. Kant, *Critique de la raison pure*, trad. fr. A. Renaut, Paris, Aubier, 1997, p. 93).

sensibilité » [1]. Cette définition lapidaire stipule que l'expérience se comprend toujours par rapport au fait particulier et contingent, au sens même où Hume a pu le définir [2]. Elle signale en outre que le fait d'expérience doit tout à la sensibilité et qu'il n'est en ce sens qu'une collection de données sensibles. L'expérience d'empiriste est exemplairement celle de la perception d'une chose (*Ding*) qui nous met immédiatement en présence de l'objet sensible. Comme on va le voir, cette définition déterminée et restrictive, loin de clore la question de l'expérience, ne fait en réalité que l'ouvrir.

Enfin, il faut encore relever le fait que les *Recherches Logiques* ne semblent pas se soucier de produire, en réponse à la définition empiriste de l'expérience, une conceptualisation phénoménologiquement informée de l'expérience. À l'évidence, la critique de l'empirisme a pour corrélat et point d'appui la promotion du concept de vécu (*Erlebnis*), magistralement orchestrée par la cinquième des *Recherches Logiques*. En effet, c'est bien ce concept qui fournit son assise propre à ce qui se présente encore comme une « psychologie phénoménologique » et lui permet de laisser hors-champ la question de l'expérience, *au sens où l'entend l'empiriste*. Paradoxalement, si le concept de vécu est emprunté à la psychologie de l'époque (chez Wundt notamment), il est manifestement possible pour Husserl de l'affranchir de l'acception empiriste pour en faire le nerf de la critique de l'empirisme. La mise en majesté du vécu permet à la phénoménologie de se présenter comme une discipline radicalement nouvelle en renvoyant l'empirisme à la seule expérience. De là cette mise au point :

> ce concept de vécu peut être pris dans un sens purement phénoménologique, c'est-à-dire de telle sorte que toute relation avec l'existence empirique réelle [*reale*] (avec des hommes ou des animaux de la nature) soit exclue : le vécu au sens psychologique descriptif (phénoménologiquement empirique) devient alors un vécu au sens de la phénoménologie pure [3].

---

1. *RL III*, *Recherche VI*, p. 238.
2. *Cf.* D. Hume, *Enquête sur l'entendement humain*, Section IV, I, Paris, Vrin, 2008, p. 95.
3. *RL II-2*, *Recherche V*, p. 146-147.

L'abandon de la détermination empiriste du vécu a donc ce remarquable corrélat : la mise en évidence de cette propriété qui le structure intimement, à savoir la relation intentionnelle qui fait du vécu une visée d'objet. Le *vécu intentionnel*, la relation du sujet à l'objet considérée dans son unité et dans ses diverses variétés, peut alors devenir le thème propre de la phénoménologie. Pour le phénoménologue qui s'attache à la considération de ces seuls vécus intentionnels en excluant tout ce qui a trait à « l'existence empirique réelle », notre rapport au monde, aux objets et aux autres sujets n'est plus conçu comme un pur enregistrement des faits particuliers et contingents mais se trouve reconsidéré à partir de l'investigation analytique et descriptive des actes de conscience.

Cette substitution du concept d'*Erlebnis* à celui d'*Erfahrung*, du vécu à l'expérience, pour significative qu'elle soit, ne règle pourtant pas définitivement les comptes. D'une part, elle ne fait pas justice de ce que la phénoménologie, par-delà la critique qu'elle développe à son endroit, doit à l'empirisme – nous aurons l'occasion d'y revenir. D'autre part, elle laisse en suspens la question d'une théorie phénoménologique de l'expérience qui dépasserait le caractère local et ponctuel du vécu.

La critique du concept d'expérience naturelle

Dans la suite de son œuvre, en guise de préalable à toute investigation résolument phénoménologique de l'expérience, Husserl s'attache fréquemment à restituer ce que l'on veut bien entendre ordinairement sous ce terme. Certes, les formes prises par de telles caractérisations peuvent aller de l'allusion lapidaire à l'analyse méthodiquement développée, qui plus est sur un mode qui hésite parfois entre la définition neutre et l'esquisse d'une plus franche critique de *cette* définition « ordinaire » du concept d'expérience. Il n'en reste pas moins que Husserl procède à cet égard d'une manière suffisamment récurrente et homogène pour qu'elle soit significative.

Dans l'effort mis à définir ce que l'on nommera désormais l'*expérience naturelle*, la première partie du premier livre des *Idées directrices* et le § 6 d'*Expérience et jugement* méritent une considération particulière[1]. Les intentions de ces deux textes sont certes fort différentes : produire la définition d'attitude naturelle dans un cas, établir la généalogie de la logique dans l'autre. Mais il s'y joue une seule et même définition du concept de l'expérience naturelle, qu'il convient à chaque fois de préciser pour permettre que l'on puisse s'en déprendre. De ce point de vue, la critique du concept d'expérience naturelle prolonge et radicalise la critique de l'empirisme développée dans les *Recherches Logiques*. Elle reprend les deux traits déterminants du concept d'expérience déjà identifiés : sa dimension sensible (1) et sa détermination comme factualité particularisée (2).

1. La première caractéristique marquante de ce concept d'expérience compris « au sens le plus large du terme » porte l'accent sur le rôle déterminant et premier de la perception sensible. L'expérience naturelle s'inscrit et se déploie dans la dimension du sensible :

> L'intuition donatrice est, pour la première des sphères, pour la sphère « naturelle » de connaissances, et pour toutes les sciences de ce ressort, l'expérience naturelle ; et l'expérience donatrice *originaire* est la *perception*, prise au sens habituel du mot[2].

L'originarité de la perception sensible doit être pensée relativement aux formes de connaissances naturelles, ordonnées par rapport à elle, mais aussi pour elle-même. Dire que la perception est originaire, c'est souligner le fait que les actes de perception nous assurent de la pleine présence de l'objet à la conscience : l'individu empirique y apparaît « en chair et en os ». L'ensemble des autres actes de l'expérience naturelle se réfèrent à cette donnée originaire. L'expérience naturelle est faite de données sensibles et la connaissance naturelle ne peut commencer qu'avec elles. Par conséquent, toutes les sciences empiriques, qu'il s'agisse des sciences de la nature ou des sciences de « l'esprit », renvoient à cet ordre premier de l'expérience, celui de la perception sensible[3].

---

1. E. Husserl, *Expérience et jugement. Recherches en vue d'une généalogie de la logique*, Paris, PUF, 1970 (désormais cité *EJ*).

2. *ID I*, § 1, p. 15.

3. Husserl insiste souvent sur le fait que, dans le cadre de l'attitude naturelle, nous n'avons pas seulement affaire à des choses matérielles, mais également à des valeurs et

2. Le premier chapitre du premier tome des *Idées directrices* définit aussi le rapport de la *connaissance* naturelle à l'*expérience* naturelle en identifiant son principe : l'intuition empirique de l'individu. De cette dernière, le § 3 du premier livre des *Idées directrices* donne la définition suivante :

> L'intuition empirique, spécialement l'expérience, est la conscience d'un objet individuel; par son caractère intuitif, « elle fait accéder l'objet au rang de donnée » [*Gegebenheit*] […][1].

Que l'on parle donc de « connaissance naturelle », de « réel », d'« existence » ou encore de « fait » est au fond tout à fait indifférent puisque ce ne sont là que différentes manières de dire une seule et même expérience. C'est toujours à l'expérience naturelle que l'on fait référence, c'est-à-dire à des entités individuelles, relatives à une position spatio-temporelle déterminée. Le § 6 d'*Expérience et jugement* ne souffre sur ce point d'aucune ambiguïté :

> *Et l'évidence des objets individuels constitue le concept d'expérience au sens le plus large.* L'expérience au sens premier et authentique se définit ainsi comme une relation directe à l'individuel. Par suite, *les jugements premiers en soi* sont des jugements ayant un substrat individuel, ce sont des jugements qui portent sur l'individuel, ou jugements d'expérience[2].

Cette définition prolonge elle-même le propos développé dans *Logique formelle et logique transcendantale*, où Husserl définit très explicitement les jugements d'expérience comme étant ces « jugements sur les données de la perception et du souvenir possibles, fournissant des normes pour l'exactitude des jugements-opinions catégoriques du niveau le plus bas relatif à l'individu »[3].

On constate donc à la lecture de ces textes que Husserl reprend le concept d'expérience mobilisé dans le cadre de la critique de l'empirisme, mais qu'il réévalue considérablement son rôle gnoséologique. En effet, le concept d'expérience *naturelle* n'est plus le produit contes-

des pratiques. Il n'en reste pas moins que ces valeurs et pratiques renvoient à l'existence de choses matérielles, objets de perception.

1. *ID I*, § 3, p. 22.

2. *EJ*, p. 30.

3. E. Husserl, *Logique formelle et logique transcendantale*, Paris, PUF, 1957, p. 282.

table de la conceptualisation particulière d'une école philosophique. Il apparaît désormais comme une production relative de la conscience dans son rapport premier et spontané au monde. La définition du champ de l'expérience naturelle correspond au fonctionnement naturel, spontané et général de la conscience. En un sens, il est tout à fait vain de polémiquer avec l'empiriste. Il convient plutôt de rendre compte de la naturalité de l'expérience qui lui semble si évidente.

La reprise du concept empiriste d'expérience au sein de la théorie de l'attitude naturelle permet de préciser sa définition mais aussi d'engager sa critique, dans le cadre d'une relativisation de l'attitude naturelle. Celle-ci s'opère au paragraphe 30 des *Idées directrices*, avec l'identification de la « thèse » générale de l'attitude naturelle, laquelle réside dans la présupposition constante de l'existence d'une unique réalité spatio-temporelle, d'un monde empirique permanent et homogène. L'intuition empirique de l'individu opère toujours sur le fond de la position d'un monde tenu pour réel. Cette « thèse » de l'attitude naturelle est donc le présupposé constant et tacite de toute expérience naturelle, de toute l'expérience naturelle. Dans toute position empirique, il y a au fond un réalisme naïf qui ne se dit pas ni ne s'assume comme tel [1].

La relativisation de l'attitude naturelle se prolonge ensuite avec la pratique de la variation eïdétique qui révèle, à partir de l'expérience naturelle elle-même, ses structures *a priori*. Ce n'est pas la parti-cularité contingente du vécu qui intéresse le phénoménologue, car celle-ci ne pourvoit que des vérités relatives. Il importe en revanche de dégager l'essence de ce qui est vécu en saisissant les traits qui font la nécessité et l'universalité de tel ou tel type de vécu. Pratiquement parlant, la variation eïdétique consiste à faire varier par imagination un objet singulier pour révéler les potentialités inactualisées et identifier les invariants de l'intentionnalité objectivante [2]. Cette variation imaginative n'a pas pour fonction de déréaliser l'expérience, mais bien de révéler ce qui la structure intimement. Par son intermé-diaire, il devient possible de révéler ce que Husserl appelle l'*essence*

---

1. *ID I*, § 30, p. 94-95.

2. Sur ce point que nous ne pouvons développer plus longuement, nous renvoyons au cours de *Psychologie Phénoménologique*, Paris, Vrin, 2001 (désormais cité *PP*), § 9-10, p. 71-89, ainsi qu'à *EJ*, § 86-93, p. 412-445.

du vécu[1]. La singularité empirique se trouve alors dépassée et elle devient l'*exemple*, l'illustration concrète d'une structure *a priori*. La variation eïdétique réduit la variété des expériences factuelles et procure à terme l'intuition de l'essence qui prime sur l'intuition empirique de l'individu. C'est à ce titre que la phénoménologie peut se définir comme science eïdétique de la conscience et se présenter comme une alternative inédite aux sciences empiriques :

> Nous substituons donc à l'expérience la notion plus générale « d'intuition », refusant ainsi d'identifier science en général et science empirique[2].

À ce point, nous constatons qu'une nouvelle substitution s'opère, qui prétend remplacer le concept d'expérience par celui d'intuition eïdétique. Au terme de la critique de l'expérience naturelle et de sa relativisation progressive, il reste donc que le concept d'expérience, dans ses déterminations empiristes et naturalistes, demeure foncièrement impraticable. Il ne faut bien sûr pas en conclure que la phénoménologie aurait renoncé à dire et penser l'expérience. Seulement, elle ne pourra le faire qu'en réélaborant à nouveaux frais le concept d'expérience, en l'affranchissant de sa double détermination sensible et factuelle. C'est en ce sens que la phénoménologie demeure intimement travaillée par la question de l'expérience, comme en témoigne l'élaboration progressive d'une théorie phénoménologique de l'expérience pensée comme corrélation génétique du sujet au monde.

GENÈSE D'UNE CONCEPTUALISATION
PHÉNOMÉNOLOGIQUE DE L'EXPÉRIENCE

La conceptualisation proprement phénoménologique de l'expérience opère par le biais de trois confrontations critiques qui opposent la phénoménologie husserlienne à la philosophie transcendantale de Kant, à l'empirio-criticisme d'Avenarius, à la psychologie descriptive

---

1. La méthode de la variation eidétique n'est donc pas une simple méthode d'exposition : elle dégage la structure d'essence au sens où elle décide directement de son accès.

2. *ID I*, § 20, p. 67-68.

et analytique de Dilthey. À chaque fois, Husserl procède à un double mouvement de reprise et de démarcation. On aurait pourtant tort de considérer que la théorie phénoménologique de l'expérience qui s'ébauche progressivement est le simple produit de ces divers apports, la synthèse fragile de perspectives qui peuvent paraître contraires ou contradictoires. L'essentiel n'est pas là, mais réside dans le fait que l'expérience – ou ce que l'on peut en penser – redevient peu à peu problématique aux yeux du phénoménologue et que l'on peut alors la conceptualiser à nouveaux frais, c'est-à-dire à partir de l'analyse descriptive de la conscience intentionnelle.

1. La première et la plus durable de ces confrontations s'établit avec la philosophie kantienne et néo-kantienne, *via* la reprise et la réélaboration du dispositif transcendantal qu'elle promeut [1]. Aux yeux de Husserl, Kant a eu l'insigne mérite d'inaugurer le subjectivisme transcendantal que la phénoménologie radicalise et parachève. L'adjectif « transcendantal », *en un sens extrêmement large* comme le soulignera Husserl dans la *Krisis*, désigne ainsi le mouvement de retour au sujet comme instance originaire de la connaissance, « l'auto-méditation du sujet connaissant sur soi-même et sur sa vie de connaissance » [2]. On sait cependant quel est le sens précis que Kant, pour sa part, assignait au transcendantal. Pour lui, celui-ci s'établit par rapport au niveau de la phénoménalité empirique, celui du divers des sensations, et à travers la distinction progressive de l'ensemble des conditions formelles de possibilité de toute expérience : les formes *a priori* de l'intuition (l'espace et le temps), les catégories de l'entendement, les concepts, le Je de l'aperception transcendantale enfin. Ces conditions de possibilité de l'expérience trouvent en elle l'occasion de leur application, elles la structurent et lui confèrent son unité, ce qui signifie aussi qu'elles lui préexistent.

En un sens, Kant demeure largement tributaire de la définition empiriste de l'expérience, qu'il reconduit plutôt qu'il ne s'en libère.

---

1. Sur le rapport complexe de Husserl aux philosophies kantienne et néo-kantiennes, on mentionnera l'étude classique d'I. Kern, *Husserl und Kant. Eine Untersuchung über Husserls Verhältnis zu Kant und zum Neukantianismus*, Den Haag, Nijhoff, 1964.

2. Sur cette lecture de Kant et cette définition bien particulière du transcendantal : E. Husserl, *La crise des sciences européennes et la phénoménologie transcendantale*, Paris, Gallimard, 1976, § 26, p. 113-114.

Sa théorie de la connaissance ne pousse pas à son terme l'investigation du transcendantal puisqu'elle en reste, comme le souligne Husserl, au niveau purement *formel* des conditions de possibilité de l'expérience. La conception husserlienne du transcendantal se réfère quant à elle à l'*ego* comme instance constitutive de toute objectivité. Transcendantal ne qualifie plus chez Husserl les conditions de possibilité de l'expérience, mais l'attitude nouvelle que nous gagnons en nous déprenant de l'attitude naturelle, *via* la suspension neutralisante de toute position d'existence. L'attitude transcendantale est celle qui nous donne à voir le double mouvement de constitution et de donation des unités de sens à la conscience[1]. Comme on va le voir, c'est ce déplacement du site propre au transcendantal, qui transite des conditions de possibilité de l'expérience à l'attitude tenue par l'*ego* dans son rapport au monde et à lui-même, qui va rendre concevable ce qui ne l'était pas chez Kant, à savoir l'idée une expérience *transcendantale* et la thèse corrélative, proprement inadmissible pour le kantien orthodoxe qui n'y voit qu'une idée, que l'on peut faire expérience du monde[2].

2. La seconde des confrontations critiques qui mérite d'être mentionnée s'établit dans les *Problèmes fondamentaux de la phénoménologie* de 1910-1911, à travers l'examen des positions de R. Avenarius, disciple de E. Mach et co-fondateur de l'empirio-criticisme[3]. On pourra s'étonner de voir Husserl accorder tant d'attention et de crédit à une philosophie qui paraît reconduire une conception purement matérialiste et déterministe, naturaliste donc au sens de Husserl, de la conscience. Par-delà cette forte divergence, c'est ici la thématisation du *monde* de l'expérience qui intéresse Husserl. Dans le contexte du tournant transcendantal à l'œuvre au moins depuis 1907, la lecture

---

1. E. Husserl, *Méditations Cartésiennes et les Conférences de Paris*, trad. fr. M.B. de Launay, Paris, PUF, 1994, (désormais cité *MC*), § 11, p. 68-70.

2. *PP*, § 11, p. 92-93.

3. E. Husserl, *Problèmes fondamentaux de la phénoménologie*, Paris, PUF, 1991. On consultera en particulier le § 10, p. 117-128 et l'appendice XXII, p. 218-226. Sur le rapport de Husserl à l'empirio-criticisme, mentionnons l'introduction historique de M. Sommer, *Husserl und die frühe Positivismus*, Frankfurt a. M., Klostermann, 1985. Nous renvoyons également à la belle étude de J.-F. Lavigne, «Husserl, lecteur d'Avenarius : une contribution à la genèse de la réduction phénoménologique?», *Kairos*, 22, 2003, p. 61-82.

d'Avenarius, auteur d'un ouvrage intitulé *Critique de l'expérience pure*[1], offre un contrepoint à la référence kantienne. Elle suscite un recentrement du dispositif transcendantal qui en modifie radicalement le sens. En effet, pour Avenarius, la détermination originelle et concrète de notre expérience se situe dans ce qu'il appelle le « concept naturel de monde » (*natürliche Weltbegriff*). Le monde qui précède toute théorie et toute science est celui de l'expérience *pure*, d'une expérience perceptive primordiale. Nos concepts, les concepts traditionnels de la philosophie, ne nous permettent pas de penser cette expérience, mais la recouvre artificiellement. Seul le « concept naturel de monde » qui exhibe le monde tel que nous le trouvons, laisse pleinement valoir l'expérience telle qu'elle se donne à nous. L'essentiel est ici qu'il n'est pas d'expérience possible sans une corrélation originaire du sujet et du monde, corrélation à la fois structurée et structurante[2]. Le « concept naturel de monde » désigne le présupposé fondamental de toute expérience possible.

Avenarius pose donc dans toute sa radicalité le problème de la théorie de l'expérience, c'est-à-dire de la possibilité même de penser cette dernière. Il travaille à sa résolution en misant sur la relation originaire du sujet au monde. C'est cette « tâche d'une théorie et d'une critique de l'expérience pure », ainsi problématisée, qui est justement reprise par Husserl dans les *Problèmes fondamentaux de la phénoménologie*. Dès lors, on ne pourra donc plus se contenter de substituer un concept (le vécu, l'intuition) à un autre (l'expérience), mais il faudra rendre compte de la difficulté que nous avons à penser l'expérience sans laisser pour autant sur le bord du chemin sa dimension proprement vécue. Difficulté qui ne peut être dépassée, Husserl en convient, qu'en revenant phénoménologiquement sur la question du monde, à laquelle la théorie du monde de la vie tentera d'apporter une réponse :

> [...] la science et la philosophie font des énoncés sur le monde, mais le point de départ et le soubassement pour tout cela, c'est l'*expérience*.

---

1. R. Avenarius, *Kritik der reinen Erfahrung*, Leipzig, 1907 (désormais cité *KRE*), p. 85. *Der menschliche Weltbegriff*, Reisland, Leipzig, 1891 présente un résumé des vues de l'auteur.

2. *KRE I*, p. XV. Cette corrélation implique également les autres sujets chez Avenarius.

[...] Je dois donc précisément commencer par décrire le monde tel qu'il se donne à moi *immédiatement*, et, corollairement, décrire l'expérience eu égard à ce dont l'expérience a été faite en tant que tel [1].

3. C'est enfin la reprise critique de certaines des positions défendues par Dilthey qui nourrit la conceptualisation phénoménologique de l'expérience. Sur la question particulière de l'expérience, la phénoménologie husserlienne consonne avec la critique des théories de l'expérience développée par Dilthey dans un texte de 1892 intitulé *Erfahren und Denken*[2], où Dilthey renvoie dos-à-dos l'empirisme et le criticisme kantien. On sait par ailleurs que Dilthey a cherché à fonder les sciences de l'esprit de manière immanente en misant sur une psychologie réformée, s'inscrivant en faux par rapport aux psychologies expérimentales et se définissant comme psychologie analytique et descriptive. Cette psychologie prend pour objet « la structure de la vie intérieure d'un homme typique »[3], soit une expérience interne (*innere Erfahrung*), accessible réflexivement et en faisant abstraction de l'expérience extérieure, spatio-temporelle. Or son mode de donation est le vécu (*Erlebnis*), lequel n'est pas ici défini par la propriété structurelle de l'intentionnalité, mais comme unité nodale d'une multitude de liaisons psychiques. L'*Erlebnis*, l'expérience vécue, est présentée par Dilthey comme une unité relationnelle qui n'est pas le résultat d'une production causale, mais d'une dynamique relationnelle interne. De telles unités sont des déterminations de la conscience individuelle historique qui peuvent être *analysées*, distinguées les unes des autres, mais qui n'en sont pas moins ouverte à la totalité relationnelle de la « vie » (*Lebenszusammenhang*). À partir de l'expérience vécue, l'objet de la description et de l'analyse est ainsi le *Strukturzusammenhang*, terme couramment traduit par l'expression *ensemble structurel* et qui désigne l'unité primaire de la vie psychique.

1. E. Husserl, *Problèmes fondamentaux de la phénoménologie*, Paris, PUF, 1991, appendice XXII, p. 220-221.

2. W.G. Dilthey, *Le Monde de l'Esprit*, I, Paris, Aubier-Montaigne, 1947, p. 149 : « La théorie de la connaissance qui a eu cours jusqu'à présent, celle des empiristes comme celles de Kant, a expliqué l'expérience et la connaissance à l'aide d'un *fait* appartenant à la simple représentation. Dans les veines du sujet connaissant tel que Locke, Hume et Kant le construisirent, ce n'est pas du sang véritable qui coule, mais une sève délayée de raison, conçue comme unique activité de penser ».

3. *Ibid.*, p. 158.

D'une part, l'ensemble structurel est toujours rempli par la corrélation entre une conscience de soi et un monde extérieur qui agissent de manière réciproque l'un sur l'autre ; d'autre part, les ensembles structurels, ainsi définis, sont en coexistence les uns avec les autres et s'inscrivent dans le cours général de la vie psychique, d'une téléologie subjective immanente orientée vers la satisfaction générale de nos besoins d'une part (bonheur, épanouissement personnel), et vers le perfectionnement de notre activité d'autre part.

C'est précisément cette question, qui est en définitive celle du statut du sujet de l'expérience, que Husserl discute âprement dans le cours de *Psychologie phénoménologique* de 1925-1928[1]. Parallèlement à des considérations relatives au concept naturel où s'atteste la réception d'Avenarius et où s'élabore déjà la future théorie du monde de la vie, Husserl fait à nouveau mention de l'expérience, mais en un sens cette fois pleinement positif. En effet, celle-ci se conçoit désormais sur le fond d'une vie du sujet mise à l'épreuve du monde. Ce qui signifie tout d'abord, dans le contexte précis qui est celui de ces leçons, que la thématisation diltheyenne de l'unité dynamique et relationnelle de la vie psychique trouve un écho favorable chez Husserl relativement à la question de l'autoconstitution du sujet, c'est-à-dire du flux originaire continu par lequel l'*ego* se constitue. C'est en ce sens qu'il y a une vie intentionnelle immanente, sur le fond d'une temporalité qui sous-tend la succession des actes de conscience ponctuels. Mais cette vie du sujet n'est elle-même concevable qu'au sein du rapport au monde de l'expérience. Ainsi Husserl écrit-il que le monde est « constamment là pour nous tous » « grâce au progrès continuel et à la concordance de l'expérience »[2]. L'analytique descriptive des divers vécus de conscience est ainsi resituée dans l'horizon d'une expérience subjective où se définit la nature intime, relationnelle et synthétique de la conscience. Dès lors, la philosophie de l'expérience ira de pair avec une philosophie de la vie (en un sens intentionnel et téléologique, non en un sens biologique).

---

1. Les remarques de la *Krisis*, qui signale la proximité de Dilthey et de Brentano aux yeux de Husserl, sont également fort instructives (E. Husserl, *La crise des sciences européennes et la phénoménologie transcendantale*, Paris, Gallimard, 1976, p. 276).

2. *PP*, § 6, p. 56.

Les discussions des thèses de Kant, Avenarius et Dilthey redéfinissent les coordonnées d'un *problème* de l'expérience que les *Recherches Logiques* ou les *Idées directrices* refusaient de poser dans toute sa radicalité. Elles font également apparaître la nécessité d'une *théorie* de l'expérience qui puisse constituer une alternative aux conceptions traditionnelles en faisant pleinement droit à cette propriété de la conscience que la phénoménologie découvre et met en scène : la corrélation intentionnelle qui structure toute visée, tout vécu de conscience et qui est par conséquent aussi, nécessairement, la structure fondamentale, permanente et universelle de l'expérience. Dès lors, il n'importe pas seulement de penser l'expérience par rapport au divers des vécus, comme ce qui pourraient les totaliser ou les embrasser tous (ce concept d'expérience-là demeure dispensable pour le phénoménologue), mais bien plutôt de la resituer le cadre de la relation constitutive, dynamique et co-générative qui lie le sujet au monde. Aussi la théorie husserlienne de l'expérience ne la *définit*-elle pas véritablement pour elle-même. Elle exhibe sa structuration bipolarisée entre la conscience et le monde et développe deux volets distincts et complémentaires qui la restituent dans sa dimension subjective comme *expérience transcendantale* et selon son orientation objective comme *monde de la vie*.

VERS L'EXPÉRIENCE TRANSCENDANTALE

La deuxième partie des *Méditations Cartésiennes* procède ainsi au « dégagement du champ d'expérience transcendantale selon ses structures universelles ». Au lecteur familier de l'œuvre kantienne, le concept d'*expérience transcendantale* pourra paraître pure *contradictio in adjecto*. Dans sa tension oxymorique, l'expression dit cependant d'emblée le double legs du transcendantalisme kantien et de l'empirio-criticisme. D'une part, avec Kant, Husserl ne renonce pas à exhiber ce qui se trouve au principe de sa constitution de l'expérience empirique, la possibilité même du rapport structurel du vécu à la transcendance. D'autre part, s'inspirant d'Avenarius, Husserl réforme le régime transcendantal, qui ne se contente plus de procéder à l'inventaire des conditions de possibilité de l'expérience, mais se réfère à l'attitude générale du sujet à l'égard du monde.

L'adoption du régime transcendantal est en effet suspendue au geste de l'*epokhè*, c'est-à-dire à la neutralisation de la position d'existence à l'œuvre dans l'attitude naturelle, ce rapport spontané, naïvement réaliste, que nous avons à l'égard du monde. La démarche de la réduction qui s'inaugure de cette manière – réduction étant ici à comprendre comme une reconduction à l'apparaître, à la manifestation native – procède donc à l'identification de la thèse du monde de l'attitude naturelle et permet sa conversion en attitude transcendantale. Cette conversion ne consomme nulle rupture avec l'attitude naturelle, même si elle la met effectivement à distance. Le point de vue du transcendantal n'a pas pour fin de donner congé à l'attitude naturelle, mais il permet de rendre compte de la détermination du monde et de l'expérience qui est à l'œuvre dans l'attitude naturelle. Dans l'attitude transcendantale, nous découvrons alors l'activité constitutive de l'*ego* transcendantal, l'instance fonctionnelle qui assure la donation de sens et de validité, la confirmation d'être de tout phénomène. L'*ego* désigne le pôle subjectif de la relation intentionnelle, l'unité de la structuration systématiquement intentionnelle de la vie de la conscience et l'unification synthétique de l'ensemble de la vie de la conscience[1].

La nouveauté des *Méditations Cartésiennes* tient cependant à ce qu'elles revendiquent désormais l'accès à une expérience d'un genre inédit, l'*expérience* transcendantale, laquelle seule pourra permettre une *connaissance* transcendantale[2].

> En fait, au lieu de vouloir donner à l'*ego cogito* la valeur d'une prémisse apodictiquement évidente pour des raisonnements qu'il faudrait prétendument faire aboutir à une subjectivité transcendantale, portons notre attention sur le fait que l'*epokhè* phénoménologique dégage (pour moi, le philosophe qui médite) une sphère d'être infinie d'un genre nouveau, la sphère d'une expérience d'un nouveau genre : l'expérience transcendantale[3].

---

1. *MC*, § 30, p. 112.
2. *MC*, § 13, p. 74.
3. *MC*, § 12, p. 71-72. Sur la possible définition de la phénoménologie comme « empirisme transcendantal », nous renvoyons aux travaux de L. Landgrebe, *Der Weg der Phänomenologie. Das Problem einer ursprünglichen Erfahrung*, Gütersloh, G. Mohn, 1963 et surtout et plus récemment de N. Depraz, *Lucidité du corps. De l'empirisme*

De quoi y a-t-il ici expérience? À l'évidence, en premier lieu, de l'ensemble des vécus, des actes de la conscience intentionnelle, tels qu'ils s'effectuent. Cependant, l'expérience transcendantale ne désigne pas purement et simplement l'ordre du vécu, elle ne se confond pas avec ce que Husserl nomme l'«expérience effective»[1]. L'expérience transcendantale met au jour ce qui structure toute *possibilité* d'expérience effective. C'est ainsi l'activité propre de l'*ego*, celle de la constitution du monde et de ses objets, qui se trouve comme mise à nue. Il y a là un renversement décisif: l'expérience ne se conçoit plus comme recueil de données externes, mais bien comme une donation de sens qui procède de l'*ego*, activité dont on peut précisément faire expérience. Au plus vif du sujet, l'expérience transcendantale s'atteste à travers le travail constitutif de la conscience, à travers ses diverses prestations qui produisent la dynamique relationnelle de la chose et de la conscience.

Que cette expérience puisse être dite *transcendantale* reste concevable si l'on considère que la conversion de l'attitude naturelle vers l'attitude phénoménologique nous procure un autre point de vue sur l'expérience entendue au sens courant et traditionnelle, comme expérience de la réalité naturelle, individuelle et sensible. L'une, l'expérience transcendantale, est bien la condition de possibilité effective de l'autre, l'expérience au sens «le plus large du terme», l'expérience naturelle. Pour autant, sommes-nous autorisé à réunifier l'ensemble de ce champ transcendantal, l'ensemble des conditions de l'expérience au sens courant et traditionnel du terme, sous la rubrique de l'expérience, le terme fût-il compris en un nouveau sens? Quel sens y a-t-il à parler d'*expérience* transcendantale?

Il convient alors de souligner que le concept d'expérience transcendantale pense la forme particulière du rapport à soi institué par la réduction transcendantale. L'expérience transcendantale est donc avant tout une expérience de soi-même (*Selbsterfahrung*)[2]. Il

---

transcendantal en phénoménologie, Dordrecht-Boston-London, Kluwer Academic Publishers, 2001. Nous pensons pour notre part que cette définition ne peut que compléter celle qui présente la phénoménologie comme un *idéalisme* transcendantal, et non s'y substituer.

1. *MC*, § 12, p. 72.
2. *MC*, § 13, p. 73.

faut entendre cette expression dans toute sa vigueur, au double sens du génitif. Il ne s'agit d'un simple retour réflexif *sur* soi-même, ni d'un vague rapport à soi, mais bien de la restitution de l'expérience que nous pouvons avoir *de* nous-même[1]. Et ce n'est pas là l'identification formelle d'une identité abstraite, mais bien une investigation de la «structure universelle et apodictique de l'expérience du moi [...] à travers toutes les données particulières de l'expérience de soi affective et possible [...]»[2].

L'expérience transcendantale est une expérience effectuée en première personne et elle se dit nécessairement dans le registre de l'égologie. Elle n'est précisément rien si on ne la dit, en la décrivant, en l'exposant et en la critiquant – et c'est là tout le pari de la phénoménologie transcendantale :

> l'*ego* peut s'expliciter lui-même à l'infini, et de manière systématique, au moyen de l'expérience transcendantale, et [...] il constitue déjà un champ de travail possible, tout à fait singulier et distinct [...][3].

C'est en ce sens également que la phénoménologie se définit comme «un idéalisme qui n'est rien d'autre [...] que l'auto-explici-tation [*Selbstauslegung*] de mon *ego* en tant que sujet d'une connais-sance possible [...]»[4]. On peut donc faire l'expérience du transcen-dantal, en conférant corrélativement une portée transcendantale à la description de l'expérience. L'*ego* transcendantal est le dépositaire d'une expérience d'un genre nouveau, celle de l'épreuve que le sujet peut faire de lui-même : il expérimente ou fait l'expérience de ce qu'il est, non seulement dans les diverses configurations de la corrélation intentionnelle mais aussi à travers l'exploration descriptive et critique des structures *a priori* de l'expérience. Il y a donc bien une expérience transcendantale structurante directement accessible à l'intuition, mais en un sens inédit, que l'on ne dira plus empirique, mais *expérientiel*. Ce qui se révèle dans l'expérience transcendantale, c'est en définitive

---

1. La thématisation de l'expérience transcendantale doit ainsi beaucoup au développement de la phénoménologie génétique et de la problématique de l'auto-consti-tution du sujet, par laquelle le sujet «se constitue en lui-même continuellement comme existant» (*MC*, § 31, p. 113).

2. *MC*, § 12, p. 73.

3. *MC*, § 13, p. 75.

4. *MC*, § 41, p. 134.

la vie même du sujet. L'expérience transcendantale redonne accès au vivre (*Erleben*) qui demeure comme tel la condition de tout apparaître, condition paradoxalement vouée à être occultée par sa propre épiphanie et à rester à l'arrière-plan de la donation de sens.

Si le transcendantal husserlien ne s'oppose pas à l'expérience mais permet sa redécouverte, on doit cependant concéder que l'expérience transcendantale pourra paraître abstraite en ce qu'elle redirige notre attention vers le seul pôle subjectif de la corrélation intentionnelle. En outre, Husserl semble bien céder à la tentation d'une généalogie de l'expérience qui découvrirait une sorte d'originaire, une forme de « pureté » de l'expérience qui dans les *Méditations Cartésiennes* serait à situer du seul côté de l'expérience en première personne. Dès lors, on pourra légitiment se demander s'il suffit d'appréhender l'expérience à partir de l'*ego* transcendantal, en la requalifiant comme expérience transcendantale ? Qu'en est-il de la genèse de celle-ci ? Qu'en est-il de l'unité dynamique en vertu de laquelle l'expérience n'est pas seulement chose faite, mais bien le milieu même de l'apparaître ? Tel est le problème que le paragraphe 6 du cours de *Psychologie phénoménologique* posait déjà dans toute son acuité.

> À l'évidence, nous entendons par l'expression de monde de l'expérience le fonds unitaire de la réalité concordante dans son ensemble qui ne cesse de se révéler dans la poursuite de nos expériences. Notre expérience est ainsi faite que, malgré toutes les discordances occasionnelles de détail, tout finit par se résoudre dans l'harmonie d'une concordance, en d'autres termes, à chaque apparence correspond là un être réel qui s'y inscrit de façon concordante et que l'on peut découvrir à travers l'expérience [1].

Il y a donc dans l'expérience une forme de concordance unitaire qui s'atteste et cette concordance, Husserl y insiste, n'est pas simplement le fait de l'expérience transcendantale, mais bien du rapport au monde. Il faut alors souligner que l'*ego* transcendantal n'est que le pôle subjectif de la corrélation intentionnelle. Certes, il importe de commencer par lui d'un point de vue méthodologique et en raison du fonctionnement particulier qui est celui de l'attitude naturelle, laquelle nous aveugle sur nos propres puissances. Mais il reste que la théorie de

---

1. *PP*, § 6, p. 60.

l'expérience transcendantale thématise le problème de l'expérience du seul point de vue de l'*ego* transcendantal, tout en laissant ouverte la question de la dimension mondaine de l'expérience.

LE MONDE DE LA VIE COMME *A PRIORI* DE L'EXPÉRIENCE

Le complément nécessaire de l'expérience transcendantale se découvre dans la théorie du monde de la vie (*Lebenswelt*) que Husserl expose et développe sur la fin de son œuvre, dans les années 1930, notamment dans *Expérience et Jugement* et dans la *Krisis*[1]. Il y a là un héritage d'Avenarius : penser l'expérience pour ce qu'elle est, c'est-à-dire une relation, implique que l'on rende compte du rapport de la conscience au *monde* qui se joue et se décide en elle. C'est donc en nous interrogeant à nouveaux frais sur le « monde de l'expérience » que nous pourrons faire pleinement droit à la double polarité de la corrélation intentionnelle.

Notons tout d'abord que le monde de la vie n'est pas ici à proprement parler le monde de l'expérience : il est le monde de l'expérience *vécue*, le monde où se déploie la vie intentionnelle de tout sujet, dans la multitude et la diversité de ses actes. « Vie » ne renvoie pas à une quelconque réalité biologique : ce terme désigne ici l'activité téléologique du sujet qui constitue le monde et lui donne ainsi sens. Ce qui se découvre au phénoménologue, c'est une nouvelle forme d'expérience, celle de la vie du sujet dans son rapport natif au monde. Il convient donc de la distinguer de l'expérience transcendantale précédemment thématisée. C'est en ce sens que Husserl parlera plus volontiers ici d'une expérience « pure » ou « originaire », notamment au regard de l'ensemble des théories et connaissances qui peuvent se développer à partir d'elle :

> L'expérience nue, dans laquelle le monde de la vie est donné, est le fondement ultime de toute connaissance objective. Corrélativement : c'est ce monde même, en tant qu'étant pour nous préscientifiquement, et ce originellement, à partir de la seule expérience qui, dans sa typique

---

1. C'est en réalité dès les années 1910 que cette théorie s'ébauche. Elle est notamment présente dans les textes où Husserl discute les positions d'Avenarius et de Dilthey, *via* la thématisation du « monde de l'expérience ».

essentielle invariante, fournit d'avance tous les thèmes scientifiques possibles [1].

Là encore, c'est donc contre ces sciences qui se présentent comme « sciences de l'expérience » (au premier rang desquelles, la psychologie) qu'il faut parvenir à redécouvrir l'expérience, en restituant ce « monde de la vie », qui est tout à la fois le sol prédonné et l'horizon persistant de notre expérience subjective.

Cependant le développement d'une théorie du monde de la vie ne doit pas être interprété comme un quelconque assouplissement du dispositif transcendantal ou comme un retour à des positions réalistes. C'est bien depuis la subjectivité transcendantale, telle que mise au jour par la réduction transcendantale, qu'il convient de reconsidérer la question du monde de l'expérience. Au paragraphe 37 de la *Krisis*, Husserl envisage bien une alternative possible entre deux grands modes d'investigation du monde de la vie : une *ontologie* qui fait du monde de la vie la *totalité des étants*, une *investigation transcendantale* qui fait du monde de la vie un *monde de l'expérience prédonnée*. Mais seule cette dernière retient l'attention de Husserl. Cette ultime redéfinition du site de l'expérience, qui vient la loger au sein du monde de la vie, est ainsi l'occasion pour Husserl de définir un ultime paradigme transcendantal.

En redécouvrant le monde de la vie, Husserl entend restaurer la vie du sujet dans son activité de constitution du monde, comme monde pour tous et comme monde pour soi. Le « monde de la vie » ressaisi par l'analyse transcendantale correspond en définitive à cette dimension de la subjectivité où le monde se fait vie du sujet et où, réciproquement, la vie du sujet constitue le monde, à ce qui lui apparaît comme monde. Le monde de la vie est ce rapport natif qui lie l'*ego* transcendantal au phénomène de monde selon une corrélation absolue.

> Le monde, c'est donc une formation [*Gebilde*], toujours déjà devenue et toujours en devenir, de l'universelle connexion de la subjectivité dans ses prestations intentionnelles [2].

---

1. E. Husserl, *La crise des sciences européennes et la phénoménologie transcendantale*, *op. cit.*, p. 255.
2. *Ibid.*, p. 204.

Dans sa signification transcendantale, le monde de la vie fonctionne donc comme sol premier de toute constitution de sens. C'est au titre de « sol » de l'expérience en général que le monde de la vie vaut comme présupposition constante de toute donation, en tant que « monde des expériences actuelles et possibles »[1]. En effet, le concept de « sol » pense l'acceptation immédiate du monde de la vie comme monde allant de soi, comme origine d'emblée valide de toute donation de sens. Le monde de la vie, comme sol de l'expérience, est constamment valide à nos yeux. L'*a priori* ultime, qui est aussi en un sens le premier, c'est l'*a priori* du monde de la vie.

En un sens, depuis la critique inaugurale de l'empirisme, la phénoménologie husserlienne n'aura cessé de penser l'expérience, sans toutefois chercher à définir celle-ci d'une manière préjudicielle. Faire pleinement droit à l'expérience, c'est avant tout ne rien présupposer d'emblée quant à sa nature – ce que ne font en définitive ni l'attitude naturelle, ni la psychologie empirique, ni la philosophie traditionnelle. Cependant, s'il y a bien une théorie de l'expérience chez Husserl, celle-ci se distribue en définitive sous les deux rubriques complémentaires de l'expérience transcendantale et du monde de la vie. D'un côté, la phénoménologie dit l'expérience par la description des vécus et cette description a nécessairement une portée transcendantale ; de l'autre, la phénoménologie thématise l'expérience depuis l'unité de la vie intentionnelle et selon son rapport au monde. La position husserlienne a ainsi ceci de singulier qu'elle dépasse les oppositions doctrinales traditionnelles de l'idéalisme et de l'empirisme, du réalisme et de l'anti-réalisme, en pensant l'expérience à partir de la relation constitutive du sujet au monde.

Laurent PERREAU
Université de Picardie Jules Verne

---

1. E. Husserl, *La crise des sciences européennes et la phénoménologie transcendantale*, *op. cit.*, p. 174.

MERLEAU-PONTY
L'EXPÉRIENCE

Comment la philosophie pourrait-elle ne pas interroger l'expérience? Aucune question philosophique ne pourrait surgir s'il n'y avait pas expérience d'un mystère, celui d'une rencontre entre ce que nous sommes et ce qui est. Cette rencontre est ce qui, sans préjuger du sens de l'expérience, définit l'expérience même. Cette rencontre, dit Merleau-Ponty dans *Le Visible et l'Invisible*, est irrécusable :

> Le parti pris de s'en tenir à l'expérience de ce qui est, au sens originaire ou fondamental ou inaugural, ne suppose rien d'autre qu'une rencontre entre « nous » et « ce qui est », – ces mots étant pris comme de simples indices d'un sens à préciser. La rencontre est indubitable, puisque, sans elle, nous ne nous poserions aucune question [1].

Comment, dès lors, ne pas se tourner vers l'expérience même pour en comprendre le sens, si cette expérience est ce dont je ne peux douter? Comment ne pas faire de l'expérience ce que nous devrions interroger d'abord, si l'expérience est ce sans quoi il n'y aurait aucune question? Comment ne pas porter notre regard sur ce qui nous est le plus proche, l'expérience irrécusable? Merleau-Ponty le souligne dans *Le Visible et L'invisible*, c'est bien à l'expérience qu'il faut adresser nos questions :

> C'est à notre expérience que nous nous adressons, – parce que toute question s'adresse à quelqu'un ou à quelque chose, et que nous ne pouvons choisir d'interlocuteur moins compromettant que *le tout de ce*

---

1. M. Merleau-Ponty, *Le Visible et l'Invisible*, suivi de *Notes de travail*, Cl. Lefort (éd.), Paris, Gallimard, 1964, p. 211.

qui est pour nous. [...] Nous interrogeons notre expérience, précisément pour savoir comment elle nous ouvre à ce qui n'est pas nous[1].

Si *La Structure du Comportement* cherche déjà « à comprendre les rapports de la conscience et de la nature »[2], sans doute demeure-t-elle au regard de l'expérience dans une position d'extériorité : l'expérience n'y est pas interrogée de l'intérieur, la notion de comportement visant précisément à désamorcer toute prise de position portant sur l'être du sujet, l'être de la conscience. Dans *La Phénoménologie de la Perception* en revanche, Merleau-Ponty interroge l'expérience à partir d'elle-même, comme cette rencontre entre un sujet et ce qui est, rencontre qui se vit d'abord comme *perception*. L'expérience, pour Merleau-Ponty, est d'abord perceptive. C'est ainsi vers la perception qu'il faut tourner notre regard, regard que Merleau-Ponty veut *phénoménologique*, pour comprendre le sens de l'expérience. Mais l'on comprendra avec *Le Visible et l'Invisible* que l'attention portée à l'expérience a aussi un sens *ontologique* : l'expérience, comme contact avec l'Être, épreuve même du monde, oblige à dégager les termes d'une nouvelle ontologie, termes sans lesquels l'expérience demeure impensable.

LA PHÉNOMÉNOLOGIE DE LA PERCEPTION :
LE RETOUR À L'EXPÉRIENCE

Phénoménologie et expérience

Philosophie des essences, philosophie transcendantale, philosophie qui se voudrait « science exacte », la phénoménologie est tout aussi bien, note Merleau-Ponty dans l'*Avant-propos* à la *Phénoménologie de la Perception*, une philosophie de l'existence, du vécu, de l'expérience. Ces contradictions apparentes révèlent l'enjeu même de la phénoménologie : tout en se libérant de l'attitude naturelle, qui nous fait naïvement poser la réalité du monde, la phénoménologie cherche à décrire notre expérience du monde, la dimension proprement irréflé-

---

1. Merleau-Ponty, *Le Visible et l'Invisible*, *op. cit.*, p. 211-212, Merleau-Ponty souligne.

2. Merleau-Ponty, *La Structure du Comportement*, Paris, PUF, 1942, p. 1.

chie de cette expérience. Aller droit aux choses mêmes, selon le mot d'ordre de la phénoménologie que Merleau-Ponty reprend à son compte, ne signifie-t-il pas en effet un retour à l'expérience? On pourrait le croire, si ce retour équivaut au vœu de Husserl que Merleau-Ponty ne cesse de citer: «C'est l'expérience [...] muette encore qu'il s'agit d'amener à l'expression pure de son propre sens»[1]. L'ambition de la phénoménologie serait ainsi d'amener l'expérience à l'expression, expérience initialement muette, que la philosophie aurait à sortir de son silence.

Ainsi Merleau-Ponty ne cesse-t-il de voir dans la phénoménologie un *réveil* de l'expérience, comme si l'expérience se trouvait endormie sous les sédiments de la science, de la réflexion, de la philosophie. Un tel réveil semble prendre le contre-pied de la démarche philosophique, qui n'a cessé de se méfier de l'expérience, qui l'a parfois profondément disqualifiée. N'est-ce pas d'une telle défiance dont relèverait encore la phénoménologie lorsqu'elle en appelle à une rupture avec l'attitude naturelle, avec notre croyance naïve en l'existence du monde? Il en va tout autrement pourtant: au moment même où, dans la réduction, elle met en suspens l'expérience, l'attitude naturelle, la phénoménologie se donne pour tâche de faire émerger l'expérience même, de faire apparaître «le jaillissement immotivé du monde»[2]. Réveiller l'expérience du monde, c'est ainsi se rendre attentif à l'apparaître du monde, se rendre présent au monde tel qu'il se donne à nous: c'est par notre corps que nous sommes au monde, le monde est précisément cela que nous percevons. L'expérience du monde nous révèle ainsi à nous-mêmes comme sujet de perception, nous révèle comme sujet corporel.

Cela, la pensée objective ne parvient pas à le penser: la science est en effet incapable de décrire ce que signifie percevoir, ce que signifie notre première expérience du monde. La science pense la perception en faisant de l'organisme un système physique qui reçoit des stimuli physico-chimiques: en considérant notamment les sensations comme des choses, la science ne voit pas que nous avons affaire dans l'expé-

---

1. E. Husserl, *Méditations Cartésiennes*, trad. fr. G. Peiffer et E. Lévinas, Paris, Vrin, 1986, p. 33.

2. M. Merleau-Ponty, *Phénoménologie de la Perception*, Paris, Gallimard, 1945, p. VIII.

rience perceptive à des ensembles significatifs, elle substitue à l'ambiguïté des choses des objets purs, idéaux, termes de la connaissance
seulement, mais qui ne sont en rien ce que nous percevons. La science
manque l'expérience, car elle cherche à l'expliquer à partir d'objets
qui ne relèvent plus de l'expérience, mais qui en sont l'idéalisation.
Elle fait notamment du sujet un simple objet pour la biologie, la
psychologie ou la sociologie, elle s'interdit de penser en quel sens il
peut être *sujet* d'une expérience. Le retour à l'expérience s'impose
donc d'abord contre la pensée objective qui rend obscur ce qui dans
l'expérience nous semble clair. L'expérience relève en effet du pré-
objectif : nous ne percevons jamais des objets distincts, mais le perçu
adhère à son contexte, demeure toujours pour une part indéterminé.
On ne saurait dès lors expliquer le perçu en prenant pour « donné »
l'univers déterminé de la science »[1].

Pas davantage que la pensée objective, l'idéalisme ne parvient à
rendre compte de mon expérience : l'idéalisme en effet réduit l'expérience du monde à la pensée de l'expérience, sans voir qu'une telle
pensée est encore adossée à l'expérience elle-même. Descartes et
Kant font ainsi l'objet de la critique merleau-pontyenne. Il n'y a doute
chez Descartes que sur fond d'expérience : c'est précisément parce
qu'il y a expérience du monde qu'il est possible de douter du monde
et de faire ainsi émerger le *cogito* comme saisie de soi et pensée de
l'expérience. L'analytique transcendantale kantienne rompt tout
autant avec l'expérience, mais encore faut-il présupposer l'expérience
pour rechercher les conditions de possibilité qui permettraient de
l'engendrer. Si tel est le cas, si le monde est toujours déjà là comme ce
dont je fais l'expérience, il n'est plus possible de le faire reposer sur
l'acte synthétique du sujet et de substituer à l'expérience, comme
rencontre d'un sujet et du monde, la pensée de cette expérience.

L'idéalisme oublie que la réflexion n'est jamais première : elle est
réflexion sur un irréfléchi et cet irréfléchi est la manière qu'a le monde
de se donner au sujet au moment même où le sujet est donné à lui-
même. L'irréfléchi est l'expérience primordiale de ce monde, de
l'unité de ce monde. La réflexion manque de radicalité lorsqu'elle ne
parvient pas à prendre la mesure de ce qui la lie à l'irréfléchi. La radi-

1. Merleau-Ponty, *Phénoménologie de la Perception, op. cit.*, p. 58.

calité de la réflexion réside dans la conscience de sa propre impureté et dans l'élucidation d'une telle impureté : comprendre ce que signifie pour le sujet qui réfléchit, pense, philosophe, son expérience même du monde, comprendre que jamais il ne pourra se défaire pleinement de cette expérience, est ainsi la condition d'une pensée radicale.

Ce qui est vrai de la réflexion – qu'aucune réflexion ne peut occulter son lien avec l'expérience – l'est tout autant de la connaissance des essences. La réduction eidétique doit faire émerger le sens essentiel de toute expérience du monde. Elle ne signifie cependant pas une réduction de l'être à son essence, qui en serait la structure et la vérité : elle n'est pas réduction de la réalité à l'idéalité. L'essence est indissociable de la facticité de l'expérience, et l'enjeu de la phénoménologie est moins alors de réduire l'expérience à son essence que de dévoiler l'émergence même du sens au cœur de l'expérience, c'est-à-dire l'apparaître du monde pour un sujet qui est *être au monde*. Décrire cet apparaître et penser l'expérience en refusant les interprétations de la pensée objective et de l'intellectualisme, de l'empirisme et de l'idéalisme, tel est l'objet de la *Phénoménologie de la Perception*.

L'expérience de soi comme expérience du monde, du corps, et des autres

Dire, comme le fait la *Phénoménologie de la Perception*, que le sujet est au monde par son corps, c'est dire que la définition du sujet est indissociable de l'expérience : « Être une conscience ou plutôt *être une expérience*, c'est communiquer intérieurement avec le monde, le corps et les autres, être avec eux au lieu d'être à côté d'eux »[1]. L'expérience de soi-même est expérience du monde. Une telle expérience ne saurait se réduire à la seule pensée de soi, à la certitude d'être un sujet pensant. Elle n'est jamais non plus simple effet d'une causalité extérieure, dont le *je* serait le produit. Le sujet, comme sujet d'expérience, est soi comme ouverture à ce qui est autre que soi : telle est sa manière d'être, et c'est cela, pour lui, vivre des expériences. L'expérience d'autrui et l'expérience de l'espace notamment montrent cela de manière décisive et emblématique.

---

1. M. Merleau-Ponty, *Phénoménologie de la Perception*, *op. cit.*, p. 113, Merleau-Ponty souligne.

Mon expérience du monde est intersubjective : je ne fais pas seul l'expérience du monde et c'est pourtant bien moi comme sujet qui fais l'expérience du monde. Il y a, en la rencontre d'autrui, un paradoxe. Si je ne suis pas un sujet transcendantal constituant, mais sujet de mon expérience du monde, comment puis-je comprendre qu'autrui puisse partager avec moi un monde commun, lui qui n'a également du monde qu'une expérience qui lui est propre ? Si la subjectivité est coïncidence à soi, toute expérience du sujet ne l'enferme-t-elle pas en lui-même, en un intérieur incommunicable ? Au sujet idéaliste seul constituant du monde, se substituerait ainsi le sujet empirique fermé sur lui-même, réduit à ses seules expériences privées.

Il faut donc comprendre en quel sens autrui et moi faisons l'expérience du même monde, quand bien même aucune de nos expériences ne se recouvriraient.

Mon expérience du monde semble d'emblée impliquer autrui. Je vis dans un monde culturel, un monde d'objets qu'*on* utilise. Je vois les autres agir, par analogie j'interprète leurs gestes par rapport au sens que je pourrais leur donner. Mon expérience serait la clef de la compréhension de l'expérience d'autrui. Mais comment puis-je attribuer une semblable expérience à d'autres *je* ? Comment puis-je même associer le corps d'autrui à un autre *je* ?

Pour la pensée objective, l'existence d'autrui fait problème. Si le corps est un objet physico-chimique, alors « mon expérience ne saurait être rien d'autre que le tête à tête d'une conscience pure et du système de corrélations objectives qu'elle pense »[1]. Le corps d'autrui est un objet, et l'on voit mal alors comment il peut être habité par une conscience. Il est alors impossible pour deux consciences de se rencontrer. Si autrui est pour moi en soi et pour lui-même pour soi, comment puis-je le penser comme pour soi, lui qui m'apparaît comme en soi ? La pensée objective ne saurait penser l'expérience que je fais d'autrui.

Il en va tout autrement si mon corps n'est pas un objet du monde, s'il est présence au monde et s'il y a inhérence de ma conscience à son corps et au monde. Le problème d'une rencontre de deux consciences ne se pose plus si la conscience n'est pas conscience constituante séparée de son corps objet ; si la conscience habite d'emblée un corps

---

1. M. Merleau-Ponty, *Phénoménologie de la Perception*, *op. cit.*, p. 401.

en prise sur le monde, rien n'exclut que les corps autres soient eux-mêmes habités par une conscience. Je ne vis certes pas les expériences de l'autre à sa place, mais nos expériences peuvent se rejoindre. Cela n'est possible que parce que le corps n'est pas un amas de matière : le corps objectif est une partie appauvrie du « phénomène primordial du corps-pour-nous, du corps de l'expérience humaine ou du corps perçu »[1]. La conscience n'est pas, inversement, constituante, elle est « être au monde ou existence »[2]. C'est cette conscience habitant ce corps qui peut être sujet d'existence et qui peut comprendre autrui comme autre sujet d'expériences. C'est aussi pour cela que mon expérience du monde ne m'enferme pas dans une expérience privée : ouverte sur le monde, éprouvant le monde comme prolongement du corps qu'elle habite, la conscience peut rencontrer dans le monde un autre sujet d'expérience.

Nous sommes alors deux manières possibles de vivre le monde. Si je peux voir en l'autre un sujet, c'est que je saisis les comportements comme « variations de l'être au monde, indivises entre le corps et la conscience, et qui se posent aussi bien sur la conduite d'autrui, visible dans son corps phénoménal, que sur ma propre conduite telle qu'elle s'offre à moi »[3]. Ce que vit autrui est ainsi pour moi « apprésenté »[4], éprouvé de manière indirecte, sans que son vécu me soit présent en original. L'apprésentation, au sens husserlien du terme, est une présentation de ce qui ne peut jamais se présenter en original : c'est bien là, pour moi, une manière d'éprouver autrui comme autre sujet d'expérience.

Ce qui rend possible cela, c'est notre ouverture commune au monde. Être pour soi, c'est être donné à soi-même, c'est d'emblée vivre son insertion dans le monde. Le sujet est ouvert au monde : c'est cela même être un sujet d'expérience. Une telle ouverture permet de comprendre que le sujet n'est lui-même qu'en sortant de lui-même, qu'en ouvrant sur ce qu'il n'est pas. Pour un tel sujet, la rencontre d'autrui ne fait nullement problème : sa propre ouverture est promesse de cette rencontre même. La question d'une expérience exclusive-

1. M. Merleau-Ponty, *Phénoménologie de la Perception*, *op. cit.*, p. 403-404.
2. *Ibid.*, p. 404.
3. *Ibid.*, p. 409.
4. *Ibid.*

ment privée ne fait dès lors plus sens : c'est bien moi qui fais l'expérience, mais il n'y a d'expérience que d'un monde auquel je suis ouvert. Dans une telle expérience, rien n'exclut que je rencontre d'autres sujets ouverts au même monde, avec des expériences propres certes, mais des expériences d'un monde qui nous est commun.

Cette sortie hors de soi qui est aussi manière d'être soi, est également ce qui permet de comprendre l'existence spatiale du sujet. L'expérience de l'espace est fondamentale, elle constitue le sol primordial de chacune de nos expériences.

De quoi avons-nous précisément l'expérience lorsque nous avons l'expérience de l'espace ? L'espace est-il, comme le penserait le réalisme, un ensemble de choses disposées dans un espace objectif ou bien, comme le pense l'idéalisme, « le système indivisible des actes de liaison qu'accomplit un esprit constituant » [1] ? Comme il ne cesse de le faire dans la *Phénoménologie de la Perception*, Merleau-Ponty cherchera quant à lui le sens de l'espace dans notre expérience de l'espace elle-même, dans l'expérience notamment du *haut* et du *bas*. Il faudra pour cela « nous adresser à quelque cas exceptionnel où elle se défasse et se refasse sous nos yeux, par exemple, aux cas de vision sans inversion rétinienne » [2], afin d'assister à la manière qu'a l'expérience de se faire.

Soit donc l'expérience d'une vision sans inversion rétinienne, expérience effectuée par Stratton sur un sujet grâce à des lunettes qui redressent les images rétiniennes. Le paysage est d'abord étrange, puis la « perception normale commence de se rétablir », mais avec le « sentiment que son propre corps est renversé » [3]. Dans une autre série d'expériences, peu à peu, le corps également ne paraît plus renversé. À la fin de l'expérience, le sujet, lunettes retirées, est de nouveau confronté à l'étrangeté de la perception, ses réactions motrices sont inversées.

Comment un haut et un bas se fixent-ils, comment adviennent orientation et directions ? Empirisme et intellectualisme échouent à penser cela. L'empirisme présuppose une orientation du monde qui

---

1. M. Merleau-Ponty, *Phénoménologie de la Perception*, *op. cit.*, p. 282.
2. *Ibid.*
3. *Ibid.*

serait objective et toujours déjà donnée, mais on ne comprend pas alors comment une image en soi renversée peut se redresser pour moi. L'intellectualisme pense le pouvoir d'un esprit constituant « de tracer toutes les directions dans l'espace, mais il n'a actuellement aucune direction et, par suite, aucun espace, faute d'un point de départ effectif, d'un ici absolu qui puisse, de proche en proche, donner un sens à toutes les déterminations de l'espace »[1]. Il n'y a pas alors d'image renversée en tant que telle puisqu'il n'y a d'image que pour moi. Sans point d'appui fixe, le spectacle s'offre de *nulle part*.

Ainsi, pour l'empirisme, le corps peut être le point fixe recherché, mais il n'est pas en lui-même orienté ; pour l'intellectualisme, il y a bien un monde orienté, mais on ne se réfère alors à aucune perception effective de l'espace. Il faut donc chercher une troisième spatialité, celle dont nous faisons l'expérience de manière originaire. Je ne suis pas dans l'espace, ni ne le constitue, mais l'habite avec mon corps. L'espace est le milieu de mon action. Habiter l'espace, c'est le percevoir et s'y mouvoir. Le monde et les choses font sens pour moi lorsque ce que je perçois s'offre comme le milieu où peuvent se réaliser mes intentions motrices, s'offre à la prise de mon corps. Habiter l'espace, c'est ainsi offrir un *sol* à toutes mes expériences.

Il est ainsi possible d'interpréter l'expérience de Stratton. J'habite l'espace avec mon corps : le redressement de l'image a lieu lorsque je vis de nouveau l'espace, que je l'éprouve comme milieu de mon existence. Être sujet de perception, être spatial, ce n'est donc pas avoir à constituer un système de direction et d'orientation, c'est d'emblée présupposer une direction primordiale, c'est être situé. L'espace est ainsi toujours « déjà constitué » pour le sujet spatial. Nous sommes d'emblée dans un monde que nous habitons, nos expériences se transmettent un sens spatial que toujours nous éprouvons : tel est le sens de notre manière d'être au monde par notre corps. Mon expérience s'appuie ainsi sur un passé préhistorique et prépersonnel qui seul rend compréhensible ma manière d'habiter le monde, de le percevoir, de s'y mouvoir et d'y agir. Ce passé dont j'hérite sans l'avoir vécu, passé immémorial, réside en mon corps, en ma corporéité même[2].

1. M. Merleau-Ponty, *Phénoménologie de la Perception, op. cit.*, p. 286.
2. *Ibid.*, p. 294.

C'est en ce sens que l'expérience spatiale est au fondement de toutes mes expériences, c'est-à-dire de toutes mes rencontres avec les choses, les autres et le monde. Cette expérience fondamentale montre, comme l'expérience d'autrui, qu'être soi, c'est bien sortir hors de soi et rentrer en soi, et c'est cela, pour le sujet, vivre une expérience.

Expérience et connaissance

Merleau-Ponty n'accorde-t-il pas dès lors une importance excessive à notre expérience du monde? Si l'on voit dans notre expérience du monde le sol de tout sens, ne doit-on pas renoncer à toute forme de vérité, d'objectivité, de rationalité? Loin de là: la *Phénoménologie de la Perception* cherche précisément à donner à la rationalité son sol le plus fondamental, qui est cette expérience même du monde. Notre appréhension de la réalité repose en effet sur une évidence première. Le vrai, le faux, le rêve, l'imaginaire, n'ont de sens que parce que l'expérience que j'ai du monde est pour moi l'évidence même de ce monde. Une telle expérience est la perception. La perception nous donne le monde, car «le monde est cela que nous percevons» [1]. On ne peut dès lors envisager la question de la vérité que sur fond d'une évidence première, celle du monde dont nous faisons l'expérience dans la perception. Ainsi, «chercher l'essence de la perception, c'est déclarer que la perception est non pas présumée vraie, mais définie par nous comme accès à la vérité» [2].

Merleau-Ponty, dans l'esprit de la phénoménologie, déplace le sens du débat classique portant sur le rapport entre l'expérience et la connaissance. Il ne s'agit pas de se demander si la connaissance repose sur l'expérience ou relève purement de la raison. Il s'agit de montrer que les idées mêmes de vérité et d'évidence ne font sens qu'à partir de l'expérience que je fais du monde. La question de la vérité n'est pas d'abord celle de la vérité apodictique ou adéquate, elle s'inscrit plutôt dans notre expérience primordiale du monde, dans le monde de la vie, dans la doxa.

En effet, si tout acte de connaissance repose sur un acte intentionnel de la conscience, il présuppose une visée du monde plus

---

1. M. Merleau-Ponty, *Phénoménologie de la Perception, op. cit.*, p. XI.
2. *Ibid.*

originaire, une intentionnalité opérante « qui fait l'unité du monde et de notre vie, qui paraît dans nos désirs, nos évaluations, notre paysage, plus clairement que dans la connaissance objective, et qui fournit le texte dont nos connaissances cherchent à être la traduction en langage exact » [1]. Une telle intentionnalité, que Merleau-Ponty emprunte à Husserl, est fondamentale : c'est elle qui anime notre expérience première du monde, elle est manière de viser un monde auquel, par mon corps, je suis entrelacé et dont j'éprouve l'unité anté-prédicative, sans que je pose moi-même cette unité. Élucider une telle intentionnalité, c'est se rendre présent à l'émergence même du monde, non s'installer dans un monde que la conscience constituerait.

La connaissance se déploie cependant en s'émancipant de cette expérience première et originaire du monde. Paradoxalement, elle n'y parvient qu'en accomplissant l'idéal de la perception. La perception pose de manière implicite l'idéal d'un monde d'objets déterminés, d'une vérité en soi en laquelle concorderaient toutes les expériences. Si ambiguë soit-elle, la perception se pense comme ce qui tend vers une détermination pleine et entière. On pourrait dire que la perception se pense négativement par rapport à un monde pur, objectif, idéal, vers lequel elle pourrait tendre. C'est ainsi que je substitue peu à peu au monde perçu un monde d'objets dont je pourrais avoir l'idée. Dire cela, ce n'est pas dire cependant que l'on pourra reconstruire en retour la perception avec des objets déterminés qui en seraient les constituants, mais c'est envisager que s'élabore peu à peu un monde objectif et une rationalité, rationalité qui s'enracine dans la vie perceptive elle-même. En ce sens, la rationalité ne discrédite pas l'expérience, c'est au contraire par et à travers l'expérience qu'elle émerge : nulle raison, nul Esprit absolu, nul Être pur ne précèdent cette émergence. Je perçois et il y a un monde pour moi ; mes perceptions concordent et s'entre-lacent, comme elles concordent et s'entrelacent avec celles d'autrui. Nos expériences font ainsi surgir une rationalité en émergence :

> Il y a la rationalité, c'est-à-dire : les perspectives se recoupent, les perceptions se confirment, un sens apparaît […]. Le monde phéno-ménologique, c'est, non pas l'être pur, mais le sens qui transparaît à l'intersection de mes expériences et à l'intersection de mes expériences

1. M. Merleau-Ponty, *Phénoménologie de la Perception, op. cit.*, p. XIII.

et de celles d'autrui, par l'engrenage des unes sur les autres, il est donc inséparable de la subjectivité et de l'intersubjectivité qui font leur unité par la reprise de mes expériences passées dans mes expériences présentes, de l'expérience d'autrui dans la mienne [1].

Ainsi se réalise, écrit Merleau-Ponty, le « prodige de la connexion des expériences [2]. » Cette connexion des expériences ouvre sur une rationalité dont le socle est l'expérience perceptive, expérience pour nous originaire.

ÊTRE ET EXPÉRIENCE

Toute connaissance, tout sens s'enracinent dans l'expérience, expérience d'abord essentiellement sensible : c'est avec mon corps que j'habite le monde, et cette manière sensible d'habiter le monde est le socle de toute connaissance, de tout jugement, de toute vérité. Mais l'expérience sensible n'est pas seulement décisive au plan de la connaissance : en dehors d'elle, il n'y a ni monde ni être. Interroger le sens de l'expérience, c'est aussi se demander ce que signifie *être*, ce que signifie *monde*. La méditation portant sur l'expérience, à partir de l'expérience même, a un sens ontologique : seule une certaine compréhension de l'être et du néant pourra permettre de rendre compte de l'expérience ; seule une description sans trahison de l'expérience nous conduira à saisir le sens de l'être. C'est en ce sens ontologique que *Le Visible et l'Invisible* prolonge et accentue, en le radicalisant, le mouvement engagé dès *La Structure du Comportement* et la *Phénoménologie de la Perception*.

Dans *Le Visible et l'Invisible*, l'exigence philosophique d'amener l'expérience à l'expression de son propre sens constitue une prise de position philosophique et ontologique permanente à l'égard des explications philosophiques classiques ou contemporaines : philosophie réflexive, opposition sartrienne massive entre l'être et le néant, philosophie dialectique, philosophie de l'intuition ne parviennent pas à décrire la dimension à la fois ambiguë et originaire de l'expérience, faute de dégager la dimension proprement sensible et impure de l'Être.

---

1. M. Merleau-Ponty, *Phénoménologie de la Perception*, *op. cit.*, p. XV.
2. *Ibid.*, p. XVI.

Expérience et philosophie réflexive

Il y a un monde, *il y a* : telles sont les propositions fondamentales que présupposent tous nos jugements et toutes nos attitudes. Nous sommes animés d'une foi primordiale en cet *il y a*. Cette foi cependant, si évidente soit-elle pour elle-même, demeure énigmatique : elle est foi perceptive en un monde que nous voyons, qui nous apparaît, mais nous ignorons ce que signifie vraiment *nous*, *voir* ou *monde*. Avant d'être pensée, l'expérience est cette expérience brute du monde, en lequel je crois sans pour autant pouvoir dire en vérité ce qu'il est. Toute expérience, même le doute qui voudrait tout nier, présuppose une telle foi perceptive. Peu importe que ce que je vis relève des apparences ou de la fiction plutôt que de la réalité, peu importe la vérité de ma croyance, toujours est-il que je crois en cet *il y a*. Nulle expérience n'échappe à une telle foi perceptive, primordiale.

La pensée elle-même ne saurait ignorer sa propre genèse dans l'expérience, ne saurait ignorer qu'une foi primordiale dans le monde sensible la précède toujours : non seulement parce que toute pensée se forme avec l'expérience, mais aussi parce que l'univers de la pensée, « invisible et lacunaire », emprunte ses structures et son sens au monde sensible, « visible et relativement continu »[1]. Comment pourrions-nous en effet avoir l'idée de vérité, demande Merleau-Ponty, si nous n'avions d'abord cette première assurance d'être dans le monde ? Notre expérience première de la vérité relève du sensible, du charnel et de l'émotionnel : l'idée de vérité se présente comme la promesse de notre commerce avec le monde et avec les autres[2].

Comment dès lors comprendre le discrédit imposé par la science à notre expérience ? La science se présente comme rupture avec le vécu, avec l'expérience de l'homme vivant qui, dans son rapport immédiat avec le monde, ne vit que dans la confusion. « La science a commencé par exclure tous les prédicats qui viennent aux choses de notre rencontre avec elles »[3], voulant rompre ainsi avec l'expérience. Le discrédit scientifique de l'expérience repose donc sur le déni de sa valeur ontologique. L'Être est, pour la science, l'objectif, l'être vrai,

---

1. M. Merleau-Ponty, *Le Visible et l'Invisible*, *op. cit.*, p. 28.

2. *Ibid.*, p. 29.

3. *Ibid.*, p. 31.

ce sur quoi elle peut opérer, ce qui peut faire l'objet de mesures. L'expérience, subjective, n'a nullement sa place dans cet être-objet qui pour la science est l'Être même.

Pourtant, la physique contemporaine, comme la psychologie, découvrent que le physicien ou le psychologue sont bien présents dans leur propre recherche : cette présence devrait les empêcher de se penser comme *spectateurs absolus* qui feraient face à un Grand Objet, regard neutre qui ne modifierait en rien l'objet étudié. La science se trouve obligée de reconnaître qu'elle ne peut nier qu'elle est prise dans « une expérience totale dont il faudrait, en toute clarté, restituer le contexte »[1].

Parviendra-t-on par la réflexion à restituer cette expérience totale ?

Il semblerait que la réflexion qui fait du monde une pensée supprime tous les paradoxes que nous rencontrons dans le monde perçu : si le monde n'est plus seulement ce que nous percevons et vivons chacun à notre manière, s'il est l'objet de nos pensées, alors nous pouvons comprendre qu'il est unique et que ce sont les mêmes objets idéaux qui peuvent être vrais pour les uns et les autres. Le problème de l'unité du monde pour moi et autrui ne se poserait, du point de vue de la réflexion, qu'au regard d'expériences *bâtardes et impensables*[2] : c'est seulement du point de vue de mon expérience perceptive et vivante que je ne parviens pas à penser que l'autre puisse faire l'épreuve d'un même monde. Rompre, par la réflexion, avec une telle expérience et s'installer dans la pensée, serait ainsi mettre fin à de telles difficultés : le monde n'est rien d'autre que l'objet de nos pensées.

Merleau-Ponty concède la force de la pensée réflexive, mais il demande immédiatement si elle peut avoir le dernier mot philosophique : n'est-ce pas elle-même qui se condamne à des paradoxes insurmontables en niant à ce point le sens de l'expérience ?

La pensée réflexive ne voit pas, comme la science, qu'elle emprunte ses propres structures au monde et à notre expérience sensibles. Elle ne voit pas qu'au moment même où elle pense le pouvoir constituant de la conscience, elle présuppose une expérience du monde que cette conscience aurait pourtant à constituer : elle se

---

1. M. Merleau-Ponty, *Le Visible et l'Invisible*, *op. cit.*, p. 38.
2. *Ibid.*, p. 52.

donne implicitement ce qu'elle se propose de construire, au moment même où elle le nie au préalable. Telle est, comme le voyait déjà la *Phénoménologie de la Perception*, l'ambiguïté de l'analytique transcendantale de Kant. Il en va de même avec l'idée cartésienne de certitude. La certitude de ce qui est pensé emprunte son sens à la certitude de l'expérience primitive : si je peux par exemple penser un espace objectif et, dans cet espace, des choses dont je pourrais affirmer que certaines sont plus lointaines que d'autres, c'est parce que j'admets d'emblée l'identité irrécusable des choses mêmes que je pense ; une telle assurance m'est donnée par l'expérience perceptive, non qu'elle soit une pure construction de mon esprit. La pensée, si vraie et assurée soit-elle, repose sur une certitude sensible sans laquelle ses propres certitudes ne pourraient pas même faire sens [1].

La pensée réflexive ne peut dès lors se retirer du monde ou de l'irréfléchi, de l'expérience, pour prendre à son égard une position de survol, et penser ce monde comme noème [2] seulement, corrélatif d'un acte de pensée. Réflexion et irréfléchi ne peuvent être pensés séparément, l'un présuppose l'autre comme l'autre est éclairé par le premier. Ce double mouvement incessant de l'irréfléchi à la réflexion et de la réflexion à l'irréfléchi exige de la philosophie qu'elle ne reste pas enfermée dans notre expérience du monde – il faut bien que cette expérience soit pensée, que je me déprenne de cette expérience pour la comprendre – et qu'elle ne s'installe pas davantage dans une réflexion qui nierait son lien avec l'expérience, qui ne serait que pure pensée [3].

Il revient à la phénoménologie d'avoir porté toute son attention sur cette expérience primitive du monde dans un acte réflexif qui n'est ni exclusion ni négation. Sans doute cependant faut-il aller plus loin que Husserl qui, lors même qu'il cherche à décrire le *Lebenswelt*, le monde de la vie, lors même qu'il fait retour à la *doxa*, maintient l'idée d'une constitution transcendantale. La variation eidétique husserlienne n'accomplit pas davantage ce va-et-vient incessant de la réflexion à l'irréfléchi : la réduction eidétique, qui doit dégager de l'expérience, du vécu et de la perception son essence, qui doit purifier ainsi l'expérience en en dégageant le noyau essentiel, en manque finalement

---

1. M. Merleau-Ponty, *Le Visible et l'Invisible*, *op. cit.*, p. 60.
2. *Ibid.*, p. 67.
3. *Ibid.*, p. 57.

l'épaisseur. Bien plus, toute expérience ne peut être réductible à «des invariants essentiels» : la *Phénoménologie de la Perception* le disait déjà, il y a dans l'expérience une facticité irréductible, comme le montre à titre décisif l'exemple du temps qui par principe se dérobe à toute fixation, exemple décisif car il signifie, par contagion, que c'est l'ensemble de l'expérience qui ne peut s'exprimer en termes d'invariants[1].

La pensée réflexive, malgré son pouvoir convaincant, ne saurait donc avoir le dernier mot. Pour revenir à l'intrication primordiale du sensible et de la pensée, à l'enracinement premier et primitif de la pensée dans le sensible[2], il faut s'engager dans ce que Merleau-Ponty nomme une *surréflexion* :

> Nous entrevoyons la nécessité d'une autre opération que la conversion réflexive, plus fondamentale qu'elle, d'une sorte de *surréflexion* qui tiendrait compte aussi d'elle-même et des changements qu'elle opère dans le spectacle, qui donc ne perdrait pas de vue la chose et la perceptions brutes, et qui enfin ne les effacerait pas, ne couperait pas, par une hypothèse d'inexistence, les liens organiques de la perception et de la chose perçue, et se donnerait au contraire pour tâche de les penser, de réfléchir sur la transcendance du monde comme transcendance[3].

La question demeure cependant de savoir si la philosophie peut parvenir, en son propre langage, à dire cette intrication du sensible et de la pensée, du visible et de l'invisible. Ne faut-il pas trouver un style qui puisse dire cela? Il n'est pas sûr que la philosophie, sans devenir littérature, y parvienne. Sans doute la surréflexion doit-elle inventer son propre langage.

Pensée du négatif, dialectique et expérience

La question est persistante : comment pourrions-nous revenir au plus près de l'expérience? Il semblerait que la pensée sartrienne, qui pense la conscience, le pour soi comme néant, nous mette au plus près des choses, puisque d'elles je ne suis séparé par rien : n'étant rien, je suis d'emblée aux choses, je suis le monde que j'habite. Ce serait là

---

1. M. Merleau-Ponty, *Le Visible et l'Invisible, op. cit.*, p. 71.
2. *Ibid.*, p. 74.
3. *Ibid.*, p. 61, Merleau-Ponty souligne.

une manière de penser pleinement l'expérience : l'expérience comme expérience du monde est tout ce que je suis, moi qui ne suis rien, puisque ce *je* qui n'est rien n'accède à soi qu'en éprouvant son passage par le monde [1]. Je pourrais ainsi également comprendre l'expérience indirecte que je peux faire d'autrui. Les consciences sont en effet projetées en un même Être, puisqu'elles ne sont que dans leur situation, leur inhérence au monde. Loin d'enfermer les consciences en elles-mêmes, la pensée du négatif les plonge en un seul et même monde : les consciences ne sont rien d'autre que leur expérience de ce même et unique monde. Autrui est dans ce monde non celui que je rencontre – je ne saurais rencontrer un Pour Soi -, mais celui qui réalise cette projection du moi dans le monde ; son regard qui pèse sur moi est reconnaissance de mon être dans le monde.

Peut-on cependant, demande Merleau-Ponty, penser le tout de l'Être en partant de l'opposition radicale de l'être et du néant ? En pensant le néant absolu de la conscience et la pleine positivité de l'être, on s'interdit de penser « un monde comme tout de la nature, de l'humanité et de l'histoire » [2], un monde dans lequel, parce qu'il y a devenir notamment, le négatif imprègne l'être, loin qu'être et néant s'opposent.

La pensée du négatif, par ailleurs, ne nous donne finalement de l'expérience qu'une abstraction, comme le montre l'analyse de la vision : la vision semble me permettre de rejoindre le monde là où il est du néant que je suis ; le monde ne semble n'être que la vision que j'en ai, et cette vision n'est pas de ce monde, elle est non-être. Mais cette vision ne correspond en rien à mon expérience effective : le néant d'où provient la vision permet certes de comprendre une présence immédiate de la vision au monde, mais signifie tout aussi bien que le rien que je suis n'est aucunement séparé de l'être. Or, il faut tout à la fois penser une présence immédiate et une distance dans cette proximité même, sans cela nulle expérience, pas même celle de la vision, ne peut avoir lieu. De même, en disant d'autrui qu'il est un néant qui peut néantiser, je mets en autrui un pouvoir que je crois détenir moi-même : lorsque je dis cela, je le dis au nom de tous, c'est-à-dire que je nie en fait ce que j'affirme ; je fais comme si ce que vit autrui pouvait

1. M. Merleau-Ponty, *Le Visible et l'Invisible*, *op. cit.*, p. 83.
2. *Ibid.*, p. 103.

être vécu par moi. Je parle alors d'une expérience impossible : deux pouvoirs de néantisation ne sauraient se rencontrer. Il y a pourtant bien une expérience de la vision et une expérience d'autrui. L'erreur de Sartre repose sur une seule et même idée : ce qui l'empêche de penser vraiment l'irréfléchi – une pensée de la vision comme néantisation – est aussi ce qui l'empêche de penser une authentique expérience de l'autre – expérience qu'il voudrait fonder sur la vision et la néanti-sation – ; ce qui l'en empêche, c'est l'opposition radicale de l'être du néant. C'est donc une négativité interne à l'être qu'il nous faut penser si l'on veut vraiment rendre compte de l'expérience, expérience dont Merleau-Ponty rappelle qu'elle est *confuse*[1], qu'elle ne relève pas d'abord et essentiellement ou de l'entité ou de la négatité, comme la philosophie du négatif le pense. Expérience irréductible à la signification essentielle que la pensée du négatif voudrait lui imposer :

> On presse l'expérience confuse jusqu'à en faire sortir l'entité et la négatité, on la serre entre elles comme entre des pinces, on se fie entièrement par-delà le visible à *ce que* nous pensons sous les termes d'être et de néant, on pratique une pensée « essentialiste », qui se réfère à des significations par-delà l'expérience, et on construit ainsi nos rapports avec le monde[2].

De même que la *Phénoménologie de la Perception* refusait de réduire l'expérience et la réalité à des essences séparées, *Le Visible et l'Invisible* refuse de recomposer l'expérience à partir de ce que nous pensons. Si la philosophie a bien à exprimer le sens de l'expérience muette, c'est bien aussi que ce sens, en son mutisme, est essentiel, et ne saurait disparaître derrière les significations que l'on croirait trouver en lui. Tel est le paradoxe et la difficulté d'une philosophie qui aurait à dire le tout de l'expérience : son effort de mise en paroles de l'expérience ne doit jamais trahir le silence même de l'expérience. La philosophie du négatif, en imposant à l'expérience les termes et les idées d'être et de néant, lui impose des significations qui ne lui appartiennent pas en propre.

Pour ne pas s'enfermer dans de telles significations, ne devrions-nous pas chercher dans la dialectique, dans sa manière de se faire et de

---

1. M. Merleau-Ponty, *Le Visible et l'Invisible*, *op. cit.*, p. 119.
2. *Ibid.*

se défaire, les moyens à la fois de penser l'expérience et de ne pas figer l'expérience en significations pensées? On se méfiera cependant d'une dialectique qui s'achèverait dans des significations coupées de l'expérience[1]. Il faut donc qu'elle sache procéder à son auto-critique, qu'elle devienne ce que Merleau-Ponty nomme une *hyperdialectique*, qui jamais ne se fige en significations établies, si elle ne veut pas trahir le sens anté-prédicatif de l'expérience, qu'elle devienne une dialectique qui jamais ne s'achève en thèse.

Expérience, essence et intuition

Si la philosophie jamais ne s'achèvera dans son effort à dire le monde, à dire l'expérience muette qui est le nôtre, c'est aussi parce que jamais elle ne pourra en formuler l'essence ou se fondre en cette expérience. L'expérience échappe à toute intuition de son essence, comme elle échappe à toute fusion dès qu'il s'agit de la penser. Position de survol comme coïncidence nous font manquer le sens et la spécificité de l'expérience.

Aucune recherche des essences de notre monde ne saurait se retirer du monde : l'on présuppose toujours qu'il y a monde, et cette supposition, avons-nous dit, nous la tenons de l'expérience elle-même. Toute position de survol, toute méditation qui me donnerait les essences, a sa source dans cette expérience pour laquelle il y a monde, et finalement des essences.

> C'est donc à l'expérience qu'appartient le pouvoir ontologique ultime, et les essences, les nécessités d'essence, la possibilité interne ou logique, toutes solides et incontestables qu'elles soient sous le regard de l'esprit, n'ont finalement leur force et leur éloquence que parce que toutes mes pensée et les pensées des autres sont prises dans le tissu d'un seul Être[2].

Ce même Être dont je fais l'expérience est le sol de toute affirmation, de toute logique, de toute essence. Je ne cherche donc les essences que sur le fond de mon expérience du monde. Dès lors, réduire l'expérience à son essence, ce serait finalement nier l'expérience elle-même, lui ôter ce qui fait d'elle une expérience, « reculer

---

1. M. Merleau-Ponty, *Le Visible et l'Invisible*, *op. cit.*, p. 126.
2. *Ibid.*, p. 148.

au fond du néant » [1]. Aucune *Wesenschau*, aucune vision des essences au sens de Husserl, ne saurait aboutir ; elle ne cesse d'être reprise sans jamais pouvoir être achevée, car jamais il n'est possible d'atteindre une essence purement positive, en laquelle se dévoilerait le sens de l'expérience :

> Il serait naïf de chercher la solidité dans un ciel des idées ou dans un *fond* du sens : elle n'est ni au-dessus, ni au-dessous des apparences, mais à leur jointure, elle est l'attache qui relie secrètement une expérience à ses variantes [2].

Merleau-Ponty parlera ainsi de *Wesen*, d'essences sauvages, charnelles, sensibles plutôt que d'essence positives et idéales, pour dire cette indissociabilité de l'essence et de l'expérience, pour dire le déploiement même du sens à travers l'expérience.

La recherche ne sera donc pas eidétique, mais elle ne devra pas davantage rester enfermée dans les faits, dans une illusoire coïncidence avec les faits. Nulle coïncidence n'est possible, car la coïncidence serait la négation de nouveau de l'expérience que j'ai du monde : si l'expérience me met bien dans une proximité avec la chose, au point que je crois parfois la rejoindre là où elle est, elle n'a de sens que comme écart maintenu entre la chose et moi. C'est du moins ce que l'expérience sensible nous montre, celle notamment du sentant-senti :

> Il y a une expérience de la chose visible comme préexistant à ma vision, mais elle n'est pas fusion, coïncidence : parce que mes yeux qui voient, mes mains qui touchent, peuvent être aussi vus et touchés, parce que, en ce sens, ils voient et touchent le visible, le tangible, du dedans, que notre chair tapisse et même enveloppe toutes les choses visibles et tangibles dont elle est pourtant entourée, le monde et moi sommes l'un dans l'autre, et du *percipere* au *percipi* il n'y a pas d'antériorité, il y a simultanéité ou même retard [3].

La philosophie de l'intuition manque la distance qui me permettrait de saisir le sens de l'expérience. Je vais tout à la fois aux choses dont je fais l'expérience, et je m'en retire : l'écart est la condi-

---

1. M. Merleau-Ponty, *Le Visible et l'Invisible*, *op. cit.*, p. 150.
2. *Ibid.*, p. 155, Merleau-Ponty souligne.
3. *Ibid.*, p. 164.

tion de cette ouverture qui fait qu'il y a pour moi une expérience des choses et du monde.

L'EXPÉRIENCE DU MONDE

Dans cette expérience qu'un soi fait du monde, y a-t-il bien un sujet de l'expérience ? Dire que du monde il y a expérience, c'est dire que l'expérience arrive au monde même. La pensée de Merleau-Ponty, en son moment ontologique ultime, ne devient-elle pas *cosmologie*, si toute expérience est ainsi prélevée du monde même, en constitue un pli singulier ?

Du monde, avons-nous dit, il y a expérience. Le monde est ce dont il est fait expérience. Ce qui se donne alors, c'est précisément pour le monde *une certaine manière de se donner*. L'expérience est un certain pli du monde, une certaine manière qu'a le monde de se donner, selon des traits spécifiques, en un style singulier, reprise d'un style anciennement inauguré ou ouverture d'un avenir sans précédent. Ces traits constituent l'invisible de ce monde qui, au cœur de l'expérience, en dessine le sens. Toute expérience est en ce sens institution, *Stiftung*. L'expérience sensible, en sa dimension première, est non seulement fondamentale, elle est initiatrice, inaugurale :

> Après la première vision, le premier contact, le premier plaisir, il y a initiation, c'est-à-dire, non pas position d'un contenu, mais ouverture d'une dimension qui ne pourra plus être refermée, établissement d'un niveau par rapport auquel désormais toute autre expérience sera repérée [1].

Cette institution s'articule autour de ce niveau, invisible qui fait le sens de toutes les expériences ainsi initiées, essence charnelle :

> L'idée est ce niveau, cette dimension, non pas donc un invisible de fait, comme un objet caché derrière un autre, et non pas un invisible absolu, qui n'aurait rien à faire avec le visible, mais l'invisible *de* ce monde, celui qui l'habite, le soutient et le rend visible, sa possibilité intérieure et propre, l'Être de cet étant [2].

1. M. Merleau-Ponty, *Le Visible et l'Invisible, op. cit.*, p. 198.
2. *Ibid.* Merleau-Ponty souligne.

L'idée est charnelle, elle *este*, elle est *Wesen*, non pas essence positive, mais essence sauvage, brute, qui est à la jointure de nos expériences ainsi initiées, qui en trace le déploiement. Elle est une dimension même du monde, qui se déploie en plis multiples, en expériences multiples.

L'expérience, dès lors, n'est plus à proprement parler l'expérience d'un sujet. Toute expérience excède le sujet, elle compose avec les expériences qui lui sont contiguës, jusqu'à rejoindre toutes les autres expériences de ce monde. Cette expérience devient, à travers ce pli singulier, expérience du monde même, expérience sensible du Sensible se retournant sur lui-même, expérience de ce que Merleau-Ponty nomme la chair du monde :

> Chaque vision monoculaire, chaque toucher par une seule main, tout en ayant son visible, son tactile, est liée à chaque autre vision, à chaque autre toucher, de manière à faire avec eux l'expérience d'un seul corps devant un seul monde, par une possibilité de réversion, de reconversion de son langage dans le leur, de report et de renversement, selon laquelle le petit monde privé de chacun est, non pas juxtaposé à celui de tous les autres, mais entouré par lui, prélevé sur lui, et tous ensemble sont un Sentant général devant un Sensible en général [1].

Il y a une réversibilité du Sensible sur lui-même, au point que l'on pourrait être conduit à penser que c'est le Sensible même qui fait l'expérience, à travers moi ou tout autre, individuation et actualisation de ce retournement du Sensible sur lui-même. Ainsi, sur le modèle de la réversibilité du touchant-touché, peut-on parler d'une réversibilité du Sensible et d'une expérience qui ne soit plus référée à un sujet ou une conscience, mais advienne au Sensible même :

> Or, cette généralité qui fait l'unité de mon corps, pourquoi ne l'ouvrirait-elle pas aux autres corps ? La poignée de main aussi est réversible, je puis me sentir toucher aussi bien et en même temps que touchant [...] Pourquoi la synergie n'existerait-elle pas entre différents organismes, si elle est possible à l'intérieur de chacun ? Leurs paysages s'enchevêtrent, leurs actions et leurs passions s'ajustent exactement : cela est possible dès qu'on cesse de définir à titre primordial le sentir par l'appartenance à une même « conscience », et qu'au contraire on le

---

1. M. Merleau-Ponty, *Le Visible et l'Invisible*, *op. cit.*, p. 187.

comprend comme retour sur soi du visible, adhérence charnelle du sentant au senti et du senti au sentant [1].

C'est du cœur du Sensible, de la chair que se fait l'expérience, qui est retournement du Sensible sur lui-même, pli singulier du monde. Le pli de cette expérience se compose, selon certains traits singuliers, des plis multiples de ce monde. Un pli, n'est-ce pas l'objectivation [2] en un pli singulier de plis multiples qui déjà composent le monde? L'expérience serait alors ce pli-là plutôt qu'un autre, l'événement de cette objectivation-là plutôt que toute autre objectivation, une certaine manière pour la chair du monde de se retourner sur elle-même, cette manière singulière plutôt que toute autre.

Pli du monde, l'expérience a bien enfin l'épaisseur de ce monde, elle est cette singularité en laquelle la mémoire du monde se fait actuelle. C'est en ce sens que toute expérience est toujours expérience du monde, non plus à titre d'horizon seulement, comme le soutenait la *Phénoménologie de la Perception*, mais comme manière singulière qu'a le monde de s'actualiser. Ce serait, en ce sens, le monde qui ferait, dans ce pli singulier, sous les traits d'une expérience singulière, l'expérience de lui-même.

Franck ROBERT
Lycée de Barcelonnette

---

1. M. Merleau-Ponty, *Le Visible et l'Invisible*, *op. cit.*, p. 187.

2. Nous empruntons le terme *objectivation* à la cosmologie de A.N. Whitehead que Merleau-Ponty découvre à la fin des années 50.

INDEX THÉMATIQUE

PRÉSENTATION DES AUTEURS

Christophe ALSALEH est maître de conférences à l'Université de Picardie Jules Verne, membre du CURAPP-ESS, ancien élève de l'ENS Lettres et Sciences Humaines de Lyon, agrégé de philosophie, docteur en philosophie de l'Université de Picardie. Ses travaux portent essentiellement sur la constitution du paradigme analytico-logique au XXe siècle et sur ses conséquences pour la philosophie de la connaissance, telle que présente chez des auteurs comme G. Evans, McDowell, ou encore Brandom. Il est l'auteur d'une thèse intitulée *J.L. Austin et le problème du réalisme* (à paraître), ainsi que d'articles portant sur l'école d'Oxford (Austin, Grice, Strawson). Il a traduit *L'Esprit et le Monde* de John McDowell (Vrin, 2007).

Bruno AMBROISE est chargé de recherche en philosophie au CNRS, membre du CURAPP-ESS à Amiens. Il travaille en philosophie du langage et de la connaissance; ses travaux sont plus particulièrement consacrés à la théorie des actes de parole, la pragmatique et l'épistémologie des sciences humaines. Il s'intéresse également à la philosophie du langage ordinaire de l'école d'Oxford et, à ce titre, a publié une nouvelle édition du *Langage de la perception* de J.L. Austin (Vrin, 2007). Il traduit actuellement, avec V. Aucouturier et L. Raïd, un volume de textes de Ch. Travis sur la perception (à paraître, Le Cerf).

Ronan DE CALAN est maître de conférences en histoire et philosophie des sciences à l'Université de Paris I Panthéon-Sorbonne. Auteur d'une thèse intitulée *Généalogie de la sensation. Physique, physiologie et psychologie en Europe de Fernel à Locke* (à paraître, Honoré Champion), il a par ailleurs publié plusieurs études sur l'histoire et la philosophie des sciences à l'époque moderne et contemporaine. Dernière publication, en collaboration avec Ch. Bonnet: «Moritz Schlick, Between Synthetic *A Priori* Judgment and Conventionalism», dans M. Bitbol, P. Kerszberg, J. Petitot,

Constituting Objectivity, Transcendental Perspectives on Modern Physics (Springer Verlag, 2009).

Delphine CHAPUIS-SCHMITZ est docteur en philosophie de l'université Paris I Panthéon-Sorbonne. Après avoir effectué un post-doc au *Center for Philosophy of Science* à l'université de Pittsburgh, elle a été chargée de recherches au CNRS (IHPST, Paris) et chargée de cours à l'Université Paris I Panthéon-Sorbonne. Elle a participé notamment à la réalisation de l'anthologie *L'Âge d'or de l'empirisme logique* (Gallimard, 2006) et édité avec J. Bouveresse et J.-J. Rosat un ouvrage consacré à *L'Empirisme logique à la limite* (CNRS Éditions, 2006).

Claude GAUTIER est professeur à l'Université Montpellier III – Paul Valéry. En histoire de la philosophie, ses travaux portent sur les rapports entre philosophie, histoire et scepticisme dans l'empirisme moderne anglo-écossais (*Hume et les savoirs de l'histoire*, Vrin, 2005), ainsi que sur les traditions du sentimentalisme moral. En philosophie des sciences sociales, ses recherches concernent le statut de la critique dans les approches sociologiques contemporaines du sens commun (*Normativités du sens commun*, coordonné avec S. Laugier, PUF-CNRS, 2009). Un ouvrage est en préparation sur la sociologie critique de P. Bourdieu et l'ontologie du sens commun (à paraître, 2010).

François-Brice HINCKER est enseignant-chercheur à l'Université de Caen Basse-Normandie, ancien élève de l'ENS Lettres et Sciences Humaines de Lyon et agrégé de philosophie. Ses travaux portent sur l'idéalisme allemand, la phénoménologie et l'esthétique. Il termine actuellement une thèse de doctorat sur « l'expérience esthétique dans la pensée de Kant », ainsi que la traduction de l'ouvrage de W. Biemel, *Die Bedeutung von Kants Begründung der Ästhetik für die Philosophie der Kunst* (à paraître, de Gruyter).

Stéphane MADELRIEUX est maître de conférences en philosophie contemporaine à l'Université Jean Moulin Lyon III. Il a publié une étude d'ensemble sur l'œuvre de W. James : *William James, l'attitude empiriste* (PUF, 2008). Il est membre de l'équipe de l'édition critique de Bergson aux PUF.

Laurent PERREAU est maître de conférences en philosophie contemporaine à l'Université de Picardie Jules Verne, membre du CURAPP-ESS, ancien élève de l'ENS Lettres et Sciences Humaines de Lyon, agrégé de philosophie, docteur en philosophie de l'Université Paris I Panthéon-Sorbonne. Ses travaux portent essentiellement sur la phénoménologie et l'épistémologie des sciences sociales. Il est l'auteur d'une thèse intitulée *Le monde social chez Husserl* (à paraître), ainsi que d'articles portant sur les œuvres de E. Husserl et A. Schütz.

Franck ROBERT est professeur agrégé de philosophie au lycée de Barcelonnette, docteur en philosophie de l'Université de Nice Sophia-Antipolis. Il est l'auteur d'une thèse publiée sous le titre *Phénoménologie et Ontologie. Merleau-Ponty lecteur de Husserl et Heidegger* (L'Harmattan, 2005). Ses recherches et articles portent essentiellement sur les inédits de Merleau-Ponty, sur la phénoménologie et les rapports de Merleau-Ponty aux œuvres de Proust et de Whitehead.

Olivier TINLAND est maître de conférences en philosophie contemporaine à l'Université Montpellier III – Paul Valéry. Ses travaux portent principalement sur Hegel, la postérité du hégélianisme dans la théorie critique et le néo-pragmatisme américain, ainsi que sur des questions d'ontologie sociale et de philosophie pratique. Il a notamment publié *Hegel. Maîtrise et servitude* (Ellipses, 2003) et dirigé *Lectures de Hegel* (Livre de Poche, 2005) ainsi que *L'individu* (Vrin, 2008). Il prépare une anthologie commentée de textes de Hegel (à paraître, Seuil), ainsi qu'un ouvrage intitulé *Richard Rorty. La contingence libérale* (à paraître, Michalon).

TABLE DES MATIÈRES

DANS LA MÊME COLLECTION